Berliner Theologische Zeitschrift (BThZ)

31. Jahrgang 2014
Heft 1

Der Messias
**Jüdische und christliche
Vorstellungen messianischer Figuren**

EVANGELISCHE VERLAGSANSTALT
Leipzig www.eva-leipzig.de

BERLINER THEOLOGISCHE ZEITSCHRIFT (BTHZ)
ISSN 0724-6137

**Herausgegeben von der Humboldt-Universität zu Berlin,
handelnd durch die Theologische Fakultät**

Herausgeber-Kreis: Heinrich Assel (Greifswald), Cilliers Breytenbach (Berlin), Katharina Greschat (Bochum), Klaus Hock (Rostock), Heinrich Holze (Rostock), Thomas Klie (Rostock), Jürgen van Oorschot (Erlangen), Matthias G. Petzoldt (Leipzig), Rolf Schieder (Berlin), Jens Schröter (Berlin), Anne M. Steinmeier (Halle), Markus Witte (Berlin)

Berater-Kreis (Advisory Board): Sven-Erik Brodd (Uppsala), Ingolf U. Dalferth (Zürich), Susanne Heine (Wien), Volker Küster (Kampen), Risto Saarinen (Helsinki), Werner Ustorf (Birmingham), Joseph Verheyden (Leuven)

Schriftleiter: Prof. Dr. Cilliers Breytenbach
Redaktionsassistentin: Dr. Anja Sakowski
Postadresse: Redaktion der BThZ · Humboldt-Universität zu Berlin · Theologische Fakultät ·
Unter den Linden 6 · 10099 Berlin
Sitz: Burgstraße 26
Tel. (030) 2093-5973 · Fax (030) 2093-5969
bthz@theologie.hu-berlin.de · www2.hu-berlin.de/bthz

Vertrieb: Evangelische Verlagsanstalt GmbH · Blumenstraße 76 · 04155 Leipzig
Bestellservice: Leipziger Kommissions- und Großbuchhandelsgesellschaft (LKG)
Frau Christine Falk, An der Südspitze 1–12, 04579 Espenhain
Tel. +49 (0)34206–65129, Fax +49 (0)34206–651736 · E-Mail: cfalk@lkg-service.de

Bezugsbedingungen: erscheint zweimal jährlich, Frühjahr und Herbst
Preise incl. MWSt.*: Einzelheft: € 18.80, Einzelheft zur Fortsetzung € 16,80 jeweils zuzügl.
Versandkosten. Die Fortsetzung läuft immer unbefristet, ist aber jederzeit kündbar.
* gültig ab Januar 2012

Coverentwurf: Kai-Michael Gustmann
Gesamtherstellung: Druckerei Böhlau, Leipzig
ISBN 978-3-374-03935-7
www.eva-leipzig.de

Inhalt

**Otto Kaiser
zum 90. Geburtstag**

Zu diesem Heft

Judentum und Christentum sind „messianische" Religionen. Die Figur eines Messias oder eines von Gott heraufgeführten Friedensreiches spielt in den Überzeugungen beider Gemeinschaften eine wichtige Rolle. Im Judentum begegnet diese Vorstellung bereits in antiken hebräischen und griechischen Texten, sie wurde dann bis in die Gegenwart hinein immer wieder transformiert und in neue Kontexte gestellt. Das Christentum trägt die „messianische Idee" bereits im Namen: Es gründet auf dem Wirken des galiläischen Juden Jesus von Nazareth, der von seinen ersten Anhängern „Messias" („Christus", „Gesalbter") genannt wurde. Diese Bezeichnung wurde sogar zu einem Eigennamen. „Christus" konnte an die Stelle von „Jesus" treten oder damit zu einem Doppelnamen verbunden werden: „Jesus Christus" oder auch „Christus Jesus". Auch der Name seiner Anhänger – „Christen" – leitet sich von dieser Bezeichnung her.

Was aber ist mit dem Ausdruck gemeint? Wo liegen seine Wurzeln, welche Vorstellungen verbanden und verbinden sich mit der Figur des Messias und seiner Herrschaft, dem „messianischen Reich"? Ist die messianische Idee noch zeitgemäß, ist sie konstitutiv für Judentum und Christentum – und wenn ja, ist sie es für beide in gleicher Weise? Was würde das für den Dialog zwischen beiden Religionen bedeuten? Und nicht zuletzt: Welche Facetten konnte die messianische Idee in der Geschichte beider Religionen ausbilden, welche Wirkungsgeschichte konnte sie aus sich heraussetzen?

Die Beiträge des vorliegenden Heftes widmen sich dieser Frage aus verschiedenen Perspektiven. Sie blicken einerseits auf die historischen Wurzeln der Messiasvorstellung im antiken Israel, im frühen Judentum und im Neuen Testament. Sodann kommen Rezeptionen der Messiasvorstellung im Judentum der Neuzeit, im afrikanischen Christentum und in der zeitgenössischen Kunst zur Darstellung. Auf diese Weise wird die messianische Vorstellung sowohl im Blick auf ihre historischen Ursprünge als auch auf das Potential, das sie auch gegenwärtig in sich birgt, beleuchtet.

John J. Collins, Professor für Altes Testament und antikes Judentum an der Yale Divinity School und hervorragender Kenner der jüdischen Texte der hellenistisch-römischen Zeit, stellt in seinem einführenden Beitrag die Verwendung des

Messias-Ausdrucks in Texten des antiken Judentums vor. Ausgehend von der Verwendung der Bezeichnung „Gesalbter" für Könige Israels und Judas in alttestamentlichen Texten, stellt er zunächst heraus, dass der Ausdruck dadurch eine Veränderung erfuhr, dass er auf eine zukünftige Gestalt bezogen wurde. Damit kann der erwartete Herrscher aus dem Geschlecht Davids gemeint sein, als „Gesalbte" können aber auch Priester oder himmlische Figuren bezeichnet werden, die bei den Ereignissen der Endzeit eine Rolle spielen werden (wie etwa Melchisedek). Eine wichtige Rolle spielt dabei die Verheißung der Wiederherstellung des davidischen Königtums nach 2 Sam 7, die Analogien in prophetischen Texten besitzt, die die Hoffnung für Israel mit der Wiederaufrichtung der davidischen Herrschaft verbinden. In der Perserzeit ist die Erwartung eines davidischen Messias offenbar zurückgegangen, und auch in den Texten aus der makkabäischen Periode lassen sich keine entsprechenden Indizien feststellen. In der hasmonäischen Zeit, also im 1. Jahrhundert v. Chr., lebt die Hoffnung auf einen königlichen Messias aus davidischem Geschlecht dann jedoch wieder auf. Von besonderer Bedeutung – nicht zuletzt im Blick auf die neutestamentlichen Texte – ist dabei der 17. Psalm der „Psalmen Salomos", der in Reaktion auf die Eroberung Jerusalems durch Pompeius die Erwartung eines „Gesalbten des Herrn" formuliert, der Jerusalem von den Feinden reinigen und Israel in Gerechtigkeit regieren wird. Damit wird zugleich die aus Sicht des Psalmisten illegitime Herrschaft der Hasmonäer beendet. Collins blickt sodann auf die messianischen Erwartungen in den Qumranrollen. Auch hier begegnet in verschiedenen Fragmenten die Vorstellung eines königlichen, davidischen Messias, wobei wichtige Texte aus den Schriften Israels – neben 2 Sam 7 etwa auch Gen 49, Num 24, Jes 11 und Am 9,11 – aufgenommen werden. Ein spezifisches, auch für die neutestamentlichen Texte wichtiges Problem ist das Verhältnis des Messias- zum Sohn-Gottes-Ausdruck. Auch dieser Zusammenhang könnte sich bereits von 2 Sam 7 her ergeben. Collins bespricht ein diesbezüglich umstrittenes Qumranfragment (4Q246), das das gewalttätige Wirken eines „Sohnes Gottes" schildert, der auch „Sohn des Höchsten" genannt wird. Während dies häufig auf eine negative Figur bezogen wird, sieht Collins darin einen messianischen Text, der an die Verheißungen in 2 Sam 7 und Psalm 2 anknüpft. In einigen Qumrantexten begegnet die Vorstellung zweier messianischer Gestalten (etwa der „Gesalbten Aarons und Israels" in 1QS 9,11 u. ö.). Das Nebeneinander eines priesterlichen und eines königlichen Gesalbten findet sich bereits bei Sacharja und wird in jüdischen Texten verschiedentlich aufgenommen. Messianische Erwartungen können sich auch mit dem Auftreten einer prophetischen Figur verbinden. Auch dafür kann an biblische Texte angeknüpft werden, die vom Erwecken eines Propheten wie Mose (Dtn 18,15) oder von der Sendung des den Weg Gottes vorbereitenden Elia (Mal 3,1; 4,5; Sir 48,10) sprechen. In diese Linie lässt sich möglicherweise auch das ebenfalls vieldiskutierte Fragment 4Q521 einzeichnen, das von einem oder mehreren Gesalbten spricht, die das endzeitliche Wirken Gottes vorbereiten. Collins geht sodann auf die jüdischen Texte ein, die von einem „Menschensohn" sprechen (Dan 7, Henoch, 4 Esra). In der Rezeption des Danieltextes wird im Judentum eine Verbindung der Gesalbten- mit der Messiasvorstellung vollzogen, die in den neutestamentlichen Texten eine Analogie besitzt. Der Messias wird dabei zu einer himmlischen Figur innerhalb apokalyptischer Erwartungen. Zum Abschluss seines Beitrags wirft Collins noch einen Blick auf die bei Josephus genannten Messiasprätendenten, die in der Zeit der römischen Besetzung Judäas mit dem Anspruch auftraten, Israel im Auftrag Gottes zu befreien und dabei auch göttliche Interventionen voraussagten.

Ist so das vielfältige Spektrum früher jüdischer Messiasvorstellungen vor Augen geführt, wendet sich Daniel Boyarin, Talmud-Gelehrter an der Universität von Kalifornien in Berkeley, speziell der Menschensohnvorstellung im Henoch- und 4. Esrabuch zu. Der Titel „Andere jüdische Messiasse im 1. Jahrhundert" zeigt bereits an, dass Boyarin diese Vorstellung im weiteren Kontext messianischer Bewegungen des Judentums im 1. Jahrhundert – zu denen auch die Jesusbewegung gehörte – interpretieren möchte. Er setzt dazu mit einem Text des jüdischen Tragikers Ezechiel über eine Vision des Mose ein, in der dieser von Gott dazu aufgefordert wird, sich auf den Thron Gottes zu setzen und das göttliche Diadem erhält. Dieses Beispiel dient Boyarin dazu, die messianischen Erwartungen des Judentums als denjenigen Kontext darzustellen, innerhalb dessen das Wirken Jesu interpretiert wurde. Näher betrachtet werden sodann die Gleichnisse (im Deutschen auch „Bilderreden" genannt) im Henochbuch, die nach Boyarin eine sehr aussagekräftige und von den Evangelien unabhängige Quelle für die jüdische Erwartung eines Menschensohnes bilden. Dieser Menschensohn, für dessen Darstellung der Verfasser auf die Vision in Dan 7 zurückgreift, wird am Ende der Gleichnisse mit Henoch selbst identifiziert. Eine besonders enge Verbindung zwischen den Gleichnissen des Henochbuches und der Christologie der Evangelien sieht Boyarin in Kap. 48, wo der Menschensohn als präexistente, auf der ganzen Erde verehrte Figur dargestellt und schließlich mit dem Gesalbten identifiziert wird. Bemerkenswert sei schließlich die Analogie, dass in den Henoch-Gleichnissen ebenso wie in den Evangelien die Erscheinung Gottes in einem Menschen (Theophanie) sowie die Vergöttlichung eines Menschen (Apotheose) geschildert werde (in Bezug auf Henoch bzw. Jesus). In den Parabeln der Henochliteratur sind deshalb Boyarin zufolge die wesentlichen Aspekte der Christologie bereits entwickelt. Der zweite Teil des Beitrags blickt auf das 4. Esrabuch. Auch hier begegnet, in Kap. 13, die Vision von einem Menschensohn. Noch deutlicher als bei Henoch findet sich hier die Vorstellung, dass die himmlische Figur des Menschensohns zugleich der Messias ist, also eine Verbindung von Gott und Mensch darstellt. Die Vorstellung des Menschensohnes Jesus als einer Person, die Gott repräsentiert, ja selbst Gott ist, sei deshalb in den jüdischen Texten über den Menschensohn vorbereitet. Das Spezifikum der Evangelien bestehe in der Behauptung, dass der Menschensohn keine zukünftig kommende, sondern eine bereits anwesende Gestalt ist.

Der Beitrag von *Otto Kaiser*, emeritierter Professor für Altes Testament an der Theologischen Fakultät der Philipps-Universität Marburg, ist den Messiasvorstellungen im Alten *und* Neuen Testament gewidmet. Kaiser beleuchtet zunächst den Hintergrund der Gesalbtenbezeichnung im Salbungsritual der Könige Israels und Judas und deren Ausweitung auf den zadokidischen Hohepriester in nachexilischer Zeit. Mit der Salbung verband sich die Vorstellung vom König als Mittler zwischen Gott und Volk, die sich auch in seiner Bezeichnung als „Sohn Gottes" ausdrückte. In diesem Kontext sind diejenigen Texte zu verstehen, die später als „messianische Weissagungen" aufgefasst und auf die Zukunft bezogen wurden, vor allem 2Sam 7. In Ps 89 wird Gott angesichts der schwierigen Situation seines Volkes an seine Zusage an David erinnert. Kaiser stellt sodann die Aufgabe des Königs, für Recht und Gerechtigkeit zu sorgen und das Land vor Feinden zu schützen, heraus. Allerdings verlagerte sich die Erwartung, dass der König Israels bzw. Judas dies tatsächlich tun könne angesichts der faktischen Situation Israels in nachexilischer Zeit immer mehr in die Zukunft und verband sich mit der Hoffnung, dass Gott selbst zugunsten seines Volkes eingreifen werde. Auf dieser Grundlage bildete sich auch die Erwartung der Sendung eines Gesalbten aus, der auf dem Thron Davids sitzen und Israel regieren werde. Dies konnte dann angesichts der faktischen Verhältnisse in Israel (der Hohepriester als politisches und geistliches Oberhaupt), wie auch im Beitrag von Collins bereits angeklungen war, mit der Vorstellung eines priesterlichen Gesalbten verbunden werden. Vor diesem Hintergrund lässt sich auch die „messianische Weissagung" in Jes 9,1–6 interpretieren: Sie blickt voraus auf die Zeit, in der die Feinde Israels vernichtet sein werden und der Messias auf dem Thron Davids herrschen wird. Darum hat das Volk, das im Finstern wandelte, ein großes Licht gesehen. Die Vorstellung eines leidenden Messias ist dagegen in den alttestamentlichen Texten noch nicht ausgearbeitet. Die neutestamentliche Rezeption der Messias- und Menschensohnvorstellung wird zunächst anhand der Würdetitel Jesu (Sohn Gottes, Christus, Herr, Menschensohn) vorgestellt. Voraussetzung für das Bekenntnis zu Jesus als Christus, Sohn Gottes usw. ist der Glaube an seine Auferweckung und Erhöhung, die bereits in sehr frühen „Christusliedern" (etwa Phil 2,6–11) zum Ausdruck kommt. In den synoptischen Evangelien und auch bei Paulus werden die Bezeichnungen Jesu als Sohn Davids und Sohn Gottes sodann auf spannungsvolle Weise zusammengehalten. Dazu treten die Anrede Gottes als „Vater", die Jesus und die zu ihm Gehörigen in ein Verhältnis der Kindschaft zu Gott stellt, sowie die Bezeichnung Jesu als „Heiland" bzw. „Retter" (σωτήρ). Kaiser geht sodann der Verwendung des Menschensohnausdrucks nach, der in den synoptischen Evangelien nur im Munde Jesu begegnet. Er zeichnet diesen in den Weg Jesu ein (Vollmacht, Leiden und Sterben, Auferweckung und Erhöhung, endzeitliche Wiederkunft) und geht vor diesem Hintergrund auf Aspekte des Wirkens Jesu und der Entstehung der Christologie ein: die Auseinandersetzung mit Gegnern, die Entstehung des Glaubens an die Auferstehung, Jesu Botschaft von der anbrechenden Gottesherrschaft, das Herrenmahl und die Bundestheologie des Hebräerbriefes. Eine intensive christologische Durchdringung der Jesusgeschichte konstatiert Kaiser schließlich im Johannesevangelium.

Die drei Beiträge zu biblischen und frühjüdischen Messiasvorstellungen zeigen somit auf eindrückliche Weise die Vielfalt „messianischer Erwartungen" und deren Verdichtung bei ihrer Anwendung auf Wirken und Geschick Jesu von Nazareth auf. Damit eröffnet sich zugleich ein Horizont für eine nicht minder facettenreiche Wirkungsgeschichte messianischer Vorstellungen in Anknüpfung an die spezifisch christliche Verwendung. Ihr sind die folgenden Beiträge des Heftes gewidmet.

Walter Homolka, Rektor des Abraham-Geiger-Kollegs für die Ausbildung von Rabbinerinnen und Rabbinern in Potsdam, befasst sich mit den Messiasvorstellungen im Judentum der Neuzeit. Dabei kristallisieren sich verschiedene Strömungen heraus. Zunächst werden ein „restaurativer" und ein „utopischer" Messianismus einander gegenübergestellt. Während der erstere seine Wurzeln im mittelalterlichen Judentum hat und auf die Wiederherstellung des Staates Israel gerichtet ist, blickt der utopische Messianismus auf eine Zukunft, in der Israel befreit und die Welt in Frieden leben wird. Weitere Messiasvorstellungen finden sich in der Kabbala als Reaktion auf die Vernichtungen jüdischer Gemeinden in Europa seit dem 17. Jahrhundert und im Chassidismus des osteuropäischen Judentums, der die national und universal ausgerichtete Messiaserwartung durch die Konzentration auf die individuelle Erlösung ersetzt. Die europäische Aufklärung beeinflusste das christliche ebenso wie das jüdische Denken. Die Ausrichtung auf einen personalen Messias und die Wiederherstellung Israels wurde zum Problem und wird in Teilen des Judentums durch eine „Idee des Messianismus" ersetzt, die die Zukunftserwartung des Judentums formuliert. Die daraus erwachsende Reformbewegung setzt sich, wie Homolka an vielen Beispielen belegt, bis in die Gegenwart hinein fort. Sie führt zu einem Gegenüber solcher Strömungen, die auf die Sammlung des Judentums im Land Israel setzen: (den protozionistischen Bewegungen) einerseits, dem deutschen Rationalismus andererseits, der die Messiasidee ihrer eschatologischen Funktion entkleidet und darin eine spezifische Bestimmung des jüdischen Volkes sieht, nämlich der Menschheit durch Leiden zu Mitleid und Menschenliebe zu verhelfen. Nach der Shoa spitzte sich die Frage nach Bedeutung und inhaltlicher Füllung der Messiaskonzeption für das Judentum noch einmal zu. Sie konnte sich nunmehr mit der Gründung des Staates Israel und den damit im Zusammenhang stehenden Vorstellungen von Erwähltheit und Heiligkeit Israels verbinden. Dabei können entweder das Selbstverständnis des jüdischen Volkes in der Gegenwart (jüdische Frömmigkeit und Zusammenhalt des Volkes) oder die Zukunftserwartung (ideale soziale Ordnung, Anerkennung der Rolle Gottes in der Geschichte) akzentuiert werden. Gegenwärtig sei allerdings weniger eine personale Messiasvorstellung als vielmehr die Erwartung einer messianischen Zeit als produktiv zu beurteilen. Dabei sei zu beachten, dass das Messiaskonzept mit der Verantwortung des Menschen für sein Handeln – also mit der Ethik – verbunden werden müsse. Die Idee eines personalen Messias sei dagegen heute für viele Juden nicht mehr mit der Überzeugung vereinbar, das zwischen Gott und die Menschen kein Vermittler trete.

Der Beitrag von *Werner Kahl*, Studienleiter der Missionsakademie an der Universität Hamburg, ist einer ganz eigenen Rezeption der Messiasvorstellung gewidmet. Er richtet den Blick auf die Bedeutung der Jesusfigur im afrikanischen Christentum. Das sei schon von daher sinnvoll und notwendig, als in den außereuropäischen Ländern inzwischen deutlich mehr Christen leben als in Europa. In diesen Ländern haben sich ganz eigene Formen des christlichen Glaubens ausgebildet, die auch die Vorstellungen von Jesus betreffen. Kahl stellt dazu zunächst die Auffassung vom Leben als Kampf spiritueller Mächte – Gut gegen Böse – heraus. Innerhalb dieser Konstellation ist die Christusvorstellung dadurch charakterisiert, dass sie eine Figur bezeichnet, die die bösen Mächte zu besiegen vermag. Jesus erhält Attribute, die seine göttliche Macht betonen (Lebensretter, Heiler, König), wogegen die menschlichen Attribute deutlich geringere Akzeptanz erfahren. Jesus wird vor allem als derjenige verehrt, in dem die göttliche Macht wirksam und erfahrbar geworden ist und der damit die Fähigkeit der Priester, bestimmten Notlagen abzuhelfen, übertrifft, da er in *jeder* Notlage helfen kann. Jesus ist also „Lebenskraft" im eigentlichen Sinn. Die Bedeutung des Gesalbtseins Jesu wird in diesem Kontext verstanden: Durch die Salbung mit dem Geist Gottes hat Jesus die Kraft zur Heilung und zur Bezwingung des Satans erhalten (vgl. Apg 10,38). An dieser Geistsalbung können – und sollen – auch die Christen partizipieren. In Pfingstkirchen werden deshalb Geistsalbungen, die die Teilhabe an der göttlichen Wunderkraft verleihen sollen, inszeniert. Kahl geht sodann auf das Beispiel der Kleinfarmerin Afua Kuma aus dem Süden Ghanas ein. Sie hatte die Gabe, Jesusgebete spontan in der Lokalsprache zu artikulieren. Die mehrere Stunden andauernden Lobpreisungen, für die Kahl ein instruktives Beispiel anführt, stellen eine besondere Form der Inkulturation des Christentums in die ghanaische Sprache und Kultur dar: Neutestamentliche Jesusüberlieferungen werden mit afrikanischen Herrschertiteln und Gottesbezeichnungen verbunden. Die Vermittlung westlicher akademischer Theologie mit afrikanischen Traditionen erweist sich dagegen oft als schwierig. Weiterführend erscheint dagegen, wie Kahl in Anknüpfung an eine Untersuchung des Kenianers John S. Mbiti aus dem Jahr 1973 herausstellt, auf Entsprechungen zwischen der afrikanischen Rezeption der Christusfigur und neutestamentlichen Denk- und Redeweisen zu achten, dabei den afrikanischen Erfahrungsraum in Rechnung zu stellen und schließlich die spezifische Kontextualisierung des σωτήρ-Ausdrucks zu beachten, der für den afrikanischen Zugang zu Christus eine besondere Bedeutung besitzt. In dieser Bezeichnung verdichtet sich die Bedeutung Jesu als des Lebensretters, in dem die Wunderkraft Gottes erfahrbar wird. Die Vorstellung von Jesus als Retter ist dabei in besonderer Weise offen für die Hoffnung auf Überwindung von Ungerechtigkeit und Leid. Kahl beschließt seinen Beitrag mit dem Hinweis, dass es fruchtbar und notwendig sei, bei der Ausarbeitung von Christologien auf das jeweilige kulturelle Weltwissen zu achten und dieses der Exegese biblischer Texte zugrunde zu legen. Nur so könne Christus heute in verschiedenen Kontexten mit je eigenen Kulturen, Traditionen und Geschichten bedeutungsvoll werden. Die afrikanische Kultur leistet so betrachtet ihren eigenen Beitrag zum Verständnis des Neuen Testaments, was auf Seiten der „westlichen" Exegese zur Kenntnis zu nehmen wäre.

Stefan Trinks, Wissenschaftlicher Mitarbeiter am Institut für Kunst- und Bildgeschichte an der Humboldt-Universität zu Berlin, nimmt die Rezeption der Messiasidee aus einer wiederum eigenen Perspektive in den Blick. In zeitgenössischen Musikvideos wird die Figur des Messias in gegenwärtige Alltagsszenen eingebunden: Er begleitet einen schwarzen Drogendealer in einem amerikanischen Elendsviertel und vollbringt verschiedene Wunder, die auf neutestamentliche Erzählungen (wunderbare Speisung, Heilungen) anspielen. Ein weiteres Beispiel bezieht sich auf David, eine Figur, deren Biografie (Liederdichter und Sänger aus einfachen Verhältnissen, der mit seinen Liedern trübe Stimmungen zu vertreiben vermag und den scheinbar übermächtigen Goliath besiegt) Stoff für verschiedene Adaptionen bereithält. Am Südportal der Kathedrale im spanischen San Pedro de Jaca

wird er mit elf Musikern dargestellt, die ein wildes Konzert aufführen. Möglicherweise verbirgt sich dahinter eine Anspielung auf den aragonesischen König Sancho Ramirez, den Auftraggeber des Baus der Kathedrale, der sich als König David
inszeniert. Eine vergleichbare Selbstinszenierung lässt sich in den unter Karl dem
Großen entstandenen Psaltern feststellen. In der zeitgenössischen Popkultur lassen sich dem die als „King" verehrten Elvis Presley und Michael Jackson an die
Seite stellen. Trinks wirft sodann einen Blick auf jüdische Erlösungshoffnungen
in Literatur, Film und Comic: Arnon Grünbergs Roman „Der jüdische Messias" ist
ein grotesker, politisch unkorrekter Roman über einen Juden, der in Israel politische Karriere macht und dessen Verhalten dabei an Adolf Hitler erinnert. Eine
Ausstellung im Berliner Jüdischen Museum befasst sich mit messianischen An-
klängen in Comics der 1930 und 1940er Jahre. Weitere Beispiele für Adaptionen
messianischer Vorstellungen sind Musikfilme der 6oer Jahre des 20. Jahrhunderts,
etwa Konzerte der „Doors" und von Jim Morrison. Auch die Selbstinszenierung
von Johnny Cash weist messianische Züge auf. Schließlich kommt Trinks auf ein
blasphemisch anmutendes Video von Kanye West aus dem Jahr 2013 zu sprechen,
in dem dieser sich selbst in Analogie zu Mose und Christus als Messias für die
Schwarzen Nordamerikas inszeniert. An diesen und einigen weiteren Beispielen
entwickelt Trinks die Auffassung, dass die bis an die Grenze der Blasphemie ge-
triebene Aufnahme und Verfremdung messianischer Ideen die Musik verstärken
soll. Kennzeichnend dabei sind eine Individualisierung der Messias-Vorstellung
sowie das Spielen mit Tabus. Die Provokation soll dabei dazu dienen, Menschen
aufzurütteln und über ihre Nöte und Sehnsüchte zu erzählen.

In einem zusätzlichen Beitrag, der sich dem Thema des Heftes jedoch sinnvoll
einfügt, stellt *Gerlinde Strohmaier-Wiederanders*, im Ruhestand befindliche Pro-
fessorin für Kirchengeschichte mit dem Schwerpunkt Christliche Archäologie an
der Theologischen Fakultät der Humboldt-Universität zu Berlin, bildliche Darstellungen des sogenannten „Gnadenstuhls" vor. Es handelt sich um eine spezifische Form der Trinitätsdarstellung, deren Anfänge im Frühmittelalter liegen. Im
Zentrum wird der am Kreuz hängende Christus dargestellt, Gott selbst hält zumeist die Kreuzesbalken, der Heilige Geist schwebt als Taube über oder neben
dem Kreuz. Eine abendländische Variante dieses Bildtyps sind die „Notgottes"-
Darstellungen, auf denen Gott den leidenden Christus auf seinen Knien hält. Die
Bezeichnung dieser Trinitätsdarstellungen als „Gnadenstuhl"-Bilder wurde Ende
des 19. Jahrhunderts von Franz Xaver Kraus eingeführt. Sie lehnt sich an Martin
Luthers Verwendung dieses Begriffs an. Luther hatte in seiner Bibelübersetzung
sowohl in Hebr 4,16 den Ausdruck ὁ θρόνος τῆς χάριτος als auch – und das ist
für den hier interessierenden Zusammenhang vor allem von Interesse – in Röm

3,25 den Begriff ἱλαστήριον mit „Gnadenstuhl" übersetzt. Dieser Ausdruck bezeichnet in der Septuaginta zumeist den Deckel der „Bundeslade" als Ort der Gegenwart Gottes. In Röm 3,25 wird er für Christus verwendet, durch dessen Blut Gott die Vergebung der Sünden und damit die Herstellung von Gerechtigkeit ermöglicht hat. Strohmaier-Wiederanders verweist darüber hinaus auf einige weitere Verwendungen des Begriffs in Luthers Schriften. Dabei ist eine Variabilität zu beobachten, allerdings stellt Luther nie einen direkten Bezug zur Trinität her. Dessen ungeachtet hat Luther, wie Strohmaier-Wiederanders betont, an der Trinitätslehre stets konsequent festgehalten und wusste sich dabei in Kontinuität zur altkirchlichen Tradition. Einen besonderen Akzent bei der Unterscheidung der göttlichen Personen legte er dabei auf das Leiden Christi. Schließlich diskutiert Strohmaier-Wiederanders ein Holzrelief von Peter Dell d. Ä. von 1548, das in der Forschung gelegentlich als erste reformatorische Trinitätsdarstellung im Sinne des genannten Gnadenstuhl-Motivs aufgefasst wird. Die Gründe für eine derartige konfessionelle Zuordnung sind allerdings, wie Strohmaier-Wiederanders anhand historischer und kunstgeschichtlicher Beobachtungen darlegt, weniger eindeutig, als mitunter angenommen.

Die Beiträge des Heftes führen das Potential, das die Messiasidee in sich birgt, eindrücklich vor Augen. Wurzelnd im Salbungsritual der israelitischen Könige, wurde sie bereits im antiken Judentum in eine Zukunftserwartung transformiert. Das Christentum hat sie mit dem Wirken Jesu verbunden und daraus die Spannung zwischen dem bereits gekommenen und dem am Ende der Zeit wiederkommenden Messias entwickelt. Die Adaptionen der messianischen Idee im Christentum und Judentum bis hin zur gegenwärtigen Kunst und Popkultur zeigen die vielfältigen Varianten auf, in denen diese Idee weiterwirken konnte. Dabei steht nicht immer eine individuelle Figur im Mittelpunkt. Das Messianische kann vielmehr auch im verantwortlichen Handeln und dem Einsatz für eine gerechte Ordnung in der Gegenwart gesehen werden. Gerade im Judentum ist eine solche Rezeption anzutreffen, weil hier die Bindung der Messiasidee an eine individuelle Person nicht so stark ausgeprägt ist wie im Christentum. Bei Letzterem zeigt sich dagegen, dass sowohl die Vorstellung eines bereits gekommenen als auch diejenige eines in der Zukunft erwarteten Messias in verschiedener Weise kulturell und politisch aktualisiert werden kann. Wenn Judentum und Christentum „messianische" Religionen sind, ist diese Vielfalt der Messiasvorstellungen deshalb im Blick zu behalten. Das vorliegende Heft vermittelt einen Einblick in diese facettenreiche Wirkungsgeschichte und führt damit das weite Spektrum messianischer Vorstellungen vor Augen. Weitere Beiträge aus systematisch-theologischer, religionspädagogischer und interreligiöser Perspektive, die in dieses Heft nicht

I. Beiträge zum Thema

The Messiah in Ancient Judaism

The term "Messias" (English "messiah") is derived from the Hebrew word *māšîªḥ*, which means simply "anointed".[1] The term is associated especially with the king. Saul is called "the anointed of the Lord" many times in the books of Samuel.[2] Ps 2:2 refers to the king of Judah as the anointed of the Lord. In Leviticus, we read of "the anointed priest".[3] In Isa 61, a prophet claims that God has anointed him. Elijah is told to anoint Hazael as king of Aram, Jehu as king of Israel, and Elisha as prophet in his own place.[4] In all these cases, the word "anointed" is used of someone who already lived, not of an eschatological figure expected in the future.[5] Even in the Book of Daniel, where the noun *māšîªḥ* is used with a future verb ("an anointed one shall be cut off", Dan 9:26), the reference is to an historical High Priest, Onias III, who was murdered before the outbreak of the Maccabean revolt.[6]

In modern usage, however, "messiah" refers to a figure who will play an important role in the eschatological time.[7] Most often, this is the king who will restore the Davidic line, and when "the messiah" is used without further qualification the reference is normally to the eschatological king. But we also find reference to priestly and prophetic messiahs, and the term can also be applied to a heavenly redeemer, such as the "Son of Man" in the Similitudes of Enoch. These figures are recognized as messianic by their function. They may be referred to by other ex-

---

1   Cf. F. Hesse, art. χρίω, etc., in: TDNT 9 (1974), 501–509.
2   1 Sam 24:7.11; 26:16; 2 Sam 1:14, etc.
3   Lev 4:3.5.16.
4   1 Kgs 19:16.
5   This point is emphasized by J. A. Fitzmyer, The One Who Is to Come, Grand Rapids 2007, 8–25.
6   Cf. Fitzmyer, The One (s. note 5), 64, who regards the use of the future tense as evidence of "messianism" in the eschatological sense.
7   Cf. J. J. Collins, The Scepter and the Star. Messianism in Light of the Dead Sea Scrolls, Grand Rapids ²2010, 16; G. S. Oegema, Der Gesalbte und sein Volk, Göttingen 1994, 26, lists several definitions that have been proposed (English translation: The Anointed and His People, Sheffield 1998, 23–27).

pressions, such as "the branch of David". Not all savior figures can be regarded as "messiahs", however, especially in the case of angelic redeemers (Michael, Melchizedek) to whom messianic titles are never applied. In short, a messiah is an eschatological figure who fills a role that is sometimes, but not necessarily always, designated by the term *māšîᵃḥ* in the ancient sources.

1. The eschatological sense

The way in which the term *māšîᵃḥ* acquired an eschatological sense can be explained most easily with reference to the history of the Davidic kingship. According to 2 Sam 7, God had promised David that one of his descendants would always reign as king in Jerusalem. In fact, the Davidic dynasty lasted some four hundred years, but it was brought to an end by the Babylonians. This gave rise to "cognitive dissonance", a discrepancy between what was supposed to be and what actually was. This in turn gave rise to the hope that God would rectify the situation by restoring the Davidic dynasty. The king who would bring about the restoration would be a "messiah" in the eschatological sense of the term. Equally, the High Priest who would preside over a purified cult in the messianic age would be a priestly "messiah".

Already in the Book of Jeremiah we find a prophecy of restoration of the Davidic kingship:

The days are surely coming, says the Lord, when I will raise up for David a righteous Branch (ṣemaḥ), and he shall reign as king and deal wisely and shall execute justice and righteousness in the land. In his days Judah will be saved and Israel will live in safety. And this is the name by which he will be called: 'The Lord is our righteousness.' (Jer 23:5–6).[8] Ezekiel also promises a restoration:

I will set up over them one shepherd, my servant David, and he shall feed them: he shall feed them and be their shepherd. And I the Lord will be their God, and my servant David shall be prince among them. (Ezek 34:23–24)

Again in Ezek 37, the restoration of the "dry bones" of Israel concludes with the promise that "my servant David" will be king and "prince" among them. It should be noted, however, that this hope was not universally shared in the Exilic period.

---

8   The name is clearly a play on that of Zedekiah, who was installed as king by the Babylonians, and probably implies that he did not live up to his name.

Deutero-Isaiah makes no reference to a Davidic restoration and regards Cyrus of Persia as the anointed of the Lord (Isa 45:1).

In the period of the restoration (late 6th century BCE) we find lively expectation of a renewed Davidic monarchy, centered on the figure of Zerubbabel, a governor who was of Davidic descent. The Book of Haggai concludes on a rousing note:

> I am about to shake the heavens and the earth, and to overthrow the throne of king-doms; I am about to destroy the strength of the kingdoms of the nations [...]. On that day, says the Lord of hosts, I will take you, O Zerubbabel my servant, son of Shealtiel, says the Lord, and make you like a signet ring; for I have chosen you, says the Lord of hosts. (Hag 2:21–24) [9]

Likewise, Haggai's contemporary Zechariah reassures the High Priest Joshua by promising that "I am going to bring my servant the Branch" (Zech 3:8). An inser-tion in Zech 4 makes clear that the Branch should be identified as Zerubbabel, who would lay the foundation of the temple and before whom a great mountain would become a plain (Zech 4:6–10a). Most probably, Zerubbabel and Joshua are the "two sons of oil" represented by two shoots of olive trees in Zech 4:12.[10] A fur-ther reference in chapter 6 is controversial. The prophet is told:

> Take the silver and gold and make crowns (MT; versions read singular) and set it on the head of Joshua son of Jehozadak; say to him: Thus says the Lord of hosts: Here is a man whose name is Branch, for he shall branch out in his place, and he shall build the temple of the Lord. (6:11–12)

The passage continues: "There shall be a priest by his throne with peaceful under-standing between the two of them." The Branch, then, is not a priest, and cannot be identified with Joshua. If the MT reading of "crowns" in the plural is correct, then crowns were originally intended for both Zerubbabel and Joshua.[11] If a single crown was original, it must have been intended for Zerubbabel. It would seem that an editor excised the coronation of Zerubbabel because of its revolutionary implications. Zerubbabel disappears abruptly from the scene. Despite the hopes that had been pinned on him, he did not restore Davidic kingship in Jerusalem.

---

9 The signet ring conveyed the authority of the person to whom it belonged. See C.L. Meyers/E.M. Meyers, Haggai, Zechariah 1–8 (Anchor Bible 25B), New York 1987, 69.

10 Cf. J. J. Collins, "The Eschatology of Zechariah", in: L.L. Grabbe/R.D. Haak (ed.), Knowing the End from the Beginning, New York 2003, 74–84.

11 Cf. D. L. Petersen, Haggai and Zechariah 1–8, Philadelphia 1984, 275.

2. Postexilic prophecy

Several of the classical messianic texts in the Hebrew Bible are found in books attributed to the eighth century prophets, but seem to presuppose the demise of the Davidic dynasty. For that reason, they are usually regarded as late additions to the prophetic books, from the postexilic period. Examples include Am 9:11, which promises to "raise up the booth of David that is fallen", and Mic 5:2-5, which speaks of a ruler from David's home town, Bethlehem. Isa 11:1-9 is more controversial, but the reference to "the stump of Jesse" is most easily taken to mean that the line has been cut off. The oracle already cited from Jer 23 is repeated with an addition in Jer 33:14-16:

> I shall establish the good word which I proclaimed to the House of Judah and Israel. In those days and at that time I shall cause to sprout for David a righteous branch [...].

This passage is not found in the Greek text of Jeremiah, and is almost certainly a late addition to the book.[12] It shows a concern that the prophecy had not been fulfilled. The passage continues to say that not only would David never lack a man to sit on the throne, but that the levitical priests would never lack a man to make offerings to the Lord. The juxtaposition of priest and king here parallels what we noted in Zechariah and will recur in the Dead Sea Scrolls.

In light of the various messianic oracles that seem to have been added to the prophetic books in the postexilic period, it may be that messianic expectation persisted for a time after the Exile. The problem is that we do not know the historical and social settings of these oracles, and so it is impossible to trace the history of messianic expectation in the early postexilic period. An exception may be Zech 9, which envisions a king entering Jerusalem "humble and riding on a donkey", who shall nevertheless have dominion from sea to sea. Zech 9:13 reads "I will arouse your sons, O Zion, against your sons, O Greece." Consequently, Zech 9 is often related to the campaign of Alexander the Great. The reference to Greece, however, is suspect on textual grounds. It appears intrusive on grounds of meter and parallelism, and can easily be explained as dittography. (The word for Greece, Yawan, lacks only one letter of Zion in Hebrew). So the place of this oracle in the history of messianic expectation remains uncertain.

---

12 Cf. M. Fishbane, Biblical Interpretation in Ancient Israel, Oxford 1985, 471-474; K.E. Pomykala, The Davidic Dynasty Tradition in Early Judaism. Its History and Significance, Atlanta 1985, 42-45.

William Horbury has argued at length for "the prevalence of messianism in the Second Temple period",[13] but the evidence is slight. There is very little evidence for messianic expectation in the Hellenistic period, and it is conspicuously lacking in the period of the Maccabean revolt, when we might have expected an upsurge. The Book of Daniel has no place for a Davidic messiah, and looks instead to the archangel Michael for deliverance. In the Animal Apocalypse in 1 En 85–90, the agent of salvation is Judas Maccabee, who acts with angelic and divine assistance.

3. The Hasmonean period

We do, however, find a revival of messianic expectation in the Hasmonean period. The best preserved witness to that revival is found in the Psalms of Solomon, which were composed in the mid first century BCE, after Pompey's conquest of Jerusalem.[14] The 17th Psalm recalls that

> Thou, Lord, didst choose David as king over Israel
> And thou didst swear to him concerning his posterity forever
> That his kingdom would not fail before thee.

But the kingdom had been usurped, not by foreigners but by Jewish sinners:

> But, for our sins, there rose up against us sinners:
> They assailed us and thrust us out,
> they to whom thou didst give no promise.
> They took possession with violence [...].
> They set up in splendor a kingdom in their pride
> They laid waste the throne of David in the arrogance of their fortune.[15]

The reference is to the Hasmoneans, who had declared themselves kings at the end of the second century BCE, and had ruled for forty years before the coming of Pompey. The kingship of the Hasmoneans, which was illegitimate in the eyes of the Psalmist, prompted a prayer for a legitimate Davidic messiah:

---

13 W. Horbury, Jewish Messianism and the Cult of Christ, London 1998, 36–63.
14 Cf. K. Atkinson, I Cried to the Lord. A Study of the Psalms of Solomon's Historical Background and Social Setting, Leiden 2004.
15 Pss Sol 17:4–5. Trans. S.P. Brock in: H.F.D. Sparks (ed.), The Apocryphal Old Testament, Oxford 1984, 676.

See, Lord, and raise up for them their king,
the son of David, to rule over your servant Israel
in the time known to you, O God.
Undergird him with the strength to destroy the unrighteous rulers,
to purge Jerusalem from gentiles [...]
in wisdom and in righteousness to drive out
the sinners from the inheritance;
to smash the arrogance of sinners like a potter's jar;
to shatter all their substance with an iron rod;
to destroy the unlawful nations with the word of his mouth [...].

The prayer is full of biblical allusions.[16] The primary influence is from Isa 11:2–4 (wisdom and righteousness, but also the "word of his mouth" which follows the LXX of Isa 11). Other phrases are drawn from Ps 2 (rod of iron, potter's vessel).

While the plea for a Davidic messiah arises from rejection of the Hasmoneans, the task of the future king is to drive out the gentiles. His role is violent, and the violence is not lessened by the fact that his instrument is the word (rather than the rod, as in the MT of Isa) of his mouth. He also uses an iron rod. The Davidic messiah is first of all a warrior, who can defeat the Gentiles and drive them out of Judea.

The Psalms of Solomon have sometimes been attributed to the Pharisees, but the evidence is inconclusive. They do not, in any case, come from the Essenes, and they are not attested in the Dead Sea Scrolls. The Scrolls, however, provide the great bulk of our evidence for messianic expectation in Judaism around the turn of the era.

4. The royal messiah in the Scrolls

The profile of the royal messiah in the Scrolls is essentially in conformity with what we found in the Psalms of Solomon.[17] Consider the prayer for the "Prince of the Congregation" (a messianic title in the Scrolls):

The Master shall bless the Prince of the Congregation [...] and shall renew for him the covenant of the community that he may establish the kingdom of his people forever [...].

16 Cf. K. Atkinson, An Intertextual Study of the Psalms of Solomon, Lewiston 2001, 336–341.
17 For the following, see Collins, Scepter (s. note 7), 61–78. Also J. Zimmermann, Messianische Texte aus Qumran, Tübingen 1998, 46–127.

[May you smite the peoples] with the might of your hand and ravage the earth with your scepter; may you bring death to the ungodly with the breath of your lips!
[May He shed upon you the spirit of counsel] and everlasting might, the spirit of knowledge of the fear of God; may righteousness be the girdle [of your loins] and may your reins be girdled [faithfulness]!
May He make your horns of iron and your hooves of bronze; may you toss like a young bull [and trample the peoples] like the mire of the streets!
For God has established you as the scepter [...]. (1QSb col. 5)

Here again there are several allusions to Isa 11. The scepter is an allusion to Balaam's oracle in Num 24:17.

The profile of the Davidic messiah was derived from a small number of prophetic passages in the scriptures. A fragmentary *pesher*, or commentary, on Isa 11 is plausibly restored to read: "The interpretation of the matter concerns the Branch of David, who will arise at the en[d of days." The "shoot from the stump of Jesse" and Jeremiah's "Branch of David" were one and the same. The Branch of David also appears in a fragment of the War Rule (4Q285), where he is also identified with the Prince of the Congregation, and is said to kill the leader of the Kittim. He is further identified with "the messiah of righteousness" in 4Q252 col. 5, a *pesher* on Gen 49. In the Florilegium, 4Q174, we are told that the passage in 2 Sam 7, where God promises to raise up David's seed after him, refers to "the Branch of David, who will arise with the Interpreter of the Law in the end of days".

The Prince of the Congregation also appears in the War Scroll (1QM 5:1), where his name is written on his shield as part of his preparation for battle, and in the Damascus Document col. 7 the scepter of Balaam's oracle is identified as "the Prince of the whole Congregation". In short, there is a network of interlocking references in the sectarian scrolls in which messianic titles and biblical allusions are combined in various ways. This network includes the Damascus Document, the War Rule, several exegetical texts (*pesharim* on Isa, Gen 49, the Florilegium) and a liturgical collection of benedictions (1QSb). The most important biblical passages are Isa 11, Num 24 (Baalam's oracle) and Jer 23 and 33 (the Branch of David). Gen 49, 2 Sam 7 and Am 9 are also all interpreted with reference to a messiah.[18] Biblical prophecies were not necessarily always interpreted in the same way in the Scrolls. (Am 9:11 is variously interpreted as referring to a messiah or to the books of the Torah). But there are recurring patterns too. Isa 11 is cited with reference to a Da-

---

18 Ps 2 was also an important messianic text in Second Temple Judaism. See J.J. Collins, "The Interpretation of Psalm 2", in: F.G. Martínez (ed.), Echoes from the Caves: Qumran and the New Testament, Leiden 2009, 49–66.

vidic messiah in 4Q285, 4QpIsa[a] and 1QSb, and it is also cited in messianic passages in the Psalms of Solomon, 4 Ezra and the Similitudes of Enoch. Moreover, the profile of the Davidic messiah is quite consistent. He is a warrior figure who will destroy the Gentiles by supernatural means.

5. The messiah as Son of God

2 Sam 7 says of the future king: "I will be a father to him and he will be a son to me." The idea that the king was son of God was part of the royal ideology in Jerusalem.[19] In Ps 2:7 God tells the king: "you are my son, this day I have begotten you." The Greek translation of Ps 110 also contains a reference to the begetting of the king by God, and probably reflects the original wording of the psalm. The notion that the king was begotten by God is probably a relic of Egyptian royal ideology, passed down through the Canaanite (Jebusite) inhabitants of Jerusalem from the time when Egypt ruled Jerusalem in the second millennium BCE. Regardless of its origin, it was embedded in the scriptures, both in 2 Sam 7 and in the Psalms, and we should not be surprised to find that the future, messianic, king was also thought to be Son of God.

The least controversial reference to the messiah as Son of God in the Scrolls is found in the Florilegium, which simply cites 2 Sam 7 ("I will be a father to him and he will be a son to me") and adds "this is the Branch of David, who will arise with the Interpreter of the Law [...] at the end of days". Another possible instance is bedeviled by the difficulty of reading the fragment. This is found in the second column of the Rule of the Congregation (1QSa), also known as "the messianic rule". The passage describes the session of the council of the community at the end of days, when the messiah comes. The words before the mention of the messiah are damaged. The late Patrick Skehan claimed that the word *yôlîd* (causes to be born, or begets) could be made out "on the testimony of half a dozen witnesses, including Allegro, Cross, Strugnell, and the writer, as of the summer of 1955."[20] Cross, however, later accepted Milik's emendation, *yôlîk*, causes to come.[21] Various other readings have been proposed. The reading remains uncertain, but if *yôlîd* is correct this would only reflect the language of the Psalms.

---

19 Cf. A. Y. Collins/J. J. Collins, King and Messiah as Son of God, Grand Rapids 2008.
20 P. W. Skehan, "Two Books on Qumran Studies", CBQ 21 (1959), 74.
21 Cf. Cross, The Ancient Library of Qumran, Sheffield ³1995, 76.

By far the most controversial passage relating to the "Son of God" is the so-called Aramaic Apocalypse, 4Q246, better known as "the Son of God text".[22] The manuscript is in Aramaic, and lacks distinctive sectarian terminology. It may be part of the wider corpus of literature preserved in the Scrolls. It consists of two columns, of nine lines each. Col. 1 is torn vertically so that the first third to half of each line is missing, but the second column is substantially intact. The fragmentary opening verse says that someone "fell before the throne". The following verses are apparently addressed to a king, and refer to "your vision". The passage goes on to say that "affliction will come on earth, and great carnage among the cities". There is mention of the kings of Asshur and Egypt. Something "will be great on earth". The last lines of the column refer to someone whom "all will serve" and say that "by his name he will be named". Col. 2 continues as follows:

"Son of God" he shall be called, and they will name him "Son of the Most High". Like sparks which you saw (or: of the vision) so will be their kingdom. For years they will rule on earth, and they will trample all. People will trample on people and city on city, [VACAT] until the people of God arises and all rest from the sword. His kingdom is an everlasting kingdom and all his ways truth. He will judge the earth with truth and all will make peace. The sword will cease from the earth, and all cities will pay him homage. The great god will be his strength. He will make war on his behalf, give nations into his hand and cast them all down before him. His sovereignty is everlasting sovereignty and all the depths [...].

The controversy about this text has focused on the interpretation of the figure who is called the Son of God. Several scholars, beginning with J. T. Milik, have argued that he is a negative figure, possibly a Syrian king, Antiochus Epiphanes or Alexander Balas.[23] In part, the argument depends on the VACAT before the phrase "until the kingdom of God arises". Scholars who take the "Son of God" to be a negative figure assume that the text proceeds in a linear way, but this is by no means certain. Apocalyptic writings often go over the same ground in slightly different ways, so that the rise of the people of God may correspond to the rise of the "Son of God" rather than follow it. By far the closest parallel is in the Gospel of Luke 1:32–

22 Cf. Collins, Scepter (s. note 7), 171–85; Collins/Collins, King and Messiah (s. note 19), 65–74; Zimmermann, Messianische Texte (s. note 17), 128–170.
23 E. g. H. Stegemann, The Library of Qumran, Grand Rapids 1998, 248; A. Steudel, "The Eternal Reign of the People of God – Collective Expectations in Qumran Texts (4Q246 and 1QM)", RevQ 17 (1996), 507–525; H.-J. Fabry, "Die frühjüdische Apokalyptik: Herkunft – Eigenart – Absicht", in: J. Frey/M. Becker (ed.), Apokalyptik und Qumran, Paderborn 2007, 81.

35: "He will be great. He will be called the Son of the Most High, and the Lord God will give to him the throne of his ancestor David [...]. He will be called the Son of God." In Luke, "Son of God" and "Son of the Most High" are explicitly titles for the Davidic messiah, and "Son of God", at least, has a clear biblical basis. It should also be noted that if the "Son of God" in this passage is indeed the messiah, he fits well with the profile of the Davidic messiah as we have found it hitherto. He will be a warrior, who makes war with divine aid. It seems unlikely that Luke would have used these titles to announce Jesus as messiah if they had hitherto been associated with Syrian kings. Rather, the Aramaic text shows that Son of God and Son of the Most High were messianic titles, as we should expect on the basis of 2 Sam 7 and Ps 2.

6. Messiahs of Aaron and Israel

Perhaps the most distinctive aspect of messianism in the Dead Sea Scrolls is the manner in which a priestly messiah is linked with the royal one.[24] One of the first scrolls published, the Community Rule or Serek ha-Yaḥad (1QS) contains a famous passage, which is widely regarded as a summary of the messianic expectations of the sect:

> They shall be ruled by the primitive precepts in which the men of the Community were first instructed until there shall come the Prophet and the Messiahs of Aaron and Israel. (1QS 9:11)

The scriptural basis for this expectation was set forth in the Testimonia (4Q175) which strings together a series of biblical passages without interpretation. First there is the promise that "I will raise up for them a prophet like you from among their brethren" (Deut 18:18–19, but the quotation corresponds to Exod 20:21 in the Samaritan Pentateuch). Then follow Balaam's oracle about the star and the scepter (Num 24:15–17), the blessing of Levi (Deut 33:8–11) and a passage from the Psalms of Joshua, including Josh 6:26 ("Cursed be the man who rebuilds this city"), which refers to "an accursed man, a man of Belial". The first three of these passages have usually been understood to refer to the prophet and the messiahs of Israel and Aaron, respectively.

---

24 Cf. Collins, Scepter (s. note 7), 79–109; Zimmermann, Messianische Texte (s. note 17), 23–45.

The expression "the messiahs of Aaron and Israel" only occurs in one passage, in 1QS 9:11 (and that passage is not found in all copies of the Community Rule). A closely related expression "the messiah of Aaron and Israel" is found three times in the Damascus Document (CD 12:23; 14:19; and 19:10), and CD 20:1 refers to "a messiah from Aaron and from Israel". There is a long-standing debate as to whether these passages refer to one messiah or two. Either interpretation is grammatically possible. The strongest argument in favor of a single reference is found in CD 14:18–19 where the coming of the messiah of Aaron and Israel is followed by the singular verb *ykpr*. This is usually read as an active verb, *y*ᶜ*kapper*, "he will atone", but it can possibly be read as a passive, *y*ᶜ*kuppar*, "atonement will be made".

Several considerations, however, support the view that a dual messiahship is in view. F. M. Cross has argued that the reference to Aaron and Israel necessarily implies two messiahs, since a single, priestly messiah would simply be called "messiah of Aaron".[25] Moreover, the royal messiah is linked with another figure of comparable rank in several other texts. A classic example is provided by 1QSa, in the passage sometimes read to refer to God begetting the messiah. The passage continues:

> [The priest] shall enter [at] the head of all the congregation of Israel and [all his brethren the sons of] Aaron, the priests, [who are invited] to the feast, men of renown, and they shall sit be[fore him, each] according to his importance. Afterwards, [the messiah] of Israel [shall enter] and the heads of the [thousands of Israel] shall sit before him [ea]ch according to his importance [...] [no] one [shall extend] his hand to the first (portion) of the bread and [the wine] before the priest. Fo[r he shall extend] his hand to the bread first. Afterwa[rds] the messiah of Israel [shall exten]d his hand to the bread [...].

In this passage it is quite clear that the messiah of Israel is not a priest and that he must defer to the priest at least in some matters. Similarly, in 4QpIsaᵃ the biblical phrase "he shall not judge by what his eyes see" (Isa 11:3) is taken to mean that the messiah will defer to the teachings of "the priests of renown". The High Priest figures more prominently in the War Scroll than does the Prince of the Congregation.

Other texts link the two eschatological figures without indicating precedence. In the Florilegium, the Branch of David is accompanied by the Interpreter of the Law, and likewise in CD 7:18 the Prince of the Congregation is linked with the In-

---

25   Cf. Cross, Qumran (s. note 21), 188.

terpreter. The Interpreter can plausibly be identified as a priestly messiah, although this is not certain. In any case, all the major rules and law books, the Community Rule, the Damascus Document, the Messianic Rule (1QSa) and the War Rule, support the bifurcation of authority in the messianic era.

Precedent for dual messianism can be found already in the early postexilic period in Zechariah's "two sons of oil", usually identified as Zerubbabel and the High Priest Joshua. In Ezek 40–48 the primary role of the "prince" is to support the temple cult. The Temple Scroll, which is usually regarded as a pre-sectarian text, also subjects the king to the authority of the High Priest: "on his instructions he shall go out and on his instructions he shall return home" (Temple Scroll 58:19). In Jub 31 two of Jacob's sons are singled out for special blessing, first Levi and then Judah. Levi is told:

> May the Lord give you and your descendents greatness and great glory, and set you and your descendants apart from all mankind to minister to him and to serve him in his sanctuary like the angels of the presence and the holy ones [...]. (Jub 31:14)

The blessing continues with a loose paraphrase of the blessing of Levi in Deut 33:9–11: "they shall declare my ways to Jacob and my paths to Israel. May all who hate you fall before you and all your enemies be uprooted and perish". The choice of Deut 33 is of interest here, since it is one of the texts cited in the Testimonia from Qumran.

The role of an eschatological priest is highlighted in a fragmentary Aramaic text, 4QAaron A (4Q540–541) that probably dates from a time before the emergence of the sect known from the Scrolls.[26] He is described as follows:

> He will atone for the children of his generation, and he will be sent to all the children of his people. His word is like a word of heaven, and his teaching conforms to the will of God. His eternal sun will shine, and his fire will blaze in all the corners of the earth. Then darkness will disappear from the earth and obscurity from the dry land.

This passage is quite similar to the description of "a new priest" in the Testament of Levi 18:2–5, in the Testaments of the Twelve Patriarchs, a work that is Christian in its present form but contains much older Jewish material. The Testaments

26 É. Puech, "540. 4QApocryphe de Lévi^a? ar" and "541. 4QApocryphe de Lévi^b? ar", in: idem, Qumrân Grotte 4. XXII. Textes Araméens, première partie 4Q529–549 (DJD 31), Oxford 2001, 217–256; Zimmermann, Messianische Texte (s. note 17), 247–277.

associate the messiah with both Levi and Judah, but suggest that Christ is the fulfillment of both types of messianic expectation.

The exalted role of the eschatological High Priest is also in evidence in the
priestly blessing in 1QSb, the Scroll of Blessings:

> May you be like an angel of the face in the holy residence for the glory of the God of
> Hosts [...] serving in the temple of the kingdom, casting the lot with the angels of the
> face and the Council of the Community. (1QSb 4:25–26)

This ideal priest had two main functions in the Dead Sea Scrolls. First, he would
atone for the land in a satisfactory way. Second, he would teach true Torah.

The prominence of a priest in the messianic age reflects a concern that was
widely shared in Second Temple Judaism but was acute in the Dead Sea Scrolls.
This was the need for atonement. All the misfortunes that had befallen Israel and
Judah were thought to be punishment for sin. The sectarian movement reflected
in the Scrolls arose in large part because of dissatisfaction with the current temple
and its cult, which were thought to be gravely defiled. Hence the greatest need
was for a new cult, presided over by an ideal, eschatological priest. The role of the
royal, Davidic, messiah was to make this possible by driving out the Gentiles and
removing the sinners. This role was essential, but it was ultimately subservient to
the restoration of the cult under an eschatological priest.

It is also likely that the sectarians insisted on the separation of the offices of
king and priest in protest against the Hasmoneans, who exercised both offices.
The string of messianic proof texts in the Testimonia concludes with a passage of
no messianic significance from the Psalms of Joshua, invoking a curse on the
"man of Belial" who would rebuild Jericho. It now appears that the man who rebuilt Jericho was John Hyrcanus. According to Josephus, Hyrcanus "was account-
ed by God worthy of three of the greatest privileges, the rule of the nation, the office of high priest, and the gift of prophecy" (Ant 13.299–300). In contrast, the
Testimonia lays out the biblical basis for three distinct figures. The citation from
the Psalms of Joshua becomes intelligible if the author saw the fulfillment of
Joshua's curse in the death of Hyrcanus' sons Antigonus and Aristobulus I in 103
BCE, within a year of their father's death.[27]

---

27 Cf. H. Eshel, The Dead Sea Scrolls and the Hasmonean State, Grand Rapids 2008, 87.

7. The eschatological prophet

1QS 9:11 speaks not only of messiahs of Aaron and Israel, but also of a prophet. The eschatological prophet is a shadowy figure, not only in the Scrolls but in Judaism of the time.[28] There was a biblical basis for such a figure. In addition to the Deuteronomic "prophet like Moses" there is the promise in Mal 3:1: "See, I am sending my messenger to prepare the way before me." This is specified in Mal 4:5: "Lo, I will send you the prophet Elijah before the great and terrible day of the Lord comes." Ben Sira 48:10 says that Elijah is destined "to calm the wrath of God, to turn the hearts of parents to their children and to restore the tribes of Jacob", but Malachi's prophecies are rarely picked up in the literature of the Hellenistic period. When the Jewish people in 1 Macc 14:41 resolve that Simon Maccabee "should be their leader and high priest forever, until a trustworthy prophet should arise", it is clear that no such prophet was expected any time soon.

Older discussions of Jewish messianic expectation often assert that "it was the universal belief that shortly before the appearance of the Messiah Elijah should return."[29] This view was inferred from the New Testament. When the disciples ask Jesus "why do the scribes say that Elijah must come first?" they are told "Elijah is indeed coming first to restore all things." Jesus goes on to say that Elijah has already come, presumably with reference to John the Baptist. The idea that Elijah would return as precursor of the messiah may well have been a Christian development,[30] but the idea of a herald who would go before the Lord to prepare his way is found already in Isa 52:7:

> How beautiful upon the mountains are the feet of the herald who announces peace, who brings good news, who announces salvation, who says to Zion, 'Your God reigns.'

That verse is quoted in the Melchizedek scroll from Qumran, where the herald is identified as "[the one an]ointed of the spir[it about] whom Dan[iel said [...]". (cf. Dan 9:25–26). This herald is clearly a prophetic figure. The expression "anointed of the spirit" is paralleled in CD 2:22, which refers to the prophets as "those anointed by his holy spirit".

---

28 Cf. Collins, Scepter (s. note 7), 128–141; Zimmermann, Messianische Texte (s. note 17), 312–417.
29 G. F. Moore, Judaism in the First Centuries of the Christian Era: The Age of the Tannaim, vol. 2, New York 1927, 357; cf. J. Jeremias, art. ʿHλ(ε)ίας, in: TDNT 2 (1964), 928–941.

The expectation of Elijah as an eschatological prophet is attested in the Scrolls, but only in a small Aramaic fragment.[31] There is, however, a better preserved Hebrew fragment that seems to reflect an Elijah-like figure. This is 4Q521, sometimes inappropriately called "the messianic apocalypse".[32] The most important fragment reads as follows:

> [...] heaven and earth will obey his messiah, (2) [and all th]at is in them will not turn away from the commandments of holy ones. (3) You who seek the Lord, strengthen yourselves in his service. (4) Is it not in this that you will find the Lord, all who hope in their hearts. (5) For the Lord will seek out the pious and call the righteous by name, (6) and his spirit will hover over the poor and he will renew the faithful by his might. (7) For he will glorify the pious on the throne of an eternal kingdom, (8) releasing captives, giving sight to the blind and raising up those who are bo[wed down]. (9) Forever I will cleave to [those who] hope, and in his kindness. [...] (10) The fru[it of a] good [wor]k will not be delayed for anyone (11) and the glorious things that have not taken place the Lord will do as he s[aid] (12) for he will heal the wounded, give life to the dead and preach good news to the poor (13) and he will [sat]isfy the [weak] ones and lead those who have been cast out and enrich the hungry [...] (14) [...] and all of them [...].

This passage is heavily dependent on Ps 146 in lines 1–8. It departs from the psalm, however, at one significant point. The psalm refers to the Lord "who made heaven and earth, the sea and all that is in them", but it has no mention of a messiah. The purpose of this innovation is not immediately apparent, as the Qumran text goes on to say that God will release captives, give sight to the blind, etc., just as he does in the psalm. Again at line 12, it is God who will heal the wounded, give life to the dead and preach good news to the poor. The Lord, of course, is normally the one who raises the dead (cf. the second of the Eighteen Benedictions: "Lord, you are almighty forever, who make the dead to live. [...] And you are faithful to make the dead alive. Blessed are you, Lord, who make the dead alive"). It is surprising, however, to find God as the subject of preaching good news. This is the work of a herald or messenger. The phrase in question is taken from Isa 61:1–2:

30 Cf. A. Y. Collins, Mark (Hermeneia), Minneapolis 2007, 429–430.
31 4Q558 fragment 51. É. Puech, "558. 4QpapVision^b ar", in: idem, Qumrân Grotte 4. XXVII. Textes Araméens, deuxième partie (DJD 37), Oxford 2009, 216.
32 É. Puech, "521. 4QApocalypse messianique", in: idem, Qumrân Grotte 4. XVIII. Textes Hébreux (DJD 25), Oxford 1998, 1–38.

> The spirit of the Lord God is upon me, because the Lord has anointed me; he has sent me to preach good news to the poor, to bind up the brokenhearted, to proclaim liberty to the captives and release to the prisoners; to proclaim the year of the Lord's favor, and the day of vengeance of our God.

In Isaiah 61 the speaker is a prophet, who makes his proclamation in the name of God. He also claims to be anointed, and so he is a *māšî*ʰ, or anointed one.

In view of the reference to preaching good news in line 12, it is likely that God acts through the agency of a herald or prophet. It is attractive to identify this herald with the "messiah" who is mentioned in line 1.

The anointed figure in Isa 61 is not said to give life to the dead. As we have seen, that function is usually reserved for God. 4Q521 fragment 7:6 refers to "the one who gives life to the dead of his people". The reference is presumably to God. It is quite possible that God should use an agent in the resurrection. In later Jewish tradition we find the notion that "the dead will first come to life in the time of the Messiah" (j. Ketubot 12:3). But the resurrection does not come through the (royal) messiah. Rather, "the resurrection of the dead comes through Elijah" (m. Sota 9, end; j. Sheqalim 3:3). Elijah was credited with raising the dead during his historical career (1 Kgs 17, cf. the story of Elisha in 2 Kgs 4). So we read in Pesikta de R. Kahana 76a:

> Everything that the Holy One will do, he has already anticipated by the hands of the righteous in this world, the resurrection of the dead by Elijah and Ezekiel, the drying of the Dead Sea by Moses [...].

I suggest, then, that the messiah, whom heaven and earth will obey, is an anointed eschatological prophet, either Elijah or a prophet like Elijah. Elijah's command of the heavens was legendary. In the words of Sirach, "By the word of the Lord he shut up the heavens and also three times brought down fire" (Sir 48:3). The "two olive trees" in Rev 11, who have authority to shut up the sky so that no rain may fall and to turn the waters into blood, are usually identified as Elijah and Moses. The "two olive trees" of course, recall the "two sons of oil" or anointed ones of the prophet Zechariah.

4Q521 was somewhat atypical of the sectarian literature. The reference to resurrection is exceptional in the Scrolls. If we are correct that the "messiah" in this text is an eschatological prophet, that, too, is exceptional. The eschatological Elijah was not a distinctively sectarian figure, in the sense that the messiah of Aaron, or the Teacher at the end of days, was. The Elijah-like eschatological prophet had a clear scriptural basis and did not require a sectarian perspective. He did not, however, figure as prominently as the Davidic messiah in the literature of the time, and presumably he was not as well established in popular belief.

8. The heavenly messiah

There was yet another paradigm of messianic expectation in late Second Temple Judaism. As noted above, the Book of Daniel has no place for a Davidic messiah. Instead it looks for a heavenly deliverer, clearly identified in chapter 12 as the archangel Michael, prince of Israel. In Dan 7, however, the heavenly deliverer is described in symbolic language. After Daniel has seen the white-headed Ancient of Days on his heavenly throne, and the judgment of the four beasts that had come up out of the sea, he saw "one like a son of man coming on the clouds of heaven". This figure receives the kingdom. In the interpretation of the vision, first the holy ones of the Most High and then the people of the holy ones receive the kingdom.

In modern scholarship, opinion is divided between those who regard the one like a son of man as a symbol for the Jewish people[33] and those who identify him with Michael, the heavenly representative of that people. I have argued at length elsewhere for the angelic interpretation.[34] The holy ones are the angelic host and the people of the holy ones are the Jewish people. It must be admitted, however, that the symbolism is deliberately mysterious, and it is this aura of mystery that has given rise to the conflict of interpretations.

The earliest interpretations of the "one like a son of man" view him as a heavenly individual, but they identify him as a messiah rather than as an angel. This is a heavenly messiah, unlike the usual earthly Davidic messiah, although he incorporates some features of the latter. The main depictions of this heavenly messiah are found in the Similitudes of Enoch, which probably date to the early or middle first century CE, and 4 Ezra, which dates to the end of that century, in the wake of the destruction of Jerusalem.

---

33 E. g. L. F. Hartman/A. A. Di Lella, The Book of Daniel (Anchor Bible 23), New York 1978, 218–219.
34 Cf. J. J. Collins, Daniel (Hermeneia), Minneapolis 1993, 304–310.

9. The Similitudes of Enoch (1 En 37–71)

The Similitudes is the only part of 1 Enoch not found at Qumran. At the heart of the composition is a vision in which Enoch sees "one who had a head of days, and his head (was) white like wool; and with him (there was) another, whose face had the appearance of a man, and his face was full of graciousness like one of the holy angels" (1 En 46:1). The allusion to Dan 7 is transparent. When Enoch asks his angelic guide "about that son of man, who he was and whence he was", the angel responds that "this is the son of man who has righteousness, and with whom righteousness dwells, and all the treasuries of what is hidden he will reveal, for the Lord of Spirits has chosen him" (46:3). This figure is also referred to as "the Chosen One" or "the Righteous One".[35] While he is like the angels, he is distinguished from Michael (60:4–5; 69:14; 71:3) and the four archangels, but his rank is higher than theirs.[36]

This figure is also called "messiah" or "anointed one". 1 En 48:10 describes the distress of the kings of the earth at the judgment day, "because they have denied the Lord of Spirits and his Anointed One". There is a clear allusion to Ps 2, but the offence of the kings is not just that they rebelled but that they did not believe in the existence and power of the Lord and his anointed. Again, in 1 En 52:4 Enoch is told: "All these things that you have seen will serve the authority of his Anointed One, so that he may be powerful and mighty on the earth". But the "Son of Man"/Messiah only appears on earth in the final judgment. His name, we are told, was named before the Lord of Spirits "even before the sun and the constellations were created, before the stars of heaven were made" (48:3),[37] but he is kept hidden until the judgment, when his revelation will confound the kings of the earth:

> And thus the Lord commanded the kings and the mighty and the exalted and those who possess the earth, and he said: "Open your eyes and lift up your horns if you are able to recognize the Chosen One." And the Lord of Spirits (seated him) upon the throne of his glory, and the spirit of righteousness was poured upon him, and the word of his mouth will slay all the sinners, and all the unrighteous will perish from his presence. (62:1–2)

---

35 On the various titles see J.C. VanderKam, "Righteous One, Messiah, Chosen One, and Son of Man", in: J.H. Charlesworth (ed.), The Messiah, Minneapolis 1992, 169–191.

36 On the debate as to whether the apparent identification with Enoch in 71:14 is intended throughout the Similitudes see Collins, Scepter (s. note 7), 197–203, and several essays in G. Boccaccini (ed.), Enoch and the Messiah Son of Man. Revisiting the Book of Parables, Grand Rapids 2007.

37 In rabbinic tradition, the name of the messiah precedes the creation of the world. See E.E. Urbach, The Sages. Their Concepts and Beliefs, Jerusalem 1975, vol. 1: 684–685; vol. 2: 1005–1006.

The motif of "the word of his mouth", derived from Isa 11, is a trademark of the messiah in the Dead Sea Scrolls, but the messiah in the Similitudes functions like an angel. He has no earthly career. The Similitudes are not indifferent to earthly realities. They eagerly look for the overthrow of the kings and the mighty. But they place their trust in their heavenly patrons, and hope for their ultimate revelation.

10. 4 Ezra

4 Ezra goes further in fusing the Danielic imagery of the Son of Man with the traditional imagery of the Davidic messiah. The book begins with three dialogic exchanges between Ezra and the angel Uriel, in which Ezra complains bitterly about the fate that has befallen his people. Ezra does not have a persuasive answer to justify that fate, so he distracts Ezra by telling him about the wonders of future. In the second half of the book, Ezra has a series of visions, in which those wonders are visualized and thereby become more persuasive.[38]

In the third dialogue, in 4 Ezra chapter 7, the angel describes the messianic age:

> For my son the messiah shall be revealed with those who are with him, and those who remain shall rejoice four hundred years. And after these years my son the messiah shall die, and all who draw human breath. And the world shall be turned back to primeval silence for seven days, as it was at the first beginnings; so that no one shall be left. And after seven days the world, which is not yet awake, shall be roused, and that which is corruptible shall perish. And the earth shall give up those who are asleep in it, and the dust those who dwell silently in it; and the chambers shall give up the souls, which have been committed to them. And the Most High shall be revealed upon the seat of judgment. (7:28-33)

As the angel also tells Ezra, "the Most High has made not one world but two" (7:50). The existence of a second world, hidden from human view, is the essential presupposition of all apocalyptic literature. Some apocalypses, such as the Similitudes of Enoch, envision the second world in vertical terms, as a heavenly world.

---

38 On the theological presuppositions of Ezra and the Angel see K.M. Hogan, Theologies in Conflict in 4 Ezra, Leiden 2008.

Others, such as 4 Ezra, place the emphasis more on the future, when the other world will be revealed, but both the spatial and the temporal axes are essential to apocalyptic thought.

In the case of 4 Ezra, the seven days of primeval silence provide a clean caesura between this world and the next. The reign of the messiah clearly belongs to this world. It lasts longer than a normal human life, but it comes to an end with the death of the messiah. We find a similar idea of a temporal, earthly messianic reign in the Book of Revelation, chapter 20, where it lasts for a thousand years, and is followed by a new creation. A similar scenario seems to be implied in the Syriac apocalypse of Baruch (2 Bar) where a brief description of the messianic reign is followed by the statement:

> And it shall come to pass after this, when the time of the presence of the messiah has run its course, that he will return in glory; then all who have died and set their hopes on him will rise again. (2 Bar 30:1)

A later passage in 2 Bar says that the kingdom of the messiah "will stand forever, until this world of corruption comes to an end and the times appointed are fulfilled" (2 Bar 40:3). There appears to be a distinction of two phases, one at the end of historical time and another at the beginning of a new age.[39] All these apocalypses (4 Ezra, Rev, 2 Bar) date from the period between 70 CE and the end of the first century CE.

4 Ezra returns to the messiah in two visions later in the book. The first, in chapters 11-12, concerns a confrontation between an eagle, symbolizing Rome, and a lion, symbolizing the messiah.[40] The angel explains:

> This is the interpretation of this vision which you have seen: The eagle, which you saw coming up from the sea is the fourth kingdom which appeared in a vision to your brother Daniel. But it was not explained to him as I now explain or have explained it to you. (12:10-12)

The anomalous imagery of an eagle coming up out the sea is tolerated for the sake of identifying the beast with a well known symbol of Rome. The angel also explains the lion:

---

39 Cf. M. Henze, Jewish Apocalypticism in Late First Century Israel, Tübingen 2011, 293-305: especially 305. There is a third messianic passage in 2 Bar 70-73.

40 Cf. A. Lacocque, "The Vision of the Eagle in 4 Esdras: A Rereading of Daniel 7 in the First Century C. E.", Society of Biblical Literature Seminar Papers 20 (1981), 237-258.

And as for the lion whom you saw rousing up out of the forest and roaring and speak-
ing to the eagle and reproving him for his unrighteousness, and as for all his words
that you have heard, this is the messiah whom the Most High has kept until the end
of days, who will arise from the posterity of David, and will come and speak to them;
he will denounce them for their ungodliness and for their wickedness. (12:31-32)

The Davidic lineage of the messiah is affirmed explicitly, but he is not born on
earth in the normal sequence of generations. Rather, he is revealed in the end-
time.

The revelation of the messiah is described in greater detail in chapter 13:

After seven days I dreamed a dream in the night, and behold a wind arose from the sea
and stirred up all its waves. And I looked and behold, this wind made something like
the figure of a man come up out of the heart of the sea. And I looked, and behold, that
man flew with the clouds of heaven; and whenever his voice issued from his mouth,
all who heard his voice melted as wax melts when it feels the fire. (13:1)

As in chapters 11-12, Dan 7 provides the backdrop, with overtones of theophany.[41]
The figure carves out for himself a great mountain and takes his stand on it. The
passage in chapter 13 continues:

After this I looked, and behold, all who had gathered together against him, to wage war
with him, were much afraid, yet dared to fight. And behold when he saw the onrush of
the approaching multitude, he neither lifted his hand nor held a spear or any weapon
of war, but I saw only how he sent forth from his mouth as it were a stream of fire, and
from his lips a flaming breath, and from his tongue he shot forth a storm of sparks. All
these were mingled together, the stream of fire and the flaming breath and the great
storm, and fell on the onrushing multitude which was prepared to fight, and burned
them all up, so that suddenly nothing was seen of the innumerable multitude but only
the dust of ashes and the smell of smoke. When I saw it, I was amazed. (13:8-11)

In the interpretation, the man is identified as "my son", who will take his stand on
Mt. Zion. "And he, my son", will reprove the assembled nations for their ungodliness, after which he will gather the lost tribes as a peaceful multitude. Michael

---

41 For analysis of this vision see M.E. Stone, Features of the Eschatology of 4 Ezra, Atlanta 1989, 123-
125. See also his essays "The Concept of the Messiah in IV Ezra" in: J. Neusner (ed.), Religions in
Antiquity. Essays in Memory of E.R. Goodenough, Leiden 1968, 295-312, and "The Question of the
Messiah in 4 Ezra" in: J. Neusner et al. (eds.), Judaisms and their Messiahs, Cambridge 1987, 209-
224.

Stone has argued that the reference to "my son" here is a mistaken translation of the Greek παῖς, and that the Hebrew original would have read ʿebed, servant.[42] But the figure standing on Mt. Zion and repelling the nations is clearly based on Ps 2, where the king is called "my anointed one" and addressed as "my son".

The fusion of imagery from Dan 7 and Ps 2 reflects the adaptation of traditional messianic expectation in an apocalyptic context. The messiah still fulfills his traditional role by defeating the nations, but, as in the Similitudes of Enoch, he is a transcendent figure, created long ago and kept in hiding by the Lord for his eschatological revelation. The identification with Daniel's "one like a son of man" gives him an angelic quality. The king was always believed to be in some sense divine.[43] The divine, supernatural characteristics of the messiah are greatly heightened in the later apocalypses, in the first century CE.

11. Messianic pretenders

Whether, or to what degree, messianic expectations such as we have reviewed here influenced political aspirations on a practical level is a debatable question. Josephus reports several prophetic figures who attracted followers by promising imminent divine intervention in the first century CE (Theudas, in Ant 20.97-8, cf. Acts 5:36; the Egyptian in Bellum 2.61-2).[44] He also claims that what more than all else incited the Judeans to rebel against Rome, was "an ambiguous oracle" that at that time someone from their country would become ruler of the world. The identification of that oracle is uncertain.[45] Josephus claimed that it actually referred to Vespasian, who had been campaigning in Judea before he became emperor.

Josephus also tells of people who aspired to kingship after the death of Herod (Judas in Ant 17.271-2; Bellum 2.56; Simon in Ant 17.273-6, Athronges in Ant 17.278-85).[46] Also two of the leaders of the revolt (Menahem, son of Judas the Galilean, Bel-

42 Cf. M. E. Stone, Fourth Ezra. A Commentary on the Fourth Book of Ezra (Hermeneia), Minneapolis 1990, 207-213.
43 Cf. Collins/Collins, King and Messiah (s. note 19).
44 Cf. Collins, Scepter (s. note 7), 216-219; R.A. Horsley/J.S. Hanson, Bandits, Prophets and Messiahs, Minneapolis 1985, 135-189; R. Gray, Prophetic Figures in Late Second Temple Jewish Palestine, Oxford 1993, 112-144.
45 Cf. A. J. Tomasino, "Oracles of Insurrection: The Prophetic Catalyst of the Great Revolt", JJS 59 (2008), 86-111, argues that the oracle in question is Dan 9:24-7.
46 Cf. M. Hengel, The Zealots, Edinburgh 1989, 290-301.

lum 2.433–4, and John of Gischala, Bellum 4.503).[47] Whether any of these aspired to restore the Davidic line, and so could be considered a messiah, is unclear. The same is true of the figure variously known as Lukas or Andreas who led the Diaspora revolt under Trajan in 115–118 CE.[48] The best attested Jewish messiah, other than Jesus, was the leader of the Second Jewish Revolt against Rome, Simon Bar Kosiba, better known as Bar Kochba, son of the star. Rabbi Akiba is said to have explained the passage "a star shall go forth from Jacob" (Num 24:17) as "Kosiba goes forth from Jacob", and to have hailed him "This is the king, the messiah". The reply attributed to Rabbi Yohanan ben Torta stands as the dominant rabbinic verdict on the expectation of the messiah in ancient Judaism: "Aqiba, grass will grow between your cheeks and he still will not have come."[49]

Zusammenfassung

Der Begriff „Messias" leitet sich vom hebräischen Wort *māšîᵃḥ* ab, das dem Wortsinn nach „Gesalbter" bedeutet. Im modernen Sprachgebrauch bezieht sich der Begriff des Messias jedoch auf eine Gestalt, die eine wichtige Rolle in der Endzeit spielen wird. Am häufigsten ist das der König, der die davidische Linie wiederherstellen wird. Allerdings finden wir in den Qumrantexten auch Bezüge zu priesterlichen und prophetischen Messiassen. Der Begriff kann auch einen himmlischen Erlöser meinen, wie er als „Menschensohn" in den Bildreden des äthiopischen Henoch (1 Hen) begegnet. Die Erwartung eines davidischen Messias folgte der Verheißung, die gemäß 2 Sam 7 Gott David gegeben hatte, dass einer seiner Nachkommen für immer als König in Jerusalem regieren werde. Nach der babylonischen Eroberung Jerusalems im Jahr 586 v. Chr. war dies nicht mehr der Fall und so kam die Erwartung auf, dass Gott die Linie Davids wiederherstellen werde. Nach einer Welle von Erwartungen im späten sechsten Jahrhundert v. Chr. kam die messianische Erwartung bis zur hasmonäischen Zeit zum Erliegen (im späten

47 Cf. Hengel, Zealots (s. note 46), 297; Horsley/Hanson, Bandits (s. note 44), 120–127.
48 Cf. M. Hengel, „Messianische Hoffnung und politischer ‚Radikalismus' in der ‚jüdisch-hellenistischen Diaspora'", in: D. Hellholm (ed.), Apocalypticism in the Mediterranean World and the Near East, Tübingen 1983, 655–686.
49 j. Taᶜanit 4.8. See the discussion by P. Schäfer, "Bar Kochba and the Rabbis", in: idem (ed.), The Bar Kokhba War Reconsidered. New Perspectives on the Second Revolt against Rome, Tübingen 2003, 1–22.

zweiten und frühen ersten Jahrhundert v. Chr.). Durch die Machtergreifung der Hasmonäer kam es zu ihrem Wiederaufleben. Die Erwartung von gesonderten königlichen und priesterlichen Messiassen in den Qumranschriften können als kritische Replik auf die Hasmonäer gelesen werden, die beide Ämter in Personalunion vereinten. In den meisten Fällen wurde der königliche Messias als ein siegreicher Krieger erwartet, der die Heiden vertreiben werde. Diese Erwartung spiegelt sich auch im aramäischen Fragment 4Q246 wider, in dem von einem messianischen König als „Sohn Gottes" und „Sohn des Höchsten" die Rede ist. Es gab jedoch noch eine andere Strömung von Erwartungen, die sich auf einen Prophet richtete, der den Weg des Herrn bereiten werde und ein Wundertäter sein werde. Josephus beschrieb verschiedene Versuche, den einen oder anderen dieser Entwürfe in der Zeit bis zum Aufstand gegen Rom im Jahr 66–70 n. Chr. in die Tat umzusetzen.

While the Hebrew word *māšîᵃḥ* simply means "anointed one", its modern counterpart "messiah" refers to a figure who will play an important role in the eschatological time. Most often this is the king who will restore the Davidic line. In the Dead Sea Scrolls, however, we also find mention of priestly and prophetic "messiahs", and the term can also be applied to a heavenly redeemer figure, as we find in the Similitudes of Enoch (1 En). The expectation of a Davidic messiah arises out of the promise to David in 2 Sam 7 that one of his descendants would always reign as king in Jerusalem. After the Babylonian conquest of Jerusalem in 586 BCE, this was no longer the case, and so the expectation arose that God would restore the Davidic line. After a flurry of expectation in the late sixth century BCE, however, messianic expectation was dormant until the Hasmonean period (late second and early first century BCE). Then it arose in reaction to usurpation of the monarchy by the Hasmoneans. The expectation of separate royal and priestly messiahs in the Scrolls can be read as a critical reaction to the Hasmoneans, who combined the two offices. In most cases, the royal messiah was expected to be a warrior who would drive out the Gentiles. This is true even of the Aramaic 4Q246, which refers to the messianic king as "Son of God" and "Son of the Most High". There was, however, another strand of expectation that focused on a prophet who would prepare the way of the Lord and be a miracle-worker. Josephus describes various attempts to actualize one or other of these models in the period leading up to the revolt against Rome in 66–70 CE.

DANIEL BOYARIN

Der Menschensohn in 1. Henoch und 4. Esra*

Andere jüdische Messiasse im 1. Jahrhundert

Die Anhängerschaft Jesu stand in der jüdischen Szenerie nicht allein. Andere Juden hatten sich verschiedene menschliche Figuren vorgestellt, die den göttlichen
Status und das Sitzen neben Gott oder sogar an Gottes Stelle auf dem göttlichen
Thron erlangen. Ungefähr zur Zeit des Buches Daniel schrieb Ezechiel der Tragö-
diendichter (der Tragiker), ein alexandrinischer Jude:

Moses:
68   Auf einer Bergesspitze sah ich einen großen Thron,
69   der bis zum Himmel reichte.
70   Drauf saß ein Mann,
     dem edelsten Geschlecht entsprossen.
71   Ein Diadem auf seinem Haupt
     und in der Linken ein gewaltig Zepter,
72   so winkt er mir mit seiner Rechten.
73   Ich stellte mich vor seinen Thron.
74   Da reicht er mir das Zepter dar
75   und hieß mich seinen großen Thron besteigen.
76   Auch gab er mir sein königliches Diadem;
     er selber stieg herab.[1]

Wir haben hier ein entscheidendes Bild des göttlichen Throns und die Einsetzung
einer zweiten Person auf den Thron an der Seite oder sogar anstelle des Alten [der
Tage]. „Wenn wir" innerhalb des Kontextes des Judentums des Zweiten Tempels
„eine von Gott unterscheidbare Figur auf Gottes Thron selbst gesetzt sehen, soll-

---

*   Bei dem vorliegenden Beitrag handelt es sich um einen vorläufigen Auszug aus der dt. Überset-
    zung von Armin Wolf des 2. Kapitels der engl. Originalausgabe von D. Boyarin, The Jewish Gos-
    pels: The Story of the Jewish Christ, New York 2012, 71–101 (Anm. 175–179).
1   H. Jacobson, The Exagoge of Ezekiel, Cambridge 1983, 55. [dt. Übersetzung von P. Rießler, in: Ders.,
    Altjüdisches Schrifttum außerhalb der Bibel, Augsburg 1928, 337–345 (Erläuterungen 1289): 339; zit.
    n. https://de.wikisource.org/wiki/Ezechiel_der_Tragiker (03.07.2013); Faksimile unter: http://
    digital.ub.uni-duesseldorf.de/ihd/content/pageview/3383634 (04.07.2013); Anm. d. Übers.].

ten wir dies als eines der wirkmächtigsten theologischen symbolischen Mittel des Judentums zur Einbindung einer solchen Figur in die einzigartige göttliche Identität ansehen"[2]. Wenn wir diesem Grundsatz folgen, sehen wir, dass Mose in diesem Text Gott geworden ist. Kein unmöglicher Gedanke damals für einen Juden, selbst für einen, der lange vor Jesus lebte. Wenn in der einen Version einer jüdischen religiösen Vorstellung Mose Gott sein konnte, warum dann nicht Jesus in einer anderen Version?

Zu Zeiten Jesu warteten Juden auf einen Messias, der sowohl menschlich als auch göttlich und der der Menschensohn wäre, eine Idee, die sie aus einer Passage von Daniel 7 herleiteten. Beinahe die gesamte Geschichte des Christus – selbstverständlich mit gewichtigen Variationen – findet sich gleichermaßen in den religiösen Ideen einiger Juden, die noch nichts von Jesus wussten. Jesus erfüllte für seine Anhänger die Idee des Christus; der Christus wurde nicht erfunden, um Jesu Leben und Tod auszudeuten. Versionen dieser Erzählung, die Geschichte des Menschensohns (die Geschichte, die später Christologie genannt wird), waren unter den Juden vor der Ankunft Jesu weit verbreitet; Jesus schlüpfte in eine Rolle, die vor seiner Geburt bestand, und dies erklärt, warum so viele Juden bereit waren, ihn als den Christus, als den Messias, den Menschensohn anzuerkennen. Diese Art, die Dinge zu betrachten, ist einer Gelehrtentradition völlig entgegengesetzt, die annimmt, dass Jesus zuerst kam und die Christologie nach diesem Ereignis geschaffen wurde, um seine erstaunliche Karriere zu erklären. Die Stellenbeschreibung – Gesucht wird: Ein Christus, der göttlich ist, der Menschensohn genannt wird, der Herr und Retter der Juden und der Welt ist – war schon da, und Jesus war der Passende (oder, anderen Juden zufolge, nicht). Die Stellenbeschreibung war kein ausgeklügeltes Unterfangen, keine gleichsam auf Jesus maßgeschneiderte Stelle!

Die in allerhöchstem Maße spannende Quelle zum Verständnis dieses Aspektes der frühen Geschichte der Christusidee findet sich in einem Buch, das als Parabeln (oder Gleichnisse) Henochs bekannt ist. Dieser wunderbare Text (der genau zur selben Zeit wie die frühesten Evangelien geschaffen worden zu sein scheint) zeigt, dass es andere palästinensische Juden gab, die einen als Menschensohn bekannten Erlöser erwarteten, der eine göttliche, in einem erhabenen Menschen verkörperte Gestalt sein würde. Weil dieser Text in jeglicher direkten Weise unabhängig von den Evangelien ist, ist er somit ein unabhängiger Zeuge für das Vorhandensein dieser religiösen Idee unter palästinensischen Juden zu jener Zeit und nicht nur unter den jüdischen Gruppen, inmitten derer Jesus wirkte.

Die Parabeln (Gleichnisse) Henochs

Das Buch Henoch[*] ist ein Hauptbestandteil der Bibel der äthiopischen Orthodoxen Kirche; es erscheint in den Bibeln des Westens nicht, weder in den jüdischen, katholischen, orthodoxen noch protestantischen. Das Henochbuch umfasst fünf Teilbücher: das Buch der Wächter, die Parabeln Henochs, das astronomische Buch, die tierische Apokalypse und der Brief Henochs. Diese Bücher, die alle behaupten, von dem vorsintflutlichen Henoch geschrieben worden zu sein, waren selbstständige Werke, die zu gewisser Zeit zusammengefasst wurden, möglicherweise während des späten 1. Jh. n. Chr. Fragmente dieser Teilbücher wurden in Qumran (unter den Schriftrollen vom Toten Meer) gefunden, ausgenommen die Parabeln Henochs; und ebenso sind Fragmente durch verschiedene griechische Quellen bekannt. Die derzeitige Meinung ist nahezu gänzlich gesichert, dass das Buch der Wächter der älteste Teil des Henochbuches ist (3. Jh. v. Chr.) und die uns hier interessierenden Gleichnisse der jüngste, von der Mitte des 1. Jh. n. Chr. datierend. Alle Teile sind abgefasst als Visionen, geschaut von dem alten Weisen Henoch oder ihm offenbart; und somit ist der Text als Ganzes eine Apokalypse, eine Offenbarung, ähnlich dem Danielbuch oder dem kanonischen neutestamentlichen Buch der Offenbarung.

Die Parabeln Henochs und die Evangelien

In den Parabeln Henochs gebraucht ein jüdischer Verfasser irgendwann im 1. Jh. n. Chr.[3] ausgiebig den Begriff „Menschensohn", um eine besondere göttlich-menschliche Erlösergestalt zu bezeichnen, die sich letztendlich in der Gestalt Henochs personifiziert (inkarniert) und auf diese Weise viele der Elemente aufweist,

---

2   R. Bauckham, The Throne of God and the Worship of Jesus, in: C.C. Newman (Hg.), The Jewish Roots of Christological Monotheism: Papers from the St. Andrews Conference on the Historical Origins of the Worship of Jesus (JSJ.S 63), Boston 1999, 53. Vgl. auch C.A. Gieschen, Angelomorphic Christology: Antecedents and Early Evidence (AGJU 42), Leiden u. a. 1998, 93f.

[*] [Gemeint ist hier und im Folgenden: 1. Henoch, auch äthHen genannt - Erg. d. Übers.].

3   Für die früher bezogene Position, dass die Gleichnisse früher als genannt bestanden haben, vgl. M. Black, The Eschatology of the Similitudes of Enoch, JThS 3 (1952), 1–10: 1. Für die neueste und allgemein akzeptierte Position vgl. die Essays in: G. Boccaccini/J. von Ehrenkrook (Hg.), Enoch and the Messiah Son of Man: Revisiting the Book of Parables, Grand Rapids (MI) 2007; bes. daraus D. W. Suter, Enoch in Sheol: Updating the Dating of the Parables of Enoch, in: ebd., 415–433.

die die Christus-Geschichte ausmacht.[4] Henochs „Menschensohn" ist ein Ab-
kömmling in der Tradition des danielschen „Einen wie ein Menschensohn".[5] In
den Parabeln Henochs wird uns im Kap. 46 die folgende Vision Henochs, des visionären Sprechers, dargeboten:

> „[1 (1.)] Da sah ich das Haupt der Tage[6], dessen Haupt weiß wie Wolle war, und mit ihm
> einen anderen, dessen Antlitz dem des Menschen glich. Sein Antlitz war voll Anmut,
> gleich einem der heiligen Engel. [2] Alsdann fragte ich einen der Engel, welcher mit mir
> ging, und welcher mir jedes Geheimnis zeigte in Betreff dieses Menschensohnes: wer
> er sei, woher er sei, [und] warum er das Haupt der Tage begleite. [3 (2.)] Er antwortete und
> sagte zu mir: Dies ist der Menschensohn, dem Gerechtigkeit ist […]."

Im Henochtext wie bei Daniel und mit beinahe demselben Wortlaut gibt es
zwei göttliche Figuren, eine wiederum, die alt ist, und eine, die die Erscheinung
eines Menschen hat, die Erscheinung eines „Menschensohns", ein junger Mensch
womöglich, so scheint es, im Kontrast zu einem alten. Es ist deutlich, dass Henoch
genau weiß, wer das „Haupt der Tage" ist, jedoch fragt er sich, wer (der) Menschensohn ist. Darin liegt eine dramatische Ironie. Obwohl Henoch nicht weiß,
wer der Menschensohn ist, wir wissen es – nämlich der Eine, der in Daniel mit
dem Alten der Tage mit dem schneeweißen Bart und dazu zwei Thronen kommt.
Am Ende der Parabeln Henochs, wie wir unten sehen werden, wird Henoch dieser
Menschensohn geworden sein, über das Maß hinaus, wie Jesus es in den Evangelien wird.

---

4 „Wir finden gewiss eine Unschärfe der Züge zwischen einem menschlichen Messias und einem
   himmlischen oder engelhaften Erlöser in der Menschensohntradition." A. Y. Collins/J.J. Collins,
   King and Messiah as Son of God: Divine, Human, and Angelic Messianic Figures in Biblical and
   Related Literature, Grand Rapids (MI) 2008, 85 f. Es sind die Parabeln Henochs, worüber die Collins sprechen.

5 G. W. E. Nickelsburg/J. C. VanderKam, I Enoch: A New Translation, Minneapolis 2004, 59 f. [Der
   folgende dt. Text (mit ergänzter abweichender Verszählung in Klammern) nach der Übersetzung
   v. A. G. Hoffmann: Das Buch Henoch in vollständiger Übersetzung mit fortlaufendem Kommentar, ausführlicher Einleitung und erläuternden Exkursen, Jena 1833; zit. n. dem Digitalisat:
   www.gutenberg.org/cache/epub/4013/pg4013.html (31.05.2013); ergänzte Verszählung nach
   Rießler, Schrifttum (s. Anm. 1), 381 f.; zit. n. dem Digitalisat: http://digital.ub.uni-duessel-
   dorf.de/ihd/content/pageview/3383676 (f.) (04.07.2013); Anm. d. Übers.].

6 Mir ist nicht klar, wie sich der aramäische Ausdruck עתיק יומין (etwa: „der Alte der Tage") das
   „Haupt der Tage" ergibt, doch ist dies für den vorliegenden Fall unerheblich. Zu anderen Lösun-
   gen dieses Problems vgl. M. Black (mit J.C. VanderKam), The Book of Enoch, or I Enoch: A New
   English Translation with Commentary and Textual Notes (SVTP 7), Leiden 1985, 192.

Dieses Buch stellt uns unser deutlichstes Beweisstück zur Verfügung, dass der Menschensohn als ein göttlich-menschlicher Erlöser zu Zeiten Jesu aus der Lektüre des Danielbuches hervorging. Kapitel 46 des Buches Henoch bietet tatsächlich eine erstaunliche Veranschaulichung dieses Deutungsvorgangs. Wir können hier sehen, wie das Kapitel aus Daniel zur Schaffung eines neuen „Mythos" benutzt wurde – im Falle der Parabeln; für andere Juden bildete sich der Mythos des Messias zweifellos in der gleichen Weise. Der Interpretationsprozess, den wir in diesem Fall beobachten, ist eine frühe Form der Art jüdischer Bibelauslegung, später bekannt als Midrasch.*[7] Auffällig indes: Henochs Engel widerspricht dem Engel Daniels. Während Daniels Engel erklärt, dass der Menschensohn ein Symbol für die Heiligen Israels (die makkabäischen Märtyrer) ist, erklärt der Engel Henochs den Menschensohn als gerechte göttliche Gestalt. Wie wir in Kapitel 1 dieses Buches gesehen haben, scheint das die ursprüngliche Bedeutung der Vision gewesen zu sein, eine Bedeutung, die der Autor/Redaktor des Danielbuches zu unterdrücken suchte, indem der Engel den Menschensohn allegorisch auslegte. Daraus entnehmen wir, dass es eine Auseinandersetzung unter den Juden über den Menschensohn lange vor Abfassung der Evangelien gab. Einige Juden bejahten die Idee eines göttlichen Messias, andere wiesen sie zurück. Die Parabeln sind ein

---

*   Obgleich eine ganze Bibliothek über den Midrasch geschrieben werden könnte (und geschrieben wurde), mag es für die hiesigen Zwecke ausreichend sein, ihn als eine Art biblische Lesung zu definieren, die verschiedene Abschnitte und Verse in der Ausarbeitung neuer Erzählungen zusammenbringt. Es ist so etwas wie das alte Spiel der Anagramme [Buchstabenrätsel], in denen die Spieler auf Wörter oder Texte schauen und sich bemühen, neue Wörter und Texte aus den vorhandenen Buchstaben zu bilden. Die Rabbinen, die die midraschische Lesemethode hervorbrachten, betrachteten die Bibel als ein riesiges Verweissystem, und ein jeglicher Teil von ihr konnte als Kommentar oder Ergänzung eines jeden anderen Teils aufgefasst werden. Daher waren sie in der Lage, aus Fragmenten älterer Geschichten (der Bibel selbst) neue Erzählungen zu bilden, mittels einer Art von Anagrammen im weiteren Sinne; die neuen Geschichten, die – nahe an den biblischen Erzählungen verfasst, diese aber auch erweiterten und veränderten – wurden als den biblischen Geschichten selbst ebenbürtig angesehen.

7   Eine größere exegetische Arbeit, um zu demonstrieren, dass dieses Kapitel als ein Midrasch zu Dan 7,13 f. konstruiert ist, wurde von Lars Hartmann erstellt, der sorgfältig herausarbeitet, wie viele biblische Verse und Echos es in diesem Kapitel gibt; L. Hartman, Prophecy Interpreted: The Formation of Some Jewish Apocalyptic Texts and the eschatological Discourse Mark 13 par (Coniectanea Biblica 1), Stockholm 1966, 118–126. Meine Diskussion in diesem und im nächsten Paragraphen stützt sich auf seine Ausführungen, weshalb ich auf eine Reihe von ausdrücklichen Verweisen verzichte. In jedem Fall kann ich sein detailliertes und bestechendes Argument nur zusammenfassen.

Beweis für die Tradition der Interpretation des Menschensohns als einer solchen göttlichen Person, eine Tradition, die auch die Jesusbewegung speiste.

Spekulation und Erwartung hinsichtlich des Menschensohns scheinen also eine weit verbreitete Form jüdischen Glaubens am Ende der Zeit des Zweiten Tempels gewesen zu sein. Die Parabeln scheinen nicht das Produkt einer isolierten Sekte, vielmehr Teil einer umfassenderen jüdischen Welt des Denkens und Schreibens zu sein.[8] Jesu gott-menschliche Messianität war genau das, was die Juden bestellt hatten, selbst wenn viele nicht dachten, dass Jesus der dafür Geeignete wäre (und viele andere außerhalb Palästinas zumindest niemals von ihm hörten).

Im Buch Henoch ist diese Gestalt ein Teil Gottes; als eine zweite oder jüngere Gottheit konnte er sogar als Sohn an der Seite des Alten der Tage angesehen werden, den wir als Vater zu halten beginnen könnten. Obgleich die Bezeichnung als Messias auch andernorts erscheint, geschieht es in Henoch 48, dass die Ähnlichkeiten mit den Vorstellungen der Evangelien am deutlichsten hervortreten. Hier ist der fesselnde Abschnitt in Gänze:

> [1.] An diesem Platze sah ich einen Born der Gerechtigkeit, welcher niemals Mangel hatte, umgeben von vielen Quellen der Weisheit. Aus diesen tranken alle Durstigen, und wurden erfüllt mit Weisheit, und hatten ihre Wohnung bei den Gerechten, den Auserwählten und den Heiligen. [2.] In dieser Stunde wurde dieser Menschensohn angerufen bei dem Herrn der Geister und sein Name in Gegenwart des Hauptes der Tage. [3.] Bevor die Sonne und die Zeichen geschaffen waren, bevor die Sterne des Himmels gebildet waren, wurde sein Name angerufen in der Gegenwart des Herrn der Geister. [4.] Eine Stütze wird er sein den Gerechten und den Heiligen, auf welche sie sich lehnen, ohne zu fallen, und er wird sein das Licht der Völker. [(4.)] Er wird sein die Hoffnung derer, deren Herzen in Unruhe sind. [5.] Alle, welche wohnen auf Erden, werden niederfallen und anbeten vor ihm; werden rühmen und verherrlichen ihn, und Loblieder singen dem Namen des Herrn der Geister. [6. (5.)] Deshalb war der Auserwählte und der Verborgene in seiner Gegenwart, ehe die Welt geschaffen wurde und immerdar [(6.)] in seiner Gegenwart [7.] und hat enthüllt den Heiligen und den Gerechten die Weisheit des Herrn der Geister. [(7.)] Denn in seinem Namen sollen sie bewahrt werden, und sein Wille wird ihr Leben sein. [8.] In jenen Tagen sollen die Könige der Erde und die mächtigen Menschen, welche die Welt gewonnen haben durch das Werk ihrer Hände, niedrig werden im Ansehen. [(8.)] Denn an dem Tage ihrer Angst und Unruhe sollen ihre Seelen nicht gerettet werden, [9.] und in den Händen derer (sein), welche ich erwählt habe.

---

8   Vgl. P. Piovanelli, „"A Testimony for the Kings and Mighty Who Possess the Earth": The Thirst for Justice and Peace in the Parables of Enoch", in: Boccaccini (Hg.), Enoch (s. Anm. 3), 363–379.

[9.] Ich will sie wie Heu in das Feuer werfen und wie Blei in das Wasser. So sollen sie brennen in der Gegenwart der Gerechten und sinken in der Gegenwart der Heiligen, und nicht soll ein zehnter Teil von ihnen gefunden werden. [10. (10.)] Aber an dem Tage ihrer Unruhe wird Ruhe sein auf Erden. [11.] In seiner Gegenwart werden sie fallen und sich nicht wieder erheben, und es wird keiner da sein, der sie aus seinen Händen nähme und sie aufhöbe; denn sie haben verleugnet den Herrn der Geister und seinen Messias. Der Name des Herrn der Geister sei gepriesen![9]

Dieses Stück wunderbarer religiöser Dichtung bildet einen wesentlichen Schlüsseltext zur Erhellung der Christologie der Evangelien – ebenso wie zum Erweis der wesenhaften Jüdischkeit dieses Phänomens. Vor allem finden wir hier die Lehre von der Präexistenz des Menschensohns. Er wurde schon benannt, bevor das Universum ins Dasein trat. Zweitens wird der Menschensohn auf Erden verehrt: „Alle, welche wohnen auf Erden, werden niederfallen und anbeten vor ihm; werden rühmen und verherrlichen ihn, und Loblieder singen dem Namen des Herrn der Geister." [48,4b] Drittens – und möglicherweise am wichtigsten – wird er in V.10 der Gesalbte genannt, wortwörtlich der Messias (hebräisch: *maschiach*) oder Christus (griechisch: *Christos*). Es scheint daher ziemlich klar, dass viele religiöse Vorstellungen, die hinsichtlich des Christus – der als Jesus identifiziert wurde – gepflegt wurden, im Judentum bereits vorhandenen waren: Aus ihnen bildeten sich sowohl der Kreis um Henoch als auch die Kreise um Jesus heraus.

Eine ebenso erstaunliche Offenbarung begegnet in Kapitel 69 der Parabeln, wo wir über das Jüngste Gericht lesen:

[26 (37.)] *Und ihnen wurde große Freude.* [(38.)] *Und sie priesen, und rühmten, und erhoben, weil ihnen offenbart wurde der Name jenes Menschensohnes.* [27 (39.)] *Und er saß auf dem Throne seiner Herrlichkeit, und der Hauptteil des Gerichts wurde gegeben ihm, dem Menschensohn. Und er lässt verschwinden und untergehen die Sünder von der Oberfläche der Erde,* [28] *und diejenigen, welche sie verführten, werden in Ewigkeit mit Ketten gebunden werden.* [(40.)] *Und an dem Sammelort ihrer Vernichtung [D.B. mit Rießler; oder Hoffmann: nach ihrer Stufe der Verdorbenheit] werden sie eingekerkert werden, und alle ihre Werke sollen verschwinden von der Oberfläche der Erde,* [29] *und fortan wird nicht da sein Verderbliches [D.B. mit Rießler; oder Hoffmann: ein Verführer]; denn jener Menschensohn [D. B. mit Rießler; Hoffmann:*

---

9   Nickelsburg/VanderKam, I Enoch (s. Anm. 5), 61–63. [Dt. Text (und *abweichende* Verszählung in Klammern) nach Hoffmann, Henoch (s. Anm. 5), hier als Kap. 48a; Verszählung mit D.B. (D. Boyarin) nach Rießler, Schrifttum (s. Anm. 1), 383 f., zit. n. dem Digitalisat unter: http://digital.ub. uni-duesseldorf.de/ihd/content/pageview/3383678 (f.) (02.08.2013); Anm. d. Übers.].

Mannessohn] wurde gesehen und saß auf dem Thron seiner Herrlichkeit. [41.] *Und alles Böse wird aus seinem Antlitz verschwinden und weichen, und das Wort dieses Mannessohnes wird bestätigt werden vor dem Herrn der Geister.*[10]

Hier nimmt der Menschensohn deutlich seinen Thron der Ehre ein, möglicherweise sitzend zur Rechten des Alten der Tage. Es fällt schwer, sich der Schlussfolgerung zu entziehen, dass der Menschensohn tatsächlich sozusagen eine zweite Person Gottes ist. Und alle Funktionen, die der göttlichen Gestalt, die „Einer wie ein Menschensohn" genannt wird, in Daniel 7 beigelegt werden, werden dem Menschensohn gegeben, der auch – wie wir gesehen haben – Christus genannt wird.

„Und Henoch war mit Gott" (Gen 5,24): Die Apotheose Henochs

Einer der bemerkenswertesten Aspekte der Lehre von Christus ist die Kombination von Mensch und Gott in einer Gestalt. Wir finden sie ebenso hier in den Parabeln. Im Hauptteil der Parabeln ist Henoch *nicht* der Menschensohn. Dies ist ausdrücklich der Fall, weil im Kapitel 46 und durch den Hauptteil des Textes hindurch er derjenige ist, der den Menschensohn schaut und dem die Beschreibung des Menschensohns als eines eschatologischen Erlösers und Messias offenbart wird; deshalb kann Henoch mit ihm nicht identisch sein.[11] Am Ende jedoch, in den Kapiteln 70 f., wird Henoch der Menschensohn – er wird Gott.[12]

In diesen Kapiteln haben wir die Szenerie eines bemerkenswerten Hochgefühls. In Kapitel 70 wird uns von Henoch in der dritten Person berichtet: „¹ Und es geschah hierauf, dass erhoben wurde der lebendige Name [Henochs] bei (bzw. zu) diesem Menschensohn und bei dem Herrn der Geister, [weg] von denen, welche auf der Erde wohnen. ² Und er wurde erhoben auf den Wagen (chariots) des Geistes, und es ging aus *sein* Name in ihrer Mitte." Doch springt der Text sodann – unvermittelt – in die erste Person, und uns wird gesagt: „³ Und von diesem Tage

---

10 Nickelsburg/VaderKam, I Enoch (s. Anm. 5), 91f. [Dt. Text (und *abweichende* Verszählung in Klammern) nach Hoffmann, Henoch (s. Anm. 5), hier als Kap. 68; Verszählung nach D.B. mit Rießler, Schrifttum (s. Anm. 1), 401, zit. n. dem Digitalisat unter: http://digital.ub.uni-duesseldorf.de/ihd/content/pageview/3383696 (02.08.2013); Anm. d. Übers.].

11 Vgl. J. R. Davila, Of Methodology, Monotheism and Metatron, in: Newman (Hg.), Roots (s. Anm. 2), 9.

12 Meine Lesart der Parabeln steht hier nahe der von M. Hooker, The Son of Man in Mark: A Study of the Background of the Term „Son of Man" and Its Use in St Mark's Gospel, Montreal 1967, 37–48.

an wurde ich nicht unter sie (zu ihnen) gezählt."[*] Wir haben hier eine midraschische Erweiterung des berühmten Verses aus Gen 5,24, dass „Henoch mit Gott wandelte, und er war nicht mehr (gesehen)": Dies ist ein Beispiel der Apotheose eines besonderen Menschen, der göttlich wird. Wie Moshe Idel, der weltberühmte Kabbala-Gelehrte, bemerkt hat:

„Verschiedene bedeutende Entwicklungen in der Geschichte des jüdischen Mystizismus [müssen erklärt werden als] eine anhaltende Konkurrenz und Synthese zwischen zwei Hauptfaktoren: zwischen der Apotheose und der Theophanie. Der erste verkörpert die Bestrebungen weniger, elitärer Personen, die menschliche Situation der Sterblichkeit durch einen Prozess der Vergöttlichung (Theosis) zu transzendieren, durch Aufsteigen zur Höhe, um in eine dauerhaftere Wesenheit umgewandelt zu werden, in einen Engel oder Gott. Im Gegensatz zu diesem Aufwärtsstreben zeigt sich der Faktor der Theophanie, der für die Offenbarung des Göttlichen in direkter Weise oder durch vermittelnde Hierarchien."[13]

Genau dieser Wettbewerb wird in den Parabeln Henochs ausgetragen; mehr noch, es vollzieht sich eine entscheidende Synthese, eine Verbindung der Traditionen der Apotheose und der Theophanie, die den Schlüssel für den religiösen Hintergrund auch der Evangelien darstellt. Hier im Buch Henoch wie in den fast zeitgleichen Evangelien finden wir eine starke Verbindung oder Synthese zwischen der Vorstellung von Gott, der den Menschen durch Erscheinen auf Erden als Mensch bekannt gemacht wird (Theophanie), und der Vorstellung vom Menschen, der bis zum Niveau der Göttlichkeit aufsteigt (Apotheose).

In diesen Schlusskapiteln der Parabeln werden Henoch alle Geheimnisse des Universums gezeigt, und er wird zum Haus der Erzengel mit dem Alten der Tage unter ihnen gebracht. Im Kapitel 71 kommt der Alte der Tage zu Henoch und erklärt: „[14.(17.)] [...] Du bist der Menschensohn, der du geboren bist zur Gerechtigkeit, und Gerechtigkeit ist über dir geblieben. [(18.)] Und die Gerechtigkeit des Hauptes der Tage wird dich nicht verlassen." Henoch wurde erhöht und mit dem Menschensohn verschmolzen, der präexistente göttliche Erlöser und himmlische Messias, wie aus dem oben Gesagten bereits bekannt.[14]

---

[*] [Dt. Text und ergänzte Verszählung in Anlehnung an Hoffmann, Henoch (s. Anm. 5), hier als Kap. 69, und Rießler, Schrifttum (s. Anm. 1), 401f., zit. n. dem Digitalisat unter: http://digital.ub.uni-duesseldorf.de/ihd/content/pageview/3383696 (f.) (02.08.2013); Anm. d. Übers.].

13 M. Idel, Ben: Sonship and Jewish Mysticism (Kogod Library of Judaic Studies 5), London 2007, 4.

14 Ich bin durch das Argument Daniel Olsons, Enoch and the Son of Man, Journal for the Study of the Pseudepigrapha 18 (1998), 33, vollständig davon überzeugt, dass auch Kap. 70 ursprünglich

Henoch wird der Menschensohn

Ungeachtet späterer theologischer Verfeinerungen enthalten die Evangelien ebenfalls eine Geschichte eines Gottes, der Mensch wird (Theophanie), und eine andere Geschichte eines Menschen, der Gott wird (Apotheose). D. h., wir können noch immer in den Evangelien (besonders bei Markus, der keine wundersame Geburtsgeschichte hat, und desgleichen sogar bei Paulus) die Reste einer Version der Christologie beobachten, in der Jesus als Mensch geboren, aber bei seiner Taufe zu Gott wird. Diese Vorstellung, später die Häresie des Adoptianismus genannt (Gott adoptiert Jesus als seinen Sohn), war bis zum Mittelalter nicht beseitigt. Die Betrachtung der Doppelsinnigkeit in der Erzählung vom Menschensohn im Buch Henoch wird uns somit helfen, auch die Doppelsinnigkeit in der Geschichte Jesu in den Evangelien zu verstehen. Sie hilft uns, einen Sinn der mannigfaltigen Begebenheiten in der Christusgeschichte zu finden: seine Geburt als Gott, seine Gottwerdung bei seiner Taufe, sein Tod und seine Auferstehung wiederum als ein lebendiger Mensch, der auf Erden lehrt, und danach die Erhöhung zur Rechten Gottes in Ewigkeit. Es ist fast so, als ob zwei Geschichten in eine Handlung zusammengeführt worden wären: die eine Geschichte eines Gottes, der Mensch wurde, auf die Erde herabstieg und dann nach Hause zurückkehrte; und eine zweite Geschichte eines Menschen, der Gott wurde und zur Höhe aufstieg.

Der detaillierte Blick auf Henoch wird uns vieles über die Religion und die religiöse Geschichte derjenigen Juden lehren, die glaubten, dass ein Mensch Gott wurde (oder dass Gott ein Mensch wurde). Die Wurzeln der Apotheose Henochs scheinen sehr weit in den antiken Nahen Osten zurückzureichen. Ich hoffe, die Grundzüge einer schicksalhaften Bewegung in der jüdischen Religionsgeschichte offen zu legen, und zwar derjenigen, in der die Lehre des Messias als einer inkarnierten göttlichen Person und als eines erhobenen Menschen gebildet wurde.[15] Es ist gut, sich dabei zu erinnern, dass die Vorstellung des Messias sich ursprünglich um einen gewöhnlichen, menschlichen König des Hauses David drehte, der die langersehnte Monarchie wiederherstellen würde, während sich die Vorstellung

---

Henoch mit dem Menschensohn identifizierte. Sein Artikel ist beispielhafte Philologie, da er eine Variante der Texttradition stützt und dann überzeugend erklärt, warum diese Lesart in anderen Zweigen der Überlieferung geändert wurde. [Vorstehendes Zitat aus Henoch 71 nach D. B. übersetzt; Verszählung ergänzt nach Rießler, Schrifttum (s. Anm. 1), 403, abweichend (in Klammern) nach Hoffmann, Henoch (s. Anm. 5), der hier erst Kap. 70 zählt; Anm. d. Übers.].

15 Für eine Untersuchung der Allgegenwärtigkeit dieses Musters vgl. Idel, Ben (s. Anm. 13), 1–3.

eines göttlichen Erlösers separat davon entwickelte. Es geschieht um die Zeit Jesu (oder tatsächlich etwas eher), dass diese zwei Vorstellungen zum Entwurf eines göttlichen Messias verbunden wurden. Der beste Beweis dafür ist, dass wir in den Parabeln dieselbe Verbindung religiöser Auffassungen finden, die wir in den zeitgenössischen Evangelien finden.

Die Präexistenz des Menschensohns wird ziemlich deutlich in den Parabeln, 48,2 f., zum Ausdruck gebracht:

> [2.] In dieser Stunde wurde dieser Menschensohn angerufen bei dem Herrn der Geister und sein Name in Gegenwart des Hauptes der Tage. [3.] Bevor die Sonne und die Zeichen geschaffen waren, bevor die Sterne des Himmels gebildet waren, wurde sein Name angerufen in der Gegenwart des Herrn der Geister.

Dies ist dasselbe Kapitel, in dem er ebenfalls Messias genannt wird. Darüber hinaus wird er in den Versen, die darauf folgen, als Erlöser bezeichnet und ebenso als einer, dem Verehrung gebührt:

> [4. (3.b)] Eine Stütze wird er sein den Gerechten und den Heiligen, auf welche sie sich lehnen, ohne zu fallen, und er wird sein das Licht der Völker. [(4.)] Er wird sein die Hoffnung derer, deren Herzen in Unruhe sind. [5.] Alle, welche wohnen auf Erden, werden niederfallen und anbeten vor ihm; werden rühmen und verherrlichen ihn, und Loblieder singen dem Namen des Herrn der Geister. [6. (5.)] Deshalb war der Auserwählte und der Verborgene in seiner Gegenwart, ehe die Welt geschaffen wurde und immerdar [(6.)] in seiner Gegenwart und hat enthüllt den Heiligen und den Gerechten die Weisheit des Herrn der Geister. [Und am Ende heißt es:]. [7.b] Denn in seinem Namen sollen [die Gerechten] bewahrt werden, und sein Wille wird ihr Leben sein.

Das ist jedoch nicht genau die Art der Tradition wie jene, die den Aufstieg einer menschlichen Gestalt in die Position eines präexistenten himmlischen Erlösers einschließt; die beiden Themen scheinen einander fast zu widersprechen. In Kapitel 46 und den ihm folgenden ist der Menschensohn göttlich und Henoch ein weiser Seher, der erstaunliche Visionen hervorgebracht hat; in den Kapiteln 70 f. wird Henoch selbst als göttlich identifiziert. Dies ist eine Variante der Tradition der Apotheose: der Mensch, der göttlich geworden ist.

Andererseits gelangt der Menschensohn in den früheren Kapiteln der Parabeln dahin, auf jenem Thron zu sitzen; hier haben wir die Auffassung einer Theophanie: die göttliche Figur, die sich selbst im Menschen offenbaren will. In diesen Kapiteln hat der Menschensohn, der – wie wir gesehen haben – auch den Messias-Titel trägt, die Rolle eines eschatologischen Richters (Richter des Jüngsten Gerichtes). Dieses entspringt offensichtlich einer Lesart von Daniel 7,14 – „Der gab ihm

Macht, Ehre und Reich, dass ihm alle Völker und Leute aus so vielen verschiedenen Sprachen dienen sollten. Seine Macht ist ewig und vergeht nicht, und sein Reich hat kein Ende" –, wo die Übertragung der Herrschaft auf den Menschensohn in erster Linie durch seine Rolle als dieser Richter in der Endzeit begründet wird.[16] In diesen Kapiteln ist der Menschensohn – wie Mose – dazu bestimmt, auf dem göttlichen Thron selbst zu sitzen (62,2.5; 69,27.29; 61,8). Wenn man dem soeben geäußerten Grundsatz folgt – dass einer, der auf dem göttlichen Thron sitzt, entweder zur Seite oder an der Stelle Gottes, selbst göttlich ist und ein Teilhaber an Gottes Göttlichkeit –, dann passt der Menschensohn gewiss auf diese Beschreibung in den Parabeln. Darüber hinaus ist er offensichtlich auch das Ziel der Verehrung in diesem Text (46,5; 48,5; 62,6.9). Jedoch ist er noch nicht Henoch. Henoch ist in diesen Kapiteln der Seher, nicht der Gesehene.

Wir können also zwei parallele Henoch-Traditionen beobachten, die aus 1. Henoch 14 und Dan 7 erwachsen: eine Tradition eines erhöhten, vergöttlichten Menschen einerseits und eine Tradition eines zweiten, Gott ähnlichen Erlösers, der niederfährt, um Israel zu erlösen. Was wir noch nicht haben, ist die Identifikation oder die Verschmelzung jenes vergöttlichten Menschen mit der vermenschlichten Gottheit, so wie wir es im Markus-Evangelium und seinen Nachfolgern finden.

Der Ort, wo dies zusammenläuft, findet sich in den Kapiteln 70f. der Parabeln, die als ein unabhängiger Strang einer sehr alten Tradition angesehen werden müssen, in der die zwei ursprünglich getrennten Vorstellungen, dass Gott Mensch und ein Mensch Gott wird, verschmolzen werden.[17] Im ersten Teil des Werkes wird der Menschensohn ausdrücklich als präexistent gegenüber der Schöpfung beschrieben, während Henoch der siebentgeborene nach Adam ist. Henoch, der siebte der Patriarchen seit Adam, weist starke Bezüge zu dem siebten der vorsintflutlichen babylonischen Könige, Enmeduranki, auf, der von menschlicher Herkunft war, indes in den Himmel aufgehoben wurde. Unter den Merkmalen, die Henoch mit seinem babylonischen Vorfahren teilt, befindet sich jenes, dass er auf einem Thron im Himmel in Gegenwart der Götter sitzt und dort in der Weis-

---

16 Vgl. Bauckham, The Throne (s. Anm. 2), 59.

17 Vgl. P. Grelot, La légende d'Hénoch dans les Apocryphes et dans la Bible: Origine et signification, RSR 46 (1958), 5–26, 181–220; J. C. VanderKam, Enoch and the Growth of an Apocalyptic Tradition, Washington D. C. 1984, 23–51; H. S. Kvanvig, Roots of Apocalyptic: The Mesopotamian Background of the Enoch Figure and of the Son of Man, Neukirchen-Vluyn 1988, 191–213; vgl. A. A. Orlov, The Enoch-Metatron Tradition (TSAJ 107), Tübingen 2005, 23–78.

heit unterrichtet wird.[18] Dies macht deutlich, warum eine Identifizierung erfolgen kann. Wie im Buch Daniel selbst wurden verschiedene Texte miteinander patchworkartig verwoben, um eine vereinheitlichte theologische Aussage zu erstellen.

Die gesamte Geschichte Henochs als Menschensohn beginnt überhaupt mit den Versen über Henoch im Buch Genesis. Die Geschichte Henochs, wie sie uns in jenen rätselhaften Versen Gen 5 vorliegt, lautet:

21 Henoch war 65 Jahre alt und zeugte Metuschelach.
22 Und Henoch wandelte mit Gott. Und nachdem er Metuschelach gezeugt hatte, lebte er 300 Jahre und zeugte Söhne und Töchter,
23 dass sein ganzes Alter ward 365 Jahre.
24 Und weil er mit Gott wandelte, nahm ihn Gott hinweg, und er ward nicht mehr gesehen.

Diese Terminologie ist einzigartig in der Bibel; von keinem anderen wird gesagt, „er war[d] nicht mehr [gesehen]". Das darf daher nicht so interpretiert werden, als ob es einfach bedeutete, dass er starb. Irgendetwas Besonderes geschah Henoch: Ihm wurden nicht nur Visionen und Wunder gezeigt und Verständnis gegeben, sondern er wandelte mit Gott und war nicht mehr; er wurde durch Gott hinweggenommen. Die Kapitel 70 f. wurden wahrscheinlich aus anderen Versionen an den Henochtext angefügt, um eben diese Frage zu beantworten, besonders weil sie die Geschichte der Apotheose Henochs abrundet. Sie erklären, was Henoch widerfuhr, als er mit Gott wandelte; er wurde der Menschensohn, und deshalb weilte er nicht länger unter den Menschen. Diese literarische Entwicklung hatte, indem sie den dunklen Text in Genesis durch Verflechtung zweier ursprünglich erkennbar selbständiger Texte über Henoch interpretierte, eine bedeutende theologische Wirkung.

Diese Verschiebung der Theologie wird genau an dem textlich schwierigen Moment [Kap. 71] [*] deutlich, in dem „[14] (17.) zu mir jener Engel (kam), und mit seiner Stimme begrüßte er mich und sagte zu mir: ‚Du bist der Menschensohn [D. B.

18 Vgl. Kvanvig, Roots (s. Anm. 17), 187; vgl. J. J. Collins, The Sage in Apocalyptic and Pseudepigraphic Literature, in: J. G. Gammie (Hg.), The Sage in Israel and the Ancient Near East, Winona Lake (IN) 1990, 346.
[*] [Folgendes Zitat (und ergänzte abweichende Verszählung in Klammern) nach Hoffmann, Henoch (s. Anm. 5), hier als Kap. 70; ergänzte Verszählung nach Rießler, Schrifttum (s. Anm. 1), 403, zit. n. dem Digitalisat unter: http://digital.ub.uni-duesseldorf.de/ihd/content/pageview/3383698 (11.08.2013); Anm. d. Übers.].

mit Rießler; Hoffmann: Mannessohn], der du geboren bist zur Gerechtigkeit, und Gerechtigkeit ist über dir geblieben. (18.) Und die Gerechtigkeit des Hauptes der Tage wird dich nicht verlassen."' Zwei Traditionen werden in den Parabeln Henochs kombiniert: der präexistente, zweite Gott, Erlöser des Danielbuches, jetzt nicht nur als Menschensohn beschrieben, vielmehr so benannt, und der aufgehobene siebte vorsintflutliche Weise, Henoch, der zum Himmel auffuhr, weil er mit Gott wandelte; und Gott nahm ihn hinweg, und er war nicht (mehr). Sobald diese Naht einmal gesetzt worden ist, müssen wir diesen Text als einen lesen, der impliziert, dass Henoch von Anfang an der Messias war, der Menschensohn, verborgen von Anfang an, dann auf Erden gesandt in menschlicher Gestalt, und jetzt abermals in seinen vormaligen Stand erhoben.

Diese theologische Innovation muss vor der eigentlichen Abfassung der Parabeln Henochs im 1. Jh. n. Chr. stattgefunden haben; und sie ist von größter Wichtigkeit für das Verständnis der gleichartigen Entwicklung, die wir in der Christologie des Neuen Testaments beobachten können. Ebenso wie der Menschensohn in den Parabeln eine präexistente göttliche Gestalt ist, die die Würde des zweiten göttlichen Thrones innehat und mit allen Privilegien und der Macht des Einen wie ein Menschensohn bei Daniel ausgestattet ist: so ist es auch der präexistente Menschensohn, der hinter den Evangelien steht. Diese göttliche Gestalt wurde letztendlich mit Henoch in zweierlei Weise identifiziert: einmal indem sie Henoch wird, als Henoch in den Himmel aufgehoben wird; ein andermal indem sie als jemand geoffenbart wird, der bereits die ganze Zeit Henoch gewesen ist. Das ist das Paradox, das der Evangeliengeschichte von Christus ebenso innewohnt: einerseits ist der Menschensohn eine göttliche Person, Teil Gottes, mit Gott seit Ewigkeit existierend, offenbart auf Erden in dem Menschen Jesus; andererseits wurde Jesus verherrlicht und zu einem göttlichen Stand erhoben. Um noch einmal die Begriffe zu gebrauchen, die uns durch Moshe Idel bereitgestellt wurden, so haben wir hier ein Beispiel des „Menschensohns" als Apotheose: ein Mensch wird Gott; und zur selben Zeit ein Beispiel des Menschensohns als Theophanie: die Selbstoffenbarung Gottes in einem Menschen.[19] Selbstverständlich liegt in der Version Henochs die Betonung auf der Apotheose, im Evangelium auf der Theophanie, und das soll ein gewichtiger Teil der weiteren Geschichte werden, doch halte ich

---

19 Idel, Ben (s. Anm. 13), 1–7. Früher und direkter bezogen auf eine solche Verschmelzung vgl. M. Idel, Metatron: Notes Towards the Development of Myth in Judaism (Eshel Beer-Sheva: Occasional Publications in Jewish Studies 6), Beer-Sheva 1996, 29–44 [in Hebräisch].

es für gut begründet, dass beide Elemente in beiden Versionen der jüdischen Menschensohn-Tradition gegenwärtig sind. Eine weitere Untersuchung der Geschichte der Henoch-Tradition wird uns helfen, dies besser zu verstehen.

Henoch und der Christus Menschensohn

Das Zweite Buch von 1. Henoch, die Parabeln Henochs, wurde etwa zur selben Zeit wie das Markusevangelium geschrieben – aber es gibt ein noch früheres Erstes Buch. Bekannt als das Buch der Wächter stammt das Erste Buch von 1. Henoch womöglich aus dem 3. Jh. v. Chr. Das Kapitel Henoch 14 des Buches der Wächter ist thematisch direkt auf Daniel 7 bezogen und sehr wahrscheinlich sein Vorläufer, was besagt, dass die Vision Daniels auf einer noch älteren literarischen apokalyptischen Tradition [als sie selbst] beruhte.[20] Im 1. Henoch [Teil-Buch] 1, den Kapiteln 14–16 finden wir folgende Elemente aufgereiht: Henoch hat Träume und Visionen; „in einer Vision sah ich" (14,2); Wolken rufen ihn herbei und Winde tragen ihn hinauf; er sieht einen Thron mit Rädern wie die strahlende Sonne; Feuerströme gehen unter dem Thron hervor; Gottes Gewand ist weißer als Schnee; Henoch wird zur Gegenwart Gottes gerufen und hört seine Stimme: „Fürchte dich nicht, Henoch, geh, richte die Botschaft aus."[21] Also kann es keinen Zweifel geben, dass dieser Text die prophetische Beauftragung Hesekiels in dem Prophetenbuch, Ez 1 f., heranzieht, indem er auch Hesekiels Fahrt zum himmlischen Tempel in den Kapiteln 40–44 einbezieht. Es ist vielleicht nur etwas weniger offensichtlich, dass wiederum der Verfasser von Daniel 7 sich auf dieses Kapitel in 1. Henoch bezieht und es weitergehend in Übereinstimmung mit seinen eigenen theologischen Traditionen und anderen apokalyptischen Quellen entwickelt, die die Visionen des zweiten Thrones und der zweiten göttlichen Person einschließen.

Was immer hinsichtlich der entwicklungsgeschichtlichen Beziehung genau der Fall ist – es ist deutlich, dass der Verfasser der Parabeln, der seine Menschensohngestalt aus Dan 7 ableitet, den Einen wie ein Menschensohn aus Daniel leicht mit Henoch, wie er in Henoch 14 beschrieben wird, identifizieren konnte. Beide kommen mit den Wolken an; beide werden durch einen der Engel nahe an den Al-

---

20 Vgl. H. S. Kvanvig, Henoch und der Menschensohn. Das Verhältnis von Hen 14 zu Dan 7, StTh 38 (1984), 101–133.

21 Diese Zusammenfassung stützt sich auf G. W. E. Nickelsburg, 1 Enoch 1, Minneapolis 2001, 255 f.

ten der Tage gebracht; beide schließen die Beschreibung des Thrones als einen, der vor sich Ströme lodernden Feuers hat, und die Beschreibung seiner Person als einer, der Gewänder weißer als Schnee trägt. Die zwei Texte stehen daher fast sicher in Beziehung; mit dem wahrscheinlichsten Fall, der eine Abhängigkeit Daniels von dem ältesten Teil von 1. Henoch, dem Buch der Wächter, geltend macht.[22]

Der Autor der Parabeln assoziierte den Henoch aus Hen 14 mit dem Einen wie ein Menschensohn aus Dan 7 und folgerte, durchaus logisch, in Hen 71, dass „du [Henoch] der Menschensohn bist". Ein entscheidender Schritt in der entwickelten messianischen Vorstellung wurde somit getan: die Verschmelzung des zweiten Gottes: himmlische Erlösergestalt und irdischer, in den Himmel erhobener Retter.[23] Wir können in den Parabeln Henochs die wirklichen Spuren einer religiösen Geschichte entdecken, in der zwei ursprünglich unabhängige Traditionsstränge zu einem kombiniert wurden. Einerseits sehen wir die Entwicklung des Einen wie ein Menschensohn aus Dan 7 von einem Vergleich hin zu einem Titel; wir können diese Entwicklung im Text buchstäblich sehen.[24] Andererseits sehen wir die Tradition des siebten vorsintflutlichen menschlichen Königs, der erhöht und dem ein Platz im Himmel gegeben wurde, was eines der bedeutendsten Themen im ganzen Werk Henoch ist. Im Kapitel 71 der Parabeln beobachten wir diese zwei Traditionen, wie sie zu einer Tradition kombiniert werden, und die zwei Gestalten: Henoch und der Menschensohn, zusammenkommen. Die komplexe, zweifache Geschichte des Menschensohns war schon in der vor-jesuanischen jüdischen Spekulation vorbereitet und zur Zeit seines Lebens noch vorhanden: Sie schloss bereits die zwei Elemente ein: des Menschensohns, der präexistent war, der transzendente Messias; und das Element eines menschlichen Wesens, das die Verkörperung dieses Messias auf Erden sein und erhöht sowie mit ihm verschmelzen würde. Auf diese Weise wurde der Christus geboren: nicht bloß eine historische

---

22 Black, VanderKam und Neugebauer (vgl. Black, The Book of Enoch [s. Anm. 6], 151 f.), akzeptieren diese Position, unterbreiten aber auch die nicht unwahrscheinliche Hypothese einer gemeinsamen Abhängigkeit von einem früheren Werk als diese beiden. In jedem Fall ist diese Frage für meine Untersuchung hier unerheblich.

23 Im Kontrast dazu S. O. P. Mowinckel, He That Cometh: The Messiah Concept in the Old Testament and Later Judaism, Oxford 1956, 384 f.

24 Auch James Davila liest das Werk des so genannten Redaktors (noch einmal: ich nenne ihn Autor) als mit einer besonderen ideologischen/theologischen Absicht behaftet, vgl. Davila, Of Methodology (s. Anm. 11), 12. Er interpretiert dieses Vorgehen nicht in derselben Weise wie ich, weist allerdings auf den wichtigen Umstand hin, dass die Henochgestalt in Hebräer 3 (und damit die Henoch-Metatron-Tradition) dies voraussetzt.

Jungfrauengeburt oder eine Erschaffung aus dem Nichts [creatio ex nihilo], sondern die Erfüllung der erhabensten und stärksten Erwartungen des jüdischen Volkes.

Die Elemente der Weisheit der neugeborenen Messiasgestalt trafen m. E. mit Henoch zusammen, indem sie die frühe Lesart der Sprüche Salomos 8 und ebenso die Logos-Traditionen im Schlepptau führte.[25] Der Menschensohn der Parabeln richtet und verurteilt, wurde vor dem All wie (oder sogar als) die Weisheit der Sprüche Salomos geschaffen, wird mit dem Messias (aber nicht mit dem menschlichen Messias) gleichgesetzt, wird der Gottheit assimiliert und beschrieben als ein würdiger Empfänger der Verehrung. Alles, was seinerzeit für ein vollständiges Bild benötigt wurde, war Henochs Assoziation des zum Himmel erhobenen Menschen mit dem Menschensohn. Damit wird die vollständige christologische Transformation stattgefunden haben.

Alle Elemente der Christologie sind sodann im Wesentlichen in den Parabeln an Ort und Stelle. Wir haben eine präexistente himmlische Gestalt (identifiziert auch mit der Weisheit), die der Menschensohn ist. Wir haben ein irdisches Wesen (life), einen menschlichen Weisen, der am Ende des irdischen Laufs in den Himmel erhoben und im Himmel zur Rechten des Alten der Tage als der präexistente und immerfort herrschende Menschensohn inthronisiert wird. Während sich die Evangelien wahrscheinlich nicht auf die Parabeln stützen, helfen die Parabeln, den kulturellen, religiösen Kontext zu beleuchten, in dem die Evangelien geschrieben wurden. Wie der Neutestamentler Richard Bauckham es treffend ausdrückte: „Es kann leicht gesehen werden, dass die frühen Christen alle gängigen und strukturierten Eigenschaften der einzigartigen göttlichen Identität auf Jesus anwandten – genau, ganz klar und präzise, um Jesus in die einzigartige Identität des einen Gottes Israels einzubinden."[26] In der Verehrung des Messias/Menschen-

---

25 Vgl. D. Boyarin, The Gospel of the Memra: Jewish Binitarianism and the Crucifixion of the Logos, HThR 94,3 (2001), 243–284. Beachte auch Larry Hurtados drei Kategorien der göttlichen Vermittlung (Mediation): personifizierte und hypostasierte göttliche Attribute, die Weisheit oder der Logos, erhöhte Patriarchen und Erzengel (L. W. Hurtado, One God, One Lord: Early Christian Devotion and Ancient Jewish Monotheism, Edinburgh ²1998). Zu diesen fügt James Davila zwei weitere hinzu, von denen eines hier relevant scheint: „Archetypen, die auf früheren biblischen Personen und Ämtern beruhen (z. B. der davidische König, der mosaische Prophet und der aaronitische Hohepriester), deren Inkarnation als Individuen jedoch entweder in die Zukunft projiziert wird (ideale zukünftige Gestalten) oder in ein himmlisches Reich (erhöhte ideale Gestalten)", Davila, Of Methodology (s. Anm. 11), 6.

26 Bauckham, The Throne (s. Anm. 2), 61.

sohns/Henochs in den Parabeln Henochs finden wir die engste Parallele zu den Evangelien. Da es keinen Grund in der Welt gibt zu denken, dass einer dieser beiden Texte den anderen beeinflusst hat, bieten sie beide zusammen einen starken Beweis für das Zusammenfließen der Vorstellungen über den menschlichen Messias spätestens zum 1. Jh. n. Chr. und wahrscheinlich früher.[27]

Das 4. Buch Esra und der Menschensohn

Die Parabeln Henochs waren keineswegs der einzige jüdische Text des 1. Jh. außer den Evangelien, in dem der Menschensohn als Messias identifiziert wurde. In einem anderen Text derselben Zeit wie die Parabeln und das Markusevangelium, in der Apokalypse, die als 4. Buch Esra bekannt ist, finden wir auch eine [andere] göttliche Gestalt, die auf Daniel 7 fußt und mit dem Messias identifiziert wird. Faszinierend genug, dass wir auch in diesem Text einen Beweis finden für einen weiteren Versuch, diese religiöse Vorstellung zu unterdrücken, wobei jener dadurch zu unserem Beweis beisteuert, dass die Vorstellung unter den Juden umstritten war – abseits der Frage nach der Göttlichkeit und Messianität Jesu. Dieser Text ist, wie wir sehen werden, ebenso von Dan 7 abhängig und bietet uns eine weitere Möglichkeit der Interpretation der Menschensohngestalt, was für das Verstehen der Evangelien bedeutsam ist. In Kap. 13 dieses Textes treffen wir den Daniel'schen Einen wie ein Menschensohn abermals. In gewisser Weise steht die Menschensohngestalt in 4. Esra derjenigen in den Evangelien sogar näher als die Version in Henoch:

---

27 Ich finde deshalb die Behauptung Bauckhams unverständlich, dass „die frühen Christen über Jesus äußerten, was keine anderen Juden über den Messias oder irgendeine andere Gestalt zu äußern wünschten; dass er von Gott erhöht wurde, um nun an der kosmischen Herrschaft teilzuhaben, die auf die göttliche Identität beschränkt ist" (Bauckham, The Throne [s. Anm. 2], 63), da Bauckham selbst gerade die Bedeutung Henochs in dieser Hinsicht dargelegt hat. Zu erwidern, wie er es implizit im nächsten Paragraphen tut, dass „die Parabeln eher eine Parallele als eine Quelle darstellen", ficht in keiner Weise die Autorität der Parabeln an, um seine Behauptung als falsch herauszustellen; vielmehr, wie ich hier argumentiert habe, jene [Parallelität] unterstützt dies[e Autorität der Parabeln], da wir jetzt wenigstens zwei unabhängige Zeugen für diesen religiösen Entwurf haben, keiner abhängig von dem anderen. Weiterhin sollte betont werden, dass die Befürwortung der Bauckham'schen Prämisse, die überzeugend scheint – dass es keine Aufeinanderfolge von halb-göttlichen Mittlergestalten innerhalb des Judentums des Zweiten Tempels, an die Jesus angeglichen worden sein könnte –, uns nötigt zu erkennen, dass schon Dan 7,13 f. annimmt, dass der Menschensohn Gottes Göttlichkeit teilt, was einmal mehr der Behauptung Bauckhams irgendeiner Einzigartigkeit der Christologie in der Jesusversion Lügen straft.

[1]Nach den sieben Tagen geschah es, da träumte ich des Nachts einen Traum:[2] siehe, da stieg ein gewaltiger Sturm vom Meere auf und erregte alle seine Wogen.[3] ‹Ich schaute, siehe da führte jener Sturm aus dem Herzen des Meeres etwas wie einen Menschen [tanquam similitudinem hominis] hervor;› ich schaute, siehe dieser Mensch [ipse homo] flog mit den Wolken des Himmels. Und wohin er sein Antlitz wandte und hinblickte, da erbebte alles, was er anschaute;[4] und wohin die Stimme seines Mundes erging, da zerschmolzen alle, die seine Stimme vernahmen, wie Wachs zerfließt, wenn es Feuer spürt.[5] Darnach schaute ich, siehe, es kam von den vier Winden des Himmels her ein unzählbares Heer von Menschen [hominum] zusammen, um den Menschen [hominem], der aus dem Meer emporgestiegen war, zu bekämpfen.[6] Da schaute ich, wie er sich einen großen Berg losschlug und auf ihn flog.[7] Ich aber bestrebte mich, Gegend oder Ort zu erkennen, woraus der Berg losgeschlagen war; aber ich vermochte es nicht.[8] Darnach schaute ich, siehe, alle, die sich gegen ihn zum Kriege versammelt hatten, gerieten in große Furcht, wagten aber doch den Kampf.[9] Als er aber den Ansturm des Heeres, das auf ihn loskam, sah, da erhob er keine Hand, noch führte er ein Schwert oder eine andere Waffe, sondern ich sah nur,[10] wie er von seinem Munde etwas wie einen feurigen Strom ausließ, von seinen Lippen einen flammenden Hauch, und von seiner Zunge ließ er hervorgehen stürmende Funken: alle diese aber vermischten sich ineinander: der feurige Strom, der flammende Hauch und der gewaltige Sturm.[28] [4 Esra 13,1–10]

Es versteht sich von selbst, dass die Feinde des Menschen darauf zu Aschestaub verbrannt werden, wenn nicht Schlimmeres als das. Dieser Abschnitt fußt natürlich auf einer Lesung von Dan 7 wie die zuvor diskutierten Textstellen bei Henoch. Noch deutlicher (teilweise seiner relativen Textdichte geschuldet) als Henoch verdeutlicht der Passus bei Esra unabweisbar die Kombination des göttlichen Menschensohns und des Erlösers oder Messias – in der Tat eine hohe Christologie und

---

Die Parabeln und die Evangelien repräsentieren zwei Entwicklungen aus der danielschen Tradition heraus. Natürlich schließt das weitergehende religiöse Kreativität seitens jeder dieser Traditionen nicht aus, wie wir an der augenscheinlich kraftvollen Erweiterung der Evangelien von Ps 110,1 zu der Mischung (falls Bauckham Recht hat) und der Fortsetzung der Henochtradition in Hen 3 (falls er, wie ich annehme, Unrecht hat) sehen.

28 M. E. Stone, Fourth Ezra: A Commentary on the Book of Fourth Ezra (Hermeneia), Minneapolis 1990, 381 f. [Übersetzung von H. Gunkel, Das vierte Buch Esra, in: E. Kautzsch (Hg.), Die Apokryphen und Pseudepigraphen des Alten Testaments, Bd. 2, Tübingen 1900, 331–401: 395; zit. n. dem Digitalisat unter: http://de.wikisource.org/wiki/Das_vierte_Buch_Esra/Kapitel_13#cite_ref-4; vgl. die Übersetzung von Rießler, Schrifttum (s. Anm. 5), 301 f., zit. n. dem Digitalisat unter: http://digital.ub.uni-duesseldorf.de/ihd/content/pageview/3383596 (f.) (05.07.2013); – Vers ‹3a› aus der syrischen Übersetzung (lat. Übers. v. Ceriani [s. Gunkel, ebd., 332]): in der Vulgata ausgefallen; – lat. Text in [Klammern] ergänzt u. Anm. d. Übers.].

natürlich eine, die von der Jesusbewegung gänzlich unabhängig ist.* Ebenso läuft die Henoch-Stelle genau parallel: auch hier wird auf Daniel Bezug genommen, indem er als der Mensch bezeichnet wird. Einmal mehr wird aus dem Sinnbild ein Erlöser. Und da das Gleichnis sich deutlich auf eine göttliche Gestalt (einen göttlichen Krieger) bezieht, wird der Erlöser für göttlich gehalten.[29] Wie Stone bemerkt: „Es ist sehr interessant, dass die Textstellen, die sich auf den Atem oder das Wort beziehen, sowohl auf Gott als auch auf den Erlöser bezogen werden, aber – anders als in der uns vorliegenden Stelle – beziehen sich alle Stellen, in denen namentlich Feuer erwähnt wird, auf Gott. Deshalb ist der vorliegende Abschnitt in dieser Hinsicht einzigartig und dient dazu, die kosmische Rolle der menschlichen Gestalt herauszustellen, die in jedem Falle viele andere Elemente des Textes hervorheben."[30] Um die Sache ein wenig vorwärts zu treiben, gelangen wir zu derselben Art des Argumentes, das für den Einen wie ein Menschensohn bei Daniel vorgebracht wurde, nämlich dass, wenn es einzig JHWH ist, der auf den Wolken fahrend daherkommt, dann ist auch hier diese Gestalt eine göttliche. Esras Mensch ist ebenso göttlich.

Die Vision schließt:

> [12] Darnach schaute ich, wie jener Mensch vom Berge herabstieg und ein anderes friedliches Heer zu sich rief. [13] Da nahten sich ihm Gestalten von vielen Menschen, die einen frohlockend, die anderen traurig; einige waren in Banden [Fesseln], einige führten andere als Opfergaben mit sich. [4 Esra 13,12 f.]

Dieser kurze Textabschnitt untermauert die Behauptung, dass der Mensch, der Messias, Gott ist, weil diese eschatologische Vision mit ihren Opfergaben direkt aus Jes 66,20 entlehnt ist: „Und sie werden alle eure Brüder aus allen Völkern herbringen dem HERRN zum Weihgeschenk". Diese anderen, hierher gebracht als Weihegeschenke, werden dann zum Herrn, dem *Kyrios*, dem Menschensohn, dem Erlöser gebracht. Man beachte, dass dieselbe Art des Arguments, die verwendet wurde, um die Göttlichkeit Jesu zu beweisen – und zwar die Übertragung der

---

* Dieses Detail wird vielleicht am deutlichsten zum Ausdruck gebracht in 4 Esra 12,32, wo darauf bestanden wird, dass der himmlische Menschensohn aus der Nachkommenschaft Davids stammt, „wenngleich nicht deutlich ist, warum ein Nachkomme Davids auf den Wolken kommen sollte", Collins/Collins, King and Messiah (s. Anm. 4), 207. [Zum Begriff der Christologien s. D. Boyarin, Die jüdischen Evangelien, Kap. 1; Erg. d. Übers.].

29 Vgl. Stone, Fourth Ezra (s. Anm. 28), 383.
30 Stone, Fourth Ezra (s. Anm. 28), 387.

Verse, die in der Bibel von JHWH ausgesagt werden, auf ihn – hier ebenso für den Menschen greift. Dieser Mensch ist der Herr. Wenn Jesus Gott ist, dann ist es durch genau dieselbe Argumentation auch dieser Mensch.

Auch hier, wie in Dan 7 selbst, begegnet uns ein anderer Zeuge für einen vorchristlichen religiösen Konflikt innerhalb Israels zwischen denen, die die sehr alte Idee einer älter erscheinenden göttlichen Gestalt und einer jüngeren, die seinen Thron teilt und der die ältere Gestalt Macht verleiht, anerkannten, und anderen Juden, die diese Idee als scheinbaren Widerspruch zum Monotheismus verwarfen.* Zwei abweichende Stränge der religiösen Vorstellung leben Seit' an Seit' in der jüdischen Gedankenwelt [der Periode] des Zweiten Tempels und darüber hinaus. Der eine Strang, in dem der uralte Binitarianismus des Gottes Israels wesenhaft bewahrt und umgeformt wird, und der andere Strang, in dem diese Dualität eher sorgfältig unterdrückt wurde, werden auf unterschiedliche Weisen vermischt, stellen einander infrage und streben mitunter danach, den anderen vollständig zu verdrängen. Dieser Hintergrund erhellt m. E. vieles der Religion der Evangelien – als Fortsetzung und Entwicklung eines Stranges der israelitischen Religion, der in der Tat sehr alt ist.

Die Verwendung des Wortes „Menschensohn" in den Evangelien ist verknüpft mit dem Beleg eines solchen Sprachgebrauchs durch die Parabeln. Dies führt uns dazu, diesen so gebrauchten Ausdruck (und wichtiger noch: seine Einbeziehung einer zweiten, als Messias verkörperten Gottheit) als „gängige Münze" (common coin), als allgemein bekannte Wortprägung des Judentums bereits vor Jesus anzusehen. Das bedeutet nicht – ich betone es noch einmal –, dass dieses gedankliche Allgemeingut überall gültig oder unbestritten gewesen ist.[31]

---

* Dieses Argument wird unterstützt durch eine sehr bedeutsame Beobachtung Michael Stones: Die Beschreibung des Erlösers in Kap. 13, die hier dargeboten wird, ist im 4. Esra selbst einzigartig. In allen anderen Momenten innerhalb dieses Textes scheint der Erlöser, obgleich in gewissem Sinne präexistent, eher in Richtung der Tradition des menschlichen davidischen Messias zu tendieren als zur zweiten Gottheit, die wir in Dan 7, den Parabeln Henochs und 4. Esra 13 finden. Überdies, wie von Stone ebenso scharfsinnig beobachtet, unterdrückt die Interpretation der Vision in der zweiten Hälfte des Kap. 13 den kosmisch-göttlichen Aspekt des Menschen. Was nicht bemerkt wurde, ist m. E., dass dies wunderbar zu Dan 7 selbst passt, wo die Vision einer zweiten göttlichen Gestalt, der Eine wie ein Menschensohn, ebenfalls – durch die Interpretation in der zweiten Hälfte des Kapitels – als gänzlich menschlich und als ein allegorisches Symbol wiedergegeben wird; vgl. Stone, Fourth Ezra (s. Anm. 28), 211–213.

31 Ich biete eine abweichende Weise der Annäherung an den Menschensohn an, einen Zugang, der nicht so sehr die berühmte Menschensohn-Debatte auflöst, aber eine Schlussrunde um sie herum läuft, indem er andersartige Fragen stellt. Joel Marcus hat dasselbe in einer ganz anderen

Das Markusevangelium und die Parabeln Henochs sind eigenständige Zeugnisse eines jüdischen Musters der Religion zu ihrer jeweiligen Zeit. Texte sind keine Religionen (noch weniger als eine Landkarte ein Territorium ist), aber sie sind Anzeichen der Religion, Spitzen der Eisberge, die auf gewaltige religiöse Veränderungen und Ausformungen unter der Oberfläche hinweisen, oder: vielleicht besser gesagt, oberirdische Knoten eines unterirdischen Wurzelsystems, die auf die Form der Wurzeln schließen lassen. Das Gelände war sicher so uneben und vielfältig, wie ein irdisches Gelände sein kann; wie Carsten Colpe es beschrieben hat: „Differenzen in den Funktionen des Menschensohns können erklärt werden durch die Differenzen zwischen den Gruppen, die ihn erwarteten, und den Zeiten in denen sie dies taten."[32]

Das große Novum der Evangelien bestand einzig darin: zu verkünden, dass der Menschensohn bereits gegenwärtig ist, dass er unter uns wandelt. Im Gegensatz zu Henoch, der in jenen letzten Tagen der Messias-Menschensohn sein wird, ist es Jesus schon. Im Gegensatz zu dem Menschensohn, der auf den Wolken fliegt, der ein Ausblick auf die Zukunft ist, ist Jesus gekommen, erklären die Evangelien und die Gläubigen. Die letzten Tage sind jetzt, im Augenblick, tut das Evangelium kund. Alle Vorstellungen über Christus sind altvertraut; das (der) Neue ist Jesus. Es gibt nichts in der Lehre des Christus, was neu ist, außer der Ausrufung *dieses* Menschen als Menschensohn. Dies ist selbstverständlich eine außerordentliche Aussage, eine gewaltige Innovation in sich selbst und eine, die schicksalhaftverhängnisvolle historische Folgen gehabt hat.

Übersetzung von Armin Wolf / Berlin-Weißensee

Vorabdruck des Kapitels 2 aus Daniel Boyarin: Die jüdischen Evangelien. Die Geschichte des jüdischen Christus, Würzburg, Ergon-Verlag, (voraussichtlich) 2014; Übersetzung der Originalausgabe: The Jewish Gospels. The Story of the Jewish Christ, New York: The New Press, 2012.

Redeweise verfolgt, als er schrieb: „Diese Schlussfolgerung [dass der „Menschensohn" in den Parabeln vor-christlich ist] wird durch die Art und Weise unterstützt, in der Jesus in den Evangelien den Menschensohn grundsätzlich als eine bekannte Größe behandelt, sich niemals die Mühe macht, den Ausdruck zu erklären, und die Art und Weise, in der gewisse Eigenschaften dieser Gestalt, wie z. B. seine Identität mit dem Messias oder sein Anspruch zu richten, als selbstverständlich angesehen werden. Mit Abbitten an Voltaire können wir sagen, dass – falls der Menschensohn im Buch Henoch nicht existiert hätte – es unbedingt notwendig gewesen wäre, ihn zu erfinden, um die Menschensohn-Sprüche in den Evangelien zu erklären." J. Marcus, Mark 1–8: A New Translation with Introduction and Commentary, New York 2000, 530.

32 C. Colpe, Art. ὁ υἱὸς τοῦ ἀνθρώπου, in: TDNT 8 (1972), 400–477: 420.

Zusammenfassung

Der Beitrag argumentiert dafür, dass der Begriff „Menschensohn", der im Judentum des 1. Jahrhunderts kein eigenständiger Titel war, auf der Grundlage von Daniel 7 als Bezeichnung für den als Gottmensch erwarteten Messias Verwendung fand. Diese Vorstellung finden wir ebenso in den Parabeln Henochs wie auch in der Rede über den „Menschen" in 4. Esra wieder. Zu Zeiten Jesu warteten Juden auf einen Messias, der sowohl menschlich als auch göttlich und der Menschensohn wäre, eine Vorstellung, die sie aus Daniel 7 bezogen. Nahezu die gesamte Christuserzählung – sicherlich mit bedeutenden Umformungen – findet sich in den religiösen Vorstellungen einiger Juden wieder, die noch nichts von Jesus wussten. Für seine Anhänger erfüllte Jesus die Vorstellung des Christus; dieser Christus war keine Erfindung, um Jesu Leben und Tod zu erklären.

The argument of the article is that the term "Son of Man", while not an independent title in first-century Judaism was used on the basis of Daniel 7 as a name for the Divine-human expected Messiah. We find it as such in the Similitude of Enoch and in the form "Man" in IV Ezra as well. Jews at the same time of Jesus had been waiting for Messiah who was both human and divine and who was the Son of Man, an idea they derived from Daniel 7. Almost the entire story of the Christ – with important variations to be sure – is found as well in the religious ideas of some Jews who didn't even know about Jesus. Jesus for his followers fulfilled the idea of the Christ; the Christ was not invented to explain Jesus' life and death.

OTTO KAISER

Der Messias nach dem Alten und Neuen Testament

1. Die Hoffnung auf den Erlöser, ihre jüdische und christliche Gestalt

Wenn Völker aus der Geborgenheit im Allverbund der Unio magica hinausfallen und sich in einer ihnen feindlich oder gleichgültig gesinnten Welt wiederfinden, ist der Boden für die Erwartung eines Heilsbringers bereitet. So beantworteten die Juden seit dem 6. Jh. v. Chr. den Verlust ihrer politischen Autonomie und ihre Zerstreuung unter die Völker damit, dass sie ihre Wirklichkeit am rekonstruierten Ideal des Davidisch-Salomonischen Großreiches maßen und den Unterschied zwischen ihrem einstigen und jetzigen Zustand auf den Abfall ihrer Väter von ihrem Gott zurückführten. Da sie sich als das von Gott auserwählte Volk verstanden, trachteten sie danach seinen in der Tora offenbarten Willen zu erfüllen, um so ihrer Erlösung würdig zu werden. Dabei richteten sich ihre Hoffnungen vor allem auf das befreiende Handeln Gottes und in diesem Zusammenhang auch auf die Sendung des Messias, der sein von der Fremdherrschaft befreites Land und die ihm unterworfenen Völker der Erde in Gerechtigkeit regieren würde. Auf diesem Hintergrund bedeutete das Bekenntnis der Urchristen zu dem gekreuzigten Erlöser Jesus aus Nazareth als dem Sohn Gottes einen radikalen Paradigmenwechsel, weil in ihm nicht die Macht, sondern die Ohnmacht des Menschen im Tod des Gottessohnes zur Bedingung seiner Auferstehung und die Hingabe an den leidenden Nächsten zur Regel seiner Nachfolge erhoben wurde. Nur in dem Juden und Christen gemeinsamen Doppelgebot der Liebe zu Gott und dem Nächsten und der Erwartung des Jüngsten Gerichts als dem Auftakt der verheißenen Königsherrschaft Gottes als dem mythischen Horizont der endlichen Welt bleiben beide Religionen ebenso verbunden wie getrennt, verbunden, weil sie ein Reich der Gerechtigkeit erwarten, getrennt, weil die Christen Jesus als den Sohn Gottes mit dem Weltenrichter identifizieren.

2. Der Messias im Alten und im Neuen Testament

Der Messias oder der Gesalbte Gottes aus dem Geschlecht Davids ist nach dem Alten Testament der kommende König der Heilszeit, der sein Volk mit vollkommener Gerechtigkeit regieren wird (Jes 9,6; 11,1–5). Dadurch sollte er dank des inneren Zusammenhangs von Natur und Geschichte die Fruchtbarkeit des Landes mehren (Am 9,13–15) und einen universalen, Menschen und Tiere umfangenden Frieden stiften (Jes 11,6–9). Voraussetzung dieses Wirkens war, dass er sein Volk mit Jahwes Hilfe von der Fremdherrschaft befreien und allen Kriegen ein Ende bereiten würde (Ps 2,7–9; Am 9,11–12; Jes 9,3–5; Mi 5,1–4; Sach 9,10). Diese Erwartungen konnten auch eine theokratische Form annehmen, so dass die Herrschaft über Israel und alle Völker unmittelbar von dem auf dem Zion gegenwärtigen Jahwe ausgeübt würde (Jes 2,1–5; Mi 4,1–5). Ganz schwach ist die Vorstellung von einem leidenden Messias durch einen redaktionellen Eintrag in Ps 22,30a.31b.32 vertreten. Das 4. Gottesknechtslied Jes 52,13–53,12 wird derzeit entweder auf den Propheten oder auf den Zion bezogen. Beide Texte ließen sich jedoch später als messianische Weissagungen lesen. Den Anker für die messianischen Weissagungen des Alten Testaments bildete die Nathanweissagung 2 Sam 7, nach der Jahwe David die Ewigkeit seiner Dynastie zugesagt hatte (Ps 89,4–5.36–37), so dass der König der Heilszeit noch für den späten Dichter der PsSal 17,4.21 ein Sohn Davids sein wird.

Den Glauben an Jesus von Nazareth als den Messias dokumentiert die Verwendung der Christusbezeichnung als Beiname: Jesus Christus bzw. Christus Jesus. Sie gründet sich auf die Erscheinungen des Auferstandenen, wie sie Paulus in 1 Kor 15,3–8 bezeugt. Nach der kirchengeschichtlich orientierten Darstellung des Evangelisten Lukas wäre der Auferstandene seinen 12 Jüngern, die bei Lukas zugleich die Apostel sind (vgl. Lk 6,13; 9,10; 17,5; 22,14; 24,10), vierzig Tage lang bis zu seiner Himmelfahrt erschienen (Apg 1,3), wobei die Paulus zuteilgewordene Erscheinung nicht berücksichtigt ist (Apg 9,1–18; 22,6–16.21; 26,9–18).

Die frohe Botschaft von ihm fand in dem Bekenntnis ihren Ausdruck, dass er seit seiner Auferstehung der im Geist in seiner Gemeinde wirkende Herr und Sohn Gottes ist, der gemäß der Schrift aus dem Geschlecht Davids stammt (Röm 1,3f.; vgl. Lk 2,4 f.) bzw., dass er als der gegenwärtige und leidende Menschensohn wirkte und als solcher zum jüngsten Gericht wiederkäme (vgl. z. B. Mk 2,28; 8,31 und 14,62; Lk 12,40). Seine in Gleichnissen und Reden vorgetragene Lehre kreiste um das in ihm gegenwärtige und zugleich kommende Reich Gottes als das höchste Gut (Lk 17,21 und z. B. Mk 4,31 f.; Lk 13,20 f.; Mt 13,44–46). Als die für das Leben der Christen zentralen Stiftungen Jesu gelten das von ihm am Abend vor seiner Verhaftung gestiftete Abendmahl (1 Kor 11,23–25) als Vermittlung der Vergebung

der Sünden kraft seiner Gegenwart und die auf den Befehl des Erhöhten zurückge-
führte Taufe auf den Namen des Vaters und des Sohnes und des Heiligen Geistes.
Als Bedingung für die Aufnahme in seine Gemeinde galt die Bereitschaft, seinen
Weisungen zu gehorchen (Mt 28,18–20), wie sie zumal in der Bergpredigt Mt 5,1–
7,29 ihren Niederschlag und im Doppelgebot der Gottes- und der Nächstenliebe
(Mk 12,29–31 par Dtn 6,4–5; Lev 19,18) wie in der goldenen Regel Mt 7,12 (vgl. Röm
13,8–10) ihre Zusammenfassung gefunden hatten.

Die vier Evangelien nach Markus, Lukas, Matthäus und Johannes sind zwischen 40 und 90 Jahren nach Jesu Tod im Jahre 30 oder 33 n. Chr. aufgrund der vorliegenden Jesusüberlieferungen entstanden, die bereits in schriftlicher Form seine
Leidensgeschichte, Berichte über seine Zeichen- und Wundertaten sowie Auf-
zeichnungen seiner Reden enthielten.[1] Bei den auf ihrer Auswahl und Ausgestaltung entstandenen Evangelien handelt es sich nicht um Biographien Jesu, sondern um Darstellungen, die im Leben des Irdischen die Vollmacht des erhöhten
Herrn spiegeln.[2] Trotzdem lässt sich aus ihnen entnehmen, dass in seinem Leben
zwischen einer 1. Periode seines Wirkens in Galiläa, in der er seine 12 Jünger ge-
wann, einer 2., die seinen Zug nach Jerusalem und einer 3., die seinen Aufenthalt
in Jerusalem (der nach Joh ein halbes Jahr dauerte, vgl. Joh 7) umfasst, unterschieden wird. Die Absicht der Evangelien lässt sich mit Joh 20,31 auf die Formel bringen, dass ihre Leser durch sie zum Glauben an Jesus Christus als den Sohn Gottes
kommen und dadurch das ewige Leben gewinnen sollen.

3. Die Bedeutung des Wortes Messias und seine Anwendung als Würdename Jesu

Doch ehe die knapp vorgestellten Themen ausführlicher behandelt werden, sei
zunächst die Bedeutung des Wortes Messias erläutert. Bei dem geläufigen Wort
Μεσσίας (Messias) als der Bezeichnung des von Gott gesandten Königs der Heils-

---

1   Zur Entstehung der Synoptiker vgl. z. B. Ph. Vielhauer, Geschichte der urchristlichen Literatur.
    Einleitung in das Neue Testament, die Apokryphen und die Apostolischen Väter, Berlin/New
    York 1975, 258–409: 329–376, und zu der des Johannesevangeliums jetzt F. Siegert, Das Evange-
    lium nach Johannes in seiner ursprünglichen Gestalt. Wiederherstellung und Kommentar (SIJD
    7), Göttingen 2008, 15–169: 62–72, 77–81.

2   Zum Gott-Menschen Jesus von Nazareth als Zeichen und Ärgernis, das nur der Glaube überwin-
    det, vgl. S. Kierkegaard, Einübung im Christentum, übers. von E. Hirsch (Ges. Werke 26), Düssel-
    dorf/Köln 1962, 118–140.

zeit handelt es sich um die gräzisierte Form des hebräischen Wortes *māšîªḥ*, eine Nominalbildung von dem Verb *māšîªḥ*, „salben". Mithin bezeichnet das Wort den Gesalbten und meint damit im vorliegenden Zusammenhang den König der Heilszeit aus Davids Geschlecht.[3] Das Wort begegnet im Neuen Testament nur in Joh 1,41 und 4,25,[4] während es sonst überaus häufig in seiner übersetzten Form Χριστός (Christos) oder mit dem Eigennamen Jesu verbunden als Ἰησοῦς Χριστός (Jesus Christos) oder in umgekehrter Reihenfolge belegt ist. Das vollständige Bekenntnis zu ihm, das auch seine Würde als Sohn Gottes aufnahm, lautet nach Mt 16,16 (vgl. Mk 8,29; Lk 9,20) im Munde des Petrus: σὺ εἶ ὁ χριστὸς ὁ υἱὸς τοῦ θεοῦ τοῦ ζῶντος. „Du bist der Gesalbte (Christus), der Sohn des lebendigen Gottes."[5]

4. Der alttestamentliche Hintergrund

4.1 Die Salbung des Königs als Rechtsakt

Salbungen dienten im Altertum vor allem zur Körper- und Totenpflege.[6] Außerdem wurden sie bei rituellen Rechtsakten vorgenommen, die der Reinigung als einer „Freimachung"[7] oder wie im Alten Ägypten[8] und bei den Hethitern[9] (aber nicht in Mesopotamien)[10] zur Übertragung von Kraft, Macht und Ehre bei der

---

3 Zum Vorkommen des Titels des Gesalbten Jahwes im AT vgl. E.-J. Waschke, Wurzeln und Ausprägungen messianischer Vorstellungen im Alten Testament, in: ders. (Hg.), Der Gesalbte (BZAW 306), Berlin/New York 2001, 12–16.

4 Vgl. dazu H. Balz (EWNT² II), 1016.

5 Zur Antwort Jesu in den V.17-19 vgl. W. Klausnitzer, Der Primat des Bischofs von Rom. Entwicklung. Dogma. Ökumenische Zukunft, Freiburg/Basel/Wien 2004, 99–106; M. Hengel, Der unterschätzte Petrus. Zwei Studien, Tübingen ²2007, 1–20; J. Ratzinger (Benedikt XVI.), Jesus von Nazareth I. Von der Taufe im Jordan bis zur Verklärung, Freiburg/Basel/Wien 2007, 334-352: 343-344 und J. Becker, Simon Petrus im Urchristentum (BThSt 105), Neukirchen-Vluyn 2009, 81–108: 101–105.

6 Vgl. dazu E. Kutsch, Salbung als Rechtsakt (BZAW 87), Berlin 1963, 1–6, bzw. T.N.D. Mettinger, King and Messiah (CB.OT 8), Lund 1976, 212-224.

7 Vgl. Kutsch, Salbung (s. Anm. 6), 16–17 und M. Karrer, Der Gesalbte. Die Grundlagen des Christustitels (FRLANT 151), Göttingen 1990, 95–101.

8 So im alten Ägypten vgl. Kutsch, Salbung (s. Anm. 6), 34–35; Waschke, Wurzeln (s. Anm. 3), 11–12.

9 Vgl. Kutsch, Salbung (s. Anm. 6), 38–39.

10 Vgl. dazu I. Renger, Inthronisation (RlA V), Berlin/New York 1976-1980, 128b-136a: 132b, anders noch Kutsch, Salbung (s. Anm. 6), 40.

Einsetzung in ein hohes Amt dienten. Als solche wurde sie auch bei der Inthronisation der Könige von Israel und Juda vorgenommen.[11] Im Auftrag Jahwes ausgeführt, verlieh sie den Betroffenen einen *character indelebilis* (vgl. z. B. 1 Sam 24,7–14; 26,11–16; 2 Sam 1,14–16). Der Salbungsakt wurde der Überlieferung nach durch Propheten (Samuel: Saul: 1 Sam 9 und David: 1 Sam 16;[12] Nathan: Salomo: 1 Kön 1,38–40)[13] bzw. die Männer von Juda (David: 2 Sam 2,4)[14] oder die Ältesten Israels (David: 2 Sam 5,3),[15] den Oberpriester (Jojada: Joasch: 2 Kön 11,12)[16] bzw. das „Volk des Landes" und d. h.: den Landadel (Joahas: 2 Kön 23,30)[17] vollzogen. Von der Salbung eines Propheten durch seinen Vorgänger ist dagegen nur einmal in 1 Kön 19,15–18, einer konstruierten Erzählung, die Rede.[18]

Weiterhin wurden in nachexilischer Zeit der zadokidische Hohepriester und die ihm unterstellten Priester mit Öl besprengt und damit in ihr Amt eingesetzt (Ex 29; Lev 8 f.; Sir 45,15; vgl. Sach 4,1–4.11–14).[19] Der Hohepriester war der Garant dafür, dass die Opfer und Reinigungen *rite* vollzogen wurden. Darüber hinaus

---

11 Vgl. Kutsch, Salbung (s. Anm. 6), 52–63; Karrer, Gesalbte (s. Anm. 7), 95–101. Sie wurde von Vertretern des Landadels, des *'am hā 'āræ̦s*, des „Volkes des Landes" (2 Kön 23,30) vollzogen. Zum Problem der Salbung der Pharaonen ebd., 41–52.

12 Vgl. dazu O. Kaiser, König Saul (I) (ZAW 122), Berlin/New York 2010, 520–545: 530–534 und (II) (ZAW 123), 1–13: 12–13.

13 Zur Salbung des Königs durch einen Propheten vgl. Waschke, Wurzeln (s. Anm. 3), 44–50. Zum fiktiven und zugleich paradigmatischen Charakter der Erzählung von der Salbung Salomos durch Nathan vgl. W. Oswald, Nathan der Prophet. Eine Untersuchung zu 2Samuel 7 und 12 und 1Könige 1 (AThANT 94), Zürich 2008, 188–194.

14 Zum redaktionellen Charakter der Notiz vgl. A.A. Fischer, Von Hebron nach Jerusalem. Eine redaktionsgeschichtliche Studie zur Erzählung vom König David in II Sam 1–5 (BZAW 335), Berlin/New York 2004, 60–63.

15 Zum redaktionellen Charakter der Notiz vgl. Fischer, Hebron (s. Anm. 14), 213–222.

16 Vgl. dazu C. Levin, Der Sturz der Königin Atalja. Ein Kapitel der Geschichte Judas im 9. Jahrhundert v. Chr. (SBS 105), Stuttgart 1982, 91–94.

17 Vgl. dazu R. Kessler, Staat und Gesellschaft im vorexilischen Juda. Vom 8. Jahrhundert bis zum Exil (VT.S 47), Leiden/New York/Köln 1992, 200.

18 Vgl. in diesem Sinne G. Hentschel, 1 Könige (NEB.AT 11), Würzburg 1984, 119–120; E. Würthwein, Die Bücher der Könige. 1. Kön. 17 – 2. Kön. 25 (ATD 11/2), Göttingen 1984, 231–232 und S. Hasegawa, Aram and Israel during the Jehuite Dynasty (BZAW 434), Berlin/Boston 2012, 75–76, anders H.-C. Schmitt, Elisa, Gütersloh 1972, 149–153, vgl. ders., Arbeitsbuch zum Alten Testament, Göttingen ³2011, 59.

19 Zum Amt des Hohepriesters in nachexilischer Zeit vgl. R. de Vaux, Les Institutions de l'Ancien Testament II: Institutions militaires. Institutions religieuses, Paris 1960, 266–274 und M. Brutti, The Development of the High Priesthood during the pre-Hasmonean Period (JSJ.S 108), Leiden/Boston 2006, sowie zu seiner Salbung ausführlich Karrer, Gesalbte (s. Anm. 7), 147–148, 151–160.

vertrat er am Großen Versöhnungstag das Volk vor Gott (Lev 16)[20] und war jedenfalls in der hellenistischen Epoche der oberste Richter des Landes (vgl. Sach 3,7; 2 Chr 19,4–11 mit Dtn 21,5; Ez 44,23 f.).[21] Schon in der Salbung des Hohepriesters und seiner Kopfbinde spiegelt sich seine im Laufe der Perserzeit gewonnene königliche Stellung, die er im Fall der erneuten Einsetzung eines Davididen zum König von Juda hätte mit ihm teilen müssen (Sach 4,1–5.11–14 mit Sach 6,9–15).[22]

4.2 Der gesalbte König als Sohn seines göttlichen Vaters, Vertreter des Volkes vor Gott, gerechter Regent und Verteidiger seines Reiches

Da die messianischen Verheißungen des Alten Testaments eine in die Zukunft entworfene Historisierung des idealen Königs der monarchischen Epoche darstellen, werden im Folgenden beide Aspekte miteinander verbunden und gemäß dem vierfachen Pflichtenbereich der Könige als legitimierte Mittler zwischen Gott und Volk, als gerechte Regenten und Verteidiger ihres Volkes gegen äußere Feinde sowie (auf Salomon beschränkt) als Weisheitslehrer vorgestellt. Den Ausgangspunkt bildet die bei der Inthronisation erfolgte Salbung, durch die der König den Geist Gottes empfing, der ihn zu überlegtem und erfolgreichem Handeln begabte (1 Sam 10,6; 16,13; 2 Sam 23,2; Jes 11,1–5; vgl. auch Ps 89,21–26 und dann Mk 1,10–11 par). Dabei wurde seine Sonderstellung als Mittler zwischen Gott und seinem Volk durch seine Legitimation als Sohn und damit als irdischer Stellvertreter Gottes unterstrichen (Ps 2,7; Jes 9,6, vgl. 2 Sam 7,14 mit 2 Kön 16,7; Ps 89,27 f., vgl. auch Ps 110,3αβγb[23] und Mk 1,11 par; 14,61 par und 15,39).[24]

---

20   Vgl. dazu R. D. Nelson, Raising a Faithful Priest. Community and Priesthood in Biblical Theology, Lousvillle/Kentucky 1993, 11–14, 49–53.

21   Vgl. dazu H. Niehr, Rechtsprechung in Israel. Untersuchungen zur Geschichte der Rechtsorganisation im Alten Testament (SBS 130), Stuttgart 1987, 112–117 und zur Neuorganisation der Priester und Leviten im Laufe der Perserzeit vgl. J. Schaper, Priester und Leviten im achämenidischen Juda. Studien zur Kult- und Sozialgeschichte Israels in persischer Zeit (FAT 31), Tübingen 1998, 194–211, 303–308.

22   Vgl. dazu Karrer, Gesalbte (s. Anm. 7), 148–149 und jetzt vor allem M. Hallaschka, Haggai und Sacharja 1–8. Eine redaktionsgeschichtliche Untersuchung (BZAW 411), Berlin/New York 2011, 220–238: 237–238 und 259–272: 272.

23   Lies mit M. Saur, Die Königspsalmen. Studien zur Entstehung und Theologie (BZAW 340), Berlin/New York 2004, 205: „Auf heiligen Bergen – aus dem Schoß der Morgenröte – habe ich dich wie Tau gezeugt."

24   Vgl. dazu z. B. J. Gray, The Biblical Doctrine of the Reign of God, Edinburgh 1979, 275.

Die Vorstellung vom König als dem Sohn Gottes ist offenbar aus der ägyptischen Königsideologie entlehnt. Durch den dem jeweiligen Eigennamen vorangesetzten Titel „Sohn des Rê" war die göttliche Abkunft der Pharaonen gesichert.[25] Dagegen besitzt die in Ps 45,7–8 im ganzen Alten Testament einmalige Anrede des Königs als Gott ihre Parallelen in der mesopotamischen Königstheologie.[26] Als „Anker" der messianischen Erwartungen diente die exilische Nathanweissagung in 2 Sam 7, die als ein mit David und seinen Nachkommen für immer geschlossener Bund (2 Sam 23,5; Ps 89,29–35) bzw. als Schwur (Ps 132,10–12; vgl. Ps 110,4aα.5) oder als beides (Ps 89,4–6.36–38) ausgelegt wurde.[27] Unter den die messianische Redaktion des Psalters rahmenden Liedern Ps 2 und Ps 89[28] nimmt der zuletzt genannte insofern eine Sonderstellung ein, weil sein Beter Gott angesichts der verachteten Situation seines Volkes leidenschaftlich an seine einst David gegebene Zusage erinnert, als er ihn mit seinem heiligen Öl salbte und ihm versprach, dass er ihn so beschützen würde, dass keiner seiner Feinde etwas gegen ihn vermöchte. So lässt der Dichter Jahwe in einer Paraphrase von 2 Sam 7,14–16 geloben (Ps 89,25–30):[29]

---

25 Vgl. dazu K. Koch, Der König als Sohn Gottes in Ägypten und Israel, in: E. Otto/E. Zenger (Hg.), „Mein Sohn bist du" (Ps 2,7). Studien zu den Königspsalmen (SBS 192), Stuttgart 2002, 1–32. Dagegen begegnet die Bezeichnung eines assyrischen oder babylonischen Königs als Sohn Gottes im 1. Jt. nur selten, während sie früher häufig war; M.J. Seux, Königtum. G 4 Märv ᵈN (RlA VI), 1980–1983; 170a–b.

26 Vgl. dazu Saur, Königspsalmen (s. Anm. 23), 121 und zur Selbstbezeichnung mesopotamischer Könige als Gott M.J. Seux, Königtum B. II und I. Jahrtausend G.5: Dingir/ilu (RlA VI), 1980–1983, 170b–172a.

27 Verträge wurden beeidigt, und so kann man ebenso vom Vertrag („Bund") wie vom Eid („Schwur") sprechen. Zu 2 Sam 7 vgl. zuletzt mit fortlaufender Auseinandersetzung mit den zurückliegenden Beurteilungen Oswald, Nathan (s. Anm. 13), der 63–69 für die literarische Einheitlichkeit des Kapitels und 78–79 für ihren bis 2 Kön 25,27–30 reichenden Spannungsbogen eintritt. 79: „Worüber das Ende des Königsbuches schweigt (die Erneuerung des davidischen Königtums, K.), das erbittet Davids Gebet (2 Sam 7,25–29)." Das Sam-Kön umfassende DtrG* sei daher in zeitlicher und räumlicher Nähe zu dem Begnadigungsakt Jojachins durch den babylonischen König Amel-Marduk verfasst worden, 105, womit man in die Jahre 662–660 kommt. Angesichts von 2 Sam 7,14 bleibt anzumerken, dass dem Dtn eine Ps 2,7 entsprechende Tradition bekannt gewesen sein dürfte.

28 Vgl. zu ihr umfassend C. Rösel, Die messianische Redaktion des Psalters. Studien zu Entstehung und Theologie der Sammlung Psalm 2–89* (CThM.A 19), Stuttgart 1999.

29 Zu Ps 89 vgl. Saur, Königspsalmen (s. Anm. 23), 153–185: 182–183 und zu seiner Redaktionsgeschichte F.-L. Hossfeld/E. Zenger (Hg.), Die Psalmen II. Psalm 51–100 (NEB.AT 23/2), Würzburg 2002, 486–489. Dass der Psalm nicht vor dem ausgehenden 4. Jh. verfasst worden ist, zeigt ein Blick auf seine Rechtsterminologie in den VV. 30–32 sowie der Aramaismus *māgar* in V.45; vgl. zu ihm E. Kautzsch, Die Aramaismen im Alten Testament I. Lexikalischer Teil, Halle a. S. 1902, 47 f.

25 Meine Treue und Huld wird mit ihm sein,
und in meinem Namen sein Horn erhoben sein.[30]
26 Dann lege auf das Meer seine Hand
und auf Ströme seine Rechte.
27 Er wird mich anrufen: ‚Mein Vater bist du,
mein Gott und Fels meines Heils'.
28 Ich aber setze ihn als Erstgeborenen ein,
als Höchsten über die Könige der Erde.
29 Auf ewig bewahre ich ihm meine Huld
und mein Bund mit ihm ist beständig.
30 Für immer setze ich seinen Samen ein,
und seinen Thron wie die Tage des Himmels.
31 Wenn seine Söhne meine Weisung verlassen
und nicht nach meinen Rechten wandeln,
32 wenn sie meine Satzungen entweihen
und meine Gebote nicht halten,
33 suche ich mit dem Schwert ihre Sünden heim
und mit Schlägen ihre Frevel,
34 aber meine Huld werde ich ihm nicht entziehen
und meine Treue nicht brechen.
35 Ich werde meinen Bund mit ihm nicht entheiligen
und was aus meinem Mund gegangen nicht ändern.

Aber die Wirklichkeit sah in den Tagen des Beters ganz anders aus (Ps 89,39–47):

39 Aber du hast verstoßen und verworfen,
du zürnst gegen deinen Gesalbten.
40 Du gabst den Bund mit deinem Knechte preis,
entweihtest zum Staub seine Krone.
41 Du rissest all seine Mauern ein,
gabst seine Festungen preis zur Zerstörung.
42 Ihn plünderten alle, die des Weges zogen,
er ward zum Spott seiner Nachbarn.
43 Du erhöhtest die Rechte seiner Widersacher,
du ließest sich freuen all seine Feinde.

---

30 D. h.: „wird seine Macht wachsen."

44 Ja, du drehtest um[31] sein Schwert
und standest ihm nicht bei in der Schlacht.
45 Du hast seinem Glanz ein Ende gemacht,
seinen Thron zur Erde gestoßen.
46 Du hast die Tage seiner Jugend verkürzt,
hast ihn mit Schande umgeben.
47 Wie lange, Jahwe? Willst du dich dauernd verbergen,
entbrennt wie Feuer dein Grimm?[32]

In der Schande seines Volkes und seines Königshauses steht die Ehre seines
Gottes auf dem Spiel. Daher lautet die Schlussbitte so (Ps 89,51–52):

51 Gedenke, Herr,[33] der Schmach deiner Knechte,
dass ich in meinem Busen trage den Hohn der Völker,
52 mit dem deine Feinde, Jahwe, schmähen,
mit denen sie schmähen die Spuren deines Gesalbten.

4.3 Der König als kultischer Mittler zwischen Gott und seinem Volk

Seinem Rang nach an erster Stelle, wenn auch selten belegt, war der König der kul-
tische Mittler zwischen Gott und seinem Volk.[34] Als solcher hatte er an bestimmten Tagen die Opfer darzubringen (vgl. 1 Kön 8 und Ez 45,17.21–25; 46,21–25; 46,4–7
mit 46,1–3)[35] und in Notzeiten Fürbitte für sein Volk einzulegen. In dem messiani-

---

31 Siehe BHS.
32 Zu Ps 89 vgl. Saur, Königspsalmen (s. Anm. 23), 153–185: 182–183.
33 Zur Bezeichnung Gottes als adonay oder „Herr" im AT vgl. M. Rösel, Adonaj – warum Gott
   „Herr" genannt wird (FAT 29), Tübingen 2000, 227–230.
34 Zu den entsprechenden Pflichten des ägyptischen Königs vgl. J. Assmann, Ma'at. Gerechtigkeit
   und Unsterblichkeit im Alten Ägypten, München 1990, 200–212; K. Koch, Sädaq und Ma'at. Kon-
   nektive Gerechtigkeit in Israel und Ägypten, in: J. Assmann/B. Janowski/M. Welker (Hg.), Gerechtigkeit. Richten und Retten in der abendländischen Tradition und ihren altorientalischen
   Ursprüngen, München 1998, 37–64: 61–64. Zu den entsprechenden Aufgaben der assyrischen Könige vgl. St. Maul, Der assyrische König – Hüter der Weltordnung, in: Assmann/Janowski/Welker
   (Hg.), ebd., 65–77 und die einschlägigen Auskünfte von M.J. Seux, Königtum. B II. und I. Jahrtausend. G 3 Šangu (RlA VI), 169a–170a.
35 Vgl. dazu T.A. Rudnig, Kommentar: Ezechiel 40–48, in: K.-F. Pohlmann (Hg.), Das Buch des Propheten Hesekiel (Ezechiel) Kapitel 20–48 (ATD 22/2), Göttingen 2001, 601–602, 604–608.

schen Psalm 110 wird er im Anklang an Gen 14,17–19 entsprechend in V. 4 als „ewiger Priester nach der Weise Melchisedeks", des sagenhaften Priesters von Salem und Zeitgenossen Abrahams bezeichnet (Ps 110,4):[36]

> *Geschworen hat Jahwe, es wird ihn nicht reuen:*
> *Du bist Priester für immer (לעולם)*
> *nach der Weise des Melchisedek.*

4.4 Der König als Wahrer der Gerechtigkeit

Die innenpolitische Aufgabe des Königs von Juda bestand nicht anders als im Alten Ägypten und dem ganzen Alten Vorderen Orient darin, für Recht und Gerechtigkeit im Lande zu sorgen. Das sollte sich in seinem Eintreten für das Recht der kleinen Leute gegen den Zugriff der Reichen und Mächtigen erweisen (vgl. Ps 72,2–7 und z. B. 1 Kön 3,5–9 und PsSal 17,26 f.). Der jedenfalls aus dem 2. Drittel des 7. Jh. v. Chr. stammende Ps 72[37] setzt in den VV. 1–3 mit der an Jahwe gerichteten

---

36 Ps 110,4 ist jedenfalls im Rückgriff auf Ps 89,50 und Gen 14,17–19 formuliert worden und zeitlich kaum vorhellenistisch einzuordnen. Ob der Psalm als ganzer erst hellenistisch ist, so M. von Nordheim, Geboren vor der Morgenröte? Psalm 110 in Tradition, Redaktion und Rezeption (WMANT 117), Neukirchen-Vluyn 2008, 119–141, Melchisedek in V. 4 erst nachträglich eingetragen ist, so G. Granrød, Abraham and Melchizedek. Scribal Activity of Second Temple Times in Genesis 14 and Psalm 110 (BZAW 406), Berlin/New York 2010, 195–214 oder zwischen einem vorexilischen Orakel in den V.1–3 und einer nachexilischen Fortschreibung in den V.4–7 zu unterscheiden ist, so Saur, Königspsalmen (s. Anm. 23), 210–224, ist umstritten. Ps 110 ist jedenfalls der im Neuen Testament am meisten zitierte Königspsalm; vgl. Mt 22,44; 26,64; Mk 12,36; 14,62; 16,19; Lk 20,42.43; 22,69; Apg 2,34–35; Röm 8,34; 1 Kor 15,25; Eph 1,20; Kol 3,1 und Hebr 1,3.13; 8,1; 12,12.

37 Dank seiner Parallelen zum Thronbesteigungshymnus des assyrischen Königs Asarhaddon (669–627) ist Ps 72 der einzige unter allen Königspsalmen, der sich eindeutig datieren lässt: Er wurde jedenfalls im 7. Jh. v. Chr. verfasst, vgl. Hossfeld/Zenger, Psalmen II (s. Anm. 29), 412 und B. Janowski, Die Frucht der Gerechtigkeit. Psalm 72 in seinen altorientalischen Kontexten, in: Otto/Zenger (Hg.), Sohn (s. Anm. 25), 113f., und mit großer Wahrscheinlichkeit für die Thronbesteigung des Königs Josia (639–609) gedichtet, vgl. E. Otto, Krieg und Frieden in der Hebräischen Bibel und im Alten Orient. Aspekte für eine Friedensordnung in der Moderne (ThFr 18), Stuttgart/Berlin/Köln 1999, 121–128 und M. Arneth, „Sonne der Gerechtigkeit" Studien zur Solarisierung der Jahwe-Religion im Lichte von Psalm 72 (Beiheft der Zeitschrift für altorientalische und biblische Rechtsgeschichte 1), Wiesbaden 2000, 54–106: 96–106 und ders., Psalm 72 in seinen altorientalischen Kontexten, in: Otto/Zenger (Hg.), Sohn (s. Anm. 25), 135–172. Da die judäischen Könige seit der freiwilligen Unterwerfung des Königs Ahas im sog. Syrisch-Ephraimitischen Krieg Vasallen des assyrischen Großkönigs waren, fehlen in dem Lied ursprünglich alle Anspielungen auf eine künftige Großmachtstellung des Königs. Sie wurden erst in spätnachexilischer

Bitte ein, dem König seine Rechtsentscheide zu geben, damit er sein Volk mit Gerechtigkeit regierte und dabei den Elenden Recht verschaffte[38] und in der Folge die Berge Heil und die Hügel Gerechtigkeit trügen (Ps 72,1–7.12–14.16–17a):[39]

1 Gott[40], deine Rechte gib dem König
und deine Gerechtigkeit des Königs Sohn.
2 Er richte dein Volk mit Gerechtigkeit
und deine Elenden nach dem Recht.
3 Dann tragen die Berge Heil
für das Volk und die Hügel Gerechtigkeit[41].
4 Er wird Recht verschaffen den Elenden des Volkes,
wird retten die Kinder des Armen
und den Unterdrücker zermalmen.
5 Er lebe solange die Sonne scheint
und der Mond – Geschlecht um Geschlecht.
6 Er komme wie Tau auf die Mahd,
wie Regenschauer die Erde benetzen.
7 Gerechtigkeit[42] blühe in seinen Tagen
und Fülle des Heils, bis der Mond nicht mehr ist.
12 Denn er rettet den Armen, der um Hilfe schreit,
und den Elenden, der keinen Helfer besitzt.
13 Er erbarmt sich des Kleinen und Armen
und das Leben der Armen errettet er.
14 Aus Bedrückung und Gewalt erlöst er ihr Leben,
und kostbar ist ihr Blut in seinen Augen.

Zeit in den V.8–11.14 f. und 17b nachgetragen, wobei in V.17b die Abrahamverheißung aus Gen 12,3 auf den König hin abgewandelt worden ist; vgl. dazu M. Köckert, Vätergott und Väterverheißungen. Eine Auseinandersetzung mit Albrecht Alt und seinen Erben (FRLANT 142), Göttingen 1988, 278.

38 Das Ideal des gerechten Königs spiegelt sich auch in den Königssprüchen des Spruchbuches; vgl. Spr 16,12–15; 20,8.26.28; 21,1; 22,11; 25,2–5; 29,4.12.14 und 30,21 f., ohne dass er in ihnen als der exemplarische Weise erscheint; vgl. dazu J. Hausmann, Studien zum Menschenbild der älteren Weisheit (Spr 10 ff.) (FAT 7), Tübingen 1995, 132–148: 146–148.

39 Zur literarischen Schichtung des Psalms vgl. Hossfeld/Zenger, Psalmen II (s. Anm. 29), 412 f.

40 Der Psalm gehört zum sog. elohistischen Psalter, in dem der Gottesname durch das Wort Gott ersetzt ist.

41 Siehe BHS.

42 Siehe BHS.

16 Es gebe Korn in Fülle im Lande,
und auf den Gipfeln der Berge möge es rauschen.
Wie der Libanon blühe[43] seine Frucht.
und seine Ähren wie das Kraut der Erde.
17 Es währe sein Name in Ewigkeit,
solange die Sonne scheint, sprosse[44] sein Name.

Gerechtigkeit des Königs und Fruchtbarkeit des Landes werden nicht nur in diesem Psalm, sondern auch in der Vision vom Neuen Tempel und Heiligen Land im Ezechielbuch in einem inneren Zusammenhang gesehen: In der Heilszeit soll unter der östlichen Schwelle des Tempels eine Quelle hervorbrechen, die sich zu einem Strom verbreitet, der durch das Kidrontal bis zum Toten Meer fließt und dessen Wasser heilt; an seinen Ufern werden die Obstbäume ununterbrochen grünen und Früchte tragen (Ez 47,1–11).[45] Urzeit und Endzeit sollten einander entsprechen, und also in der Endzeit als Folge der umfassenden Gerechtigkeit der paradiesische Friede zwischen Menschen und Tieren zurückkehren (vgl. Jes 11,1–5 mit den VV. 6–9 und 65,25).[46]

Dass die Gerechtigkeit des Königs ein Grundthema der messianischen Weissagungen bildet, geht schon aus der folgenden Liste der Belegstellen hervor (Jes 9,5–6; 11,3; 32,1–8; Jer 23,5f.; 33,14–17 (in beiden Fällen geht es um den „Spross der Gerechtigkeit", wobei der 2. Text noch nicht in G enthalten ist);[47] Ez 34,23f.; 37,22–24; 45,8b–12; Sach 9,9; Ps 89,31–33; 101; PsSal 17,37–40). Paradigmatisch wird das Thema in Jes 11,1–5 entfaltet. Dabei wird die Gerechtigkeit des Königs auf seine Begabung mit dem vierfachen Geist Jahwes zurückgeführt, der ihn ermächtigt, weise und einsichtsvoll, tatkräftig und mächtig zu regieren, weil er Gotteserkenntnis und Furcht Jahwes besitzt (Jes 11,1–5):[48]

---

43 Siehe BHS.
44 Siehe BHS.
45 Vgl. dazu Rudnig, Kommentar (s. Anm. 35), 613–617.
46 Zu den V.6–9 als nachträgliche Ergänzung vgl. inbes. U. Berges, Das Buch Jesaja. Komposition und Endgestalt (HBS 16), Freiburg/Basel/Wien 1998, 132f.
47 Vgl. W. Werner, Das Buch Jeremia. Kapitel 1–25 (NSK.AT 19/1), Stuttgart 1997, 200 und ders., Das Buch Jeremia. Kapitel 25–52 (NSK.AT 19/2), Stuttgart 2003, 90 und zur dtn. Herkunft beider Texte E.W. Nicholson, Preaching to the Exiles. A Study of the Prose Tradition in the Book of Jeremiah, Oxford 1970, 90 und zur zurückliegenden Diskussion W. McKane, Jeremiah I (ICC), Edinburgh 1986, 559–565 und II, 1996, XLVII–XIII und zu den „Spross"-Belegen in Sach 3,8 und 6,12 Hallaschka, Haggai und Sacharja (s. Anm. 22), 197–198.
48 Das Votum von G. Fohrer, Geschichte der israelitischen Religion, Berlin 1969, 359, dass die Messi-

1 *Und aus dem Stumpf Isais*[49] *wird ein Spross hervorgehen*
und ein Schössling aus seinen Wurzeln sprossen.
2 *Und auf ihm wird ruhen der Geist Jahwes,*
ein Geist der Weisheit und der Einsicht,
ein Geist der Erkenntnis und Frucht Jahwes.
3[50] *Und er wird nicht nach dem, was seine Augen sehen, richten,*
noch nach dem, was seine Ohren hören, entscheiden,
4 *sondern er wird in Gerechtigkeit die Niedrigen richten*
und in Geradheit die Elenden des Landes zurechtweisen
und mit dem Stab seines Mundes den Gewalttäter[51] *des Landes schlagen*
und mit dem Hauch seiner Lippen den Frevler töten.
5 *Und Gerechtigkeit wird der Schurz seiner Lenden*
und Wahrhaftigkeit der Gürtel seiner Hüften sein.

Blicken wir zurück, so erkennen wir den inneren Zusammenhang des hier ent-
worfenen Bildes des gerechten Herrschers der Endzeit mit der vorexilischen Königsideologie, wie sie sich in Ps 72 spiegelt. Dass die hier von einem idealen König
verlangten Eigenschaften bis zum Ende des alttestamentlichen Zeitalters gültig
blieben, vermag ein Verweis auf PsSal 17,32–43 (vgl. V. 37) in Erinnerung zu rufen.[52]

---

aserwartung erst in frühnachexilischer Zeit entstanden ist, verdient gegen alle Versuche, einzelne Texte ins 8. oder 7. Jh. zurückzudatieren, immer noch Beachtung: Zur nachexilischen Entstehung von Jes 9,1–6 und 11,1–9 vgl. die Nachweise von W. Werner, Eschatologische Texte in Jesaja 1–39. Messias, Heiliger Rest, Völker (FzB 46), Würzburg 1982, 46–73, der mit Recht darauf
hinweist (62), dass der Rückgriff auf die Wurzel Isais in 11,1 erkennen lässt, dass die Dynastie Davids in Jerusalem nicht mehr existierte, vgl. auch O. Kaiser, Das Buch des Propheten Jesaja. Kapitel 1–12 (ATD 517), Göttingen 1981, 240–245 bzw. R. Kilian, Jesaja 1–12 (NEB.AT 29/1), Würzburg
1986, 87–90; P. Höffken, Das Buch Jesaja. Kapitel 1–39 (NSK.AT 18/1), Stuttgart 1993, 120–122; Berges, Jesaja (s. Anm. 46), 128–132.
49 Vgl. 1 Chr 2,11–15; 29,26; und 1 Sam 16.
50 Zu V.3a als Glosse siehe BHS.
51 Siehe BHS.
52 Vgl. E.-J. Waschke, „Richte ihnen auf ihren König, den Sohn Davids" – Psalmen Salomos 17 und
die Frage nach der messianischen Tradition (1994), in: ders. (Hg.), Gesalbte (s. Anm.3), 105–126:
133; K. Atkinson, I Cried to the Lord. A Study of the Psalms of Solomon's Historical Background
and Social Setting (JStJ. S 84), Leiden/Boston 2004, 139–144 und O. Kaiser, Geschichte und Eschatologie in den Psalmen Salomos (2004), in: ders. (Hg.), Gott, Mensch und Geschichte. Studien zum
Verständnis des Menschen und seiner Geschichte in der klassischen, biblischen und nachbibli-
schen Literatur (BZAW 413), Berlin/New York 2010, 80–129: 124–126.

4.5 Der König als der Beschützer des Landes gegen äußere Feinde und Herr der Völker und die messianische Hoffnung

Dass dem König neben seiner kultischen und seiner innenpolitischen auch die außenpolitische Aufgabe zufiel, sein Reich gegen äußere Feinde durch diplomatische und militärische Aktionen zu sichern, ergibt sich aus den Verhältnissen der damaligen Staatenwelt, die keine überparteilichen Institutionen zur Schlichtung auftretender Konflikte kannte. In ihr konnte ein kleinerer Staat, wie es die beiden Reiche Israel und Juda bis zu ihrem Untergang 722 bzw. 586 v. Chr. darstellten, seine territoriale Unversehrtheit angesichts raublustiger Nachbarn nur sichern, indem er sich einer mächtigeren Schutzmacht und das hieß von der Mitte des 9. bis zum Ende des 2. Drittels des 6. Jh., den assyrischen[53] und später den neubabylonischen Großkönigen[54] unterwarf, wobei sich Ägypten jeweils als unzuverlässige Schutzmacht erwies (2 Kön 18,21 par Jes 36,6; vgl. Jer 37).[55]

Nach dem Untergang des Reiches Juda im Jahre 586 v. Chr. verstärkte sich bei den Juden im Gegensatz zu ihrer Lage das Bewusstsein ihrer Sonderstellung als Glieder des von dem wahren Gott erwählten Volkes.[56] Als Bewohner erst babylonischer und seit 539 persischer Provinzen konnten sie eine Wiederherstellung des davidischen Königtums nur von Jahwes Treue zu der von ihm erwählten Dynastie erhoffen. Daher fehlt es nicht an entsprechenden Weissagungen, nach denen die fremden Krieger mit Gottes Hilfe aus dem Land vertrieben würden und unter dem König der Heilszeit eine ewige Friedensherrschaft herrschen würde, wie es z. B. Jes 9,1–6 und Mi 5,1–4a* in bewusst geheimnisvoller Weise voraussagen. Letztere setzt literarisch Mi 4,9 f. voraus, wonach die „Tochter Zion" nach dem Verlust ihres Königs nach Babylon verschleppt und von dort durch Jahwe aus der Hand

---

53 Vgl. Hasegawa, Aram (s. Anm. 18), 84–106: 105 f. bzw. C. Frevel, Grundriss der Geschichte Israels, in: E. Zenger, Einleitung in das Alte Testament, Stuttgart ⁸2012, 778 f. König Ahas von Juda rettete sein Reich 735 v. Chr. vor der Syrisch-Ephraimitischen Koalition, indem er sich Tiglatpileser III. (745–727) als Vasall unterstellte (2 Kön 16,7–9); zu den damit übernommenen kultischen Pflichten vgl. VV.10–17 und dazu H. Spieckermann, Juda unter Assur in der Sargonidenzeit (FRLANT 129), Göttingen 1982, 307–372: 369.

54 Frevel, Grundriss (s. Anm. 53), 793–797.

55 Frevel, Grundriss (s. Anm. 53), 785, 790 f., 795 f.

56 Vgl. dazu J. Wöhrle, Israel's Identity and the Threat of the Nations in the Persian Period, in: O. Lipschitz/G.N. Knoppers/M. Oeming (Hg.), Judah and the Judeans in the Achaemenid Period. Negotiating Identity in an International Context, Winona Lake, Indiana 2011, 153–172: 167 f.

ihrer Feinde befreit würde.[57] Nach der späten Einfügung in Ps 72,8–11, die sich an der sekundären Widmung des Liedes an Salomo orientierte, sollte der König (der Heilszeit) vom Meer bis zum Meer und vom Strom (Euphrat) bis zu den Enden der Erde herrschen, sollten ihm alle Söhne der Wüste huldigen, all seine Feinde Staub lecken und ihm die Könige des fernen Westens, Ostarabiens und Nubiens Gaben bringen,[58] ja, alle Könige der Erde vor ihm niederfallen und ihm alle Völker dienen (vgl. Ps 2,11f.). Ihren eindrucksvollsten Ausdruck hat die Erwartung der Weltherrschaft des Königs der Heilszeit in der Weissagung Sach 9,9f. gefunden, die für den Bericht vom Einzug Jesu in Jerusalem Mk 11,1–5 par die Vorlage bildete. Danach würde der verheißene König Stärke, Gerechtigkeit und Demut miteinander verbinden und auf dem Fohlen von Eselinnen in Jerusalem einziehen, um dann als wahrer Friedensfürst alle Angriffswaffen in Ephraim und Jerusalem zu zerstören, worauf seine Friedensherrschaft von Meer zu Meer und bis zu den Rändern der Erde reichen sollte.[59] Die freiwillige Unterwerfung der Völker unter den Messias sollte ihr Glück, ihre Widerspenstigkeit ihren Untergang zur Folge haben (wie es der in seiner vorliegenden Gestalt schon wegen des in V. 1 aufgenommenen Motivs des Völkersturms gegen den Zion[60] kaum vorexilisch datierbare Ps 2 in Aussicht stellt). Der Gesalbte aber konnte sich nach Ps 2,7–9 auf ein Thronbesteigungsorakel berufen, in dem ihn Jahwe als seinen „heute gezeugten" Sohn legitimiert und ihm die Weltherrschaft zugesagt hatte (Ps 2,1–12):[61]

57   Zum Text und seinen Zusammenhängen vgl. R. Kessler, Micha (HthK.AT 49), Freiburg/ Basel/ Wien 1999, 174–254: 174–176, J. Jeremias, Die Propheten Joel, Obadja, Jona, Micha (ATD 24/3), Göttingen 2007, 177–187 und J. Wöhrle, Die frühen Sammlungen des Zwölfprophetenbuches. Entstehung und Komposition (BZAW 360), 156–171: 169–171.

58   Vgl. I Kön 10,1f.

59   Vgl. z. B. H. Graf Reventlow, Die Propheten Haggai, Sacharja und Maleachi (ATD 25/2), Göttingen 1993, 94–97. Auf die Demut und Niedrigkeit des Messias legt W. H. Schmidt, Alttestamentlicher Glaube, Neukirchen-Vluyn [11]2011, 298 f. besonderen Nachdruck.

60   Vgl. dazu O. Kaiser, Der Gott des Alten Testaments III. Jahwes Gerechtigkeit (UTB 2392), Göttingen 2003, 133–151.

61   Die in den VV.1.9 und 12aα vorliegenden Aramaismen (Kautzsch, Aramaismen [s. Anm. 29], 24f., 80 f. u. 83 f.) sprechen dafür, dass der Psalm seine vorliegende Gestalt einer einheitlichen späten Bearbeitung verdankt, Saur, Königspsalmen (s. Anm. 29), 28. Ob das in den VV.7–9 zitierte Thronbesteigungsorakel sehr alt oder sehr jung ist, dürfte auch weiterhin umstritten bleiben. Zur Redaktionsgeschichte von Ps 2 vgl. auch O. Loretz, Psalmenstudien. Kolometrie, Strophik und Theologie ausgewählter Psalmen (BZAW 309), Berlin/New York 2002, 31–54, zur Frage der Datierung auch Koch, König (s. Anm. 25), 11f., der sich für ein hohes Alter des Orakels ausspricht, E. Otto, Politische Theologie in den Königspsalmen zwischen Ägypten und Assyrien (SBS 192), 33–65: 51, der Ps 2,1–9 in neuassyrische Zeit datiert, und E. Zenger, Psalmen I (NEB.AT 23/1), Würz-

1 Warum toben die Völker
und sinnen Völkerschaften Nichtiges?
2 Es stellen sich auf die Könige der Erde
und Fürsten tun sich zusammen
gegen Jahwe und seinen Gesalbten:
3 „Lasst uns ihre Stricke zerreißen
und ihre Bande abwerfen!"
4 Der in den Himmeln thront lacht,
der Herr spottet ihrer.
5 Dann spricht er sie an in seinem Zorn
und erschreckt sie durch seinen Grimm:
6 „Ich selbst habe meinen König geweiht
auf dem Zion, meinem heiligen Berg."
7 Berichten will ich Jahwes Beschluss:
Er sagte zu mir: „Mein Sohn bist du,
ich habe dich heute gezeugt.
8 Bitte von mir und ich gebe dir
Völker als dein Erbe
und als deinen Besitz die Enden der Erde.
9 Du kannst sie mit eisernem Zepter zerschlagen,
sie wie Töpfergeschirr zerbrechen."
10 Doch nun, ihr Könige, kommt zur Einsicht,
lasst euch warnen, ihr Richter der Erde.
11 Dienet Jahwe mit Furcht
mit Zittern küsst die Füße des Sohnes,[62]
damit er nicht zürnt und ihr unterwegs umkommt;
denn bald wird sein Zorn entbrennen.

---

burg 1993, 50 f., der den Grundpsalm aus sprachlichen und motivischen Gründen in nachexilischer bzw. hellenistischer Zeit ansetzte und die VV.5.10–12 erst der nach 220 v. Chr. tätigen Schlussredaktion des Psalters zuwies, vgl. auch Rösel, Messianische Redaktion (s. Anm. 28), 99–105. Zum Mythos von der göttlichen Zeugung des künftigen Königs vgl. J. Assmann, Die Zeugung des Sohnes. Bild, Spiel, Erziehung und das Problem des ägyptischen Mythos, in: ders./W. Burkert/F. Stolz (Hg.), Funktionen und Leistungen des Mythos (OBO 48), Freiburg (Schweiz)/ Göttingen 1982, 13–61: 16–18 und zur Spätzeit mit ihren „Geburtshäusern", in denen das göttlich gezeugte Kind von der Göttin Hathor gesäugt wurde, 19–23 bzw. K. Koch, Geschichte der ägyptischen Religion, Stuttgart/Berlin/Köln 1993, 264–273 (Neues Reich), 477–478 (Spätzeit), 480–485 (Alexander der Große) und 497–500 (Hellenistischer Herrscherkult).

62 Lies: *bir⁽adâ naššᵉqû raglê bar*.

Es lässt sich angesichts von V.8 nicht übersehen, was auch die Analyse der anderen Königspsalmen zeigt, dass das rettende Handeln des Königs im Laufe der nachexilischen Zeit in den Schatten des Handelns Gottes getreten ist, weil ohne sein Zutun die Befreiung Israels und das siegreiche Wirken seines Gesalbten nicht denkbar waren.[63]

Als die mit der Eroberung Babylons 539 durch Kyros II. (559–530) einsetzende und mit der Besetzung Palästinas nach dem Sieg über Dareios III. (336–330) in der Schlacht bei Issos (332 v. Chr.) durch Alexander den Großen (356–323) beendet war, wurden die Hohepriester unter den hellenistischen Oberherren zu den geistlichen und zugleich weltlichen Anführern des jüdischen Ethnos, des „Tempelstaates" mit der Hauptstadt Hierosolyma. Ihre Befugnisse waren (soweit es das Interesse der fremden Könige erforderte) durch hellenistische Kontrollbeamte beschnitten. Außerdem mussten sie sich in innenpolitischen Fragen mit der Gerusia, der aus Vertretern der Priesterschaft, der Schriftgelehrten, des Landadels und der Sippenältesten zusammengesetzten Landstände, abstimmen.[64]

Die Stellung der Hohepriester war nun jedenfalls derart, dass die auf Erneuerung des Königtums der Davididen gerichteten Hoffnungen mit der Rolle des Hohepriesters ausgeglichen werden mussten. Dieser Prozess spiegelt sich im 5. Nachtgesicht Sach 4,1–14* und dem überarbeiteten Wort von der Krönung des Hohepriesters Jeschua in Sach 6,9–11*,[65] dem nachträglich der „Spross" aus Jer 33,15–16 an die Seite gestellt wurde, was sich wiederum in Jer 33,17–18 spiegelt.[66] Diese Linie sollte in den Qumrantexten ihre Fortsetzung finden, die zwischen dem Kommen eines prophetischen, priesterlichen und königlichen Gesalbten unterscheiden (vgl. z. B. 1QS 9,9–11; CD 12,23–13,1).[67]

4.6 Der König als Weisheitslehrer

Die Aussagen über die Weisheit der Könige von Juda sind auf König Salomo beschränkt. Dank der ihm nach 1 Kön 3,1–15 von Gott in einer Traumoffenbarung versprochenen Weisheit sollte er nach 2 Kön 5,10–14 zum Weisesten aller Men-

---

63 Vgl. Saur, Königspsalmen (s. Anm. 23), 275 f., 337 f.
64 Vgl. dazu M. Hengel, Judentum und Hellenismus. Studien zu ihrer Begegnung unter besonderer Berücksichtigung Palästinas bis zur Mitte des 2. Jh. v. Chr. (WUNT 10), Tübingen (1969) ³1988, 42–55.
65 Vgl. dazu Hallaschka, Haggai und Sacharja (s. Anm. 22), 220–238: 237 f.
66 Vgl. dazu Hallaschka, Haggai und Sacharja (s. Anm. 22), 259–272: 272.
67 Vgl. dazu J. Zimmermann, Messianische Texte aus Qumran (WUNT II/104), Tübingen 1998, 23–45: 40–45.

schen geworden sein. Damit entsprach er dem Anspruch der neuassyrischen und neubabylonischen Könige, von denen z. B. Assurbanipal (668–627) und Marduk-Aplu-Iddina II. (Merodach-Baladan)[68] (721–711) sich rühmten, dass ihnen die Götter umfassende Weisheit und umfassendes Wissen verliehen hätten, wie sie es zu ihrem Regiment brauchten.[69] So ist es verständlich, dass die biblischen Weisheitsbücher von den Sprüchen bis zur Weisheit Salomos (außer dem Hiobbuch) der Autorität Salomos unterstellt worden sind.[70] Darüber hinaus weist der dem König in Jes 9,5 an erster Stelle genannte Thronname „Wunder-Rat" darauf hin, dass sein richterliches und sein belehrendes Wirken sich nicht voneinander trennen lassen.

4.7 Der Messias des Alten Testaments als universaler Friedefürst

Suchen wir nach einem prophetischen Text, der die mit der Erwartung des kommenden Messias verbundenen Aspekte optimal zusammenfasst, so fällt die Entscheidung zugunsten von Jes 9,1–6 aus, der wohl mit Abstand bekanntesten messianischen Weissagung der Bibel. Ihre Sprache ist hinreichend dunkel, um der Phantasie Spielraum zu geben, und klar genug, um die göttliche Geistbegabung und damit das gerechte Regiment des Messias zu versprechen. Nachdem die Feinde Israels durch Jahwes Eingreifen (oder Beistand?) vernichtet und alle Waffenröcke und Soldatenstiefel verbrannt worden sind, wird der Sohn (Gottes) aus Davids Geschlecht als wahrer Friedefürst herrschen. Sein weltweites und ewiges Regiment wird auf Recht und Gerechtigkeit beruhen. Seine Thronnamen „Wunder-Rat, Heldengott, Ewigvater, Friedefürst" weisen auf seine Entschlussfähigkeit

---

68 Vgl. Jes 39,1 par 2 Kön 20,12.

69 Zum literarischen Problem der Texte vgl. P. Särkiö, Die Weisheit und Macht Salomos in der israelitischen Historiographie (SESJ 60), Helsinki/Göttingen 1994, 12–72; zur Rolle der Könige als Weise vgl. R. F. G. Sweete, The Sage in Akkadian Literature, in: J.G. Gammie/L. G. Perdue, The Sage in Israel and the Ancient Near East, Winona Lake, Indiana 1990, 45–85: 51–57; S. Wälchli, Der weise König Salomo. Eine Studie zu den Erzählungen von der Weisheit Salomos in ihrem alttestamentlichen und altorientalischen Kontext (BWANT 141), Stuttgart 1999, 108–128, 164–187, 205–207; O. Kaiser, Anweisungen zum gelingenden, gesegneten und ewigen Leben (Forum theologische Literaturzeitung 9), Leipzig 2003, 16–20 und zum Problem der Kulturkontakte zwischen Ägypten und Juda z. Z. Salomos vgl. B.U. Schipper, Israel und Ägypten in der Königszeit. Die kulturellen Kontakte von Salomo bis zum Fall Jerusalems (OBO 170), Freiburg (Schweiz)/Göttingen 1999, 11–116: 115f., zum historischen Problem des Großreichs Davids und Salomos siehe Frevel, Grundriss (s. Anm. 53), 745–753.

70 Vgl. dazu D. G. Meade, Pseudonymity and Canon (WUNT 39), Tübingen 1986, 44–72: 71 f.

in allen Lagen, seine Macht, sich gegenüber allen Feinden durchzusetzen, sein väterliches und damit ebenso fürsorgliches wie gerechtes Regiment und auf seine Fähigkeit, den Frieden zu sichern, hin (Jes 9,1–6):[71]

> 1 *Das Volk, das im Finstern wandelte,*
> *schaute ein großes Licht.*
> *Ein Licht strahlte über denen auf,*
> *die im dunklen Lande wohnten.*
> 2 *Du hast das Jauchzen*[72] *vermehrt,*
> *hast groß gemacht die Freude.*
> *Man freute sich vor dir*
> *wie bei der Ernte Freuden,*
> *gleichwie man beim Teilen*
> *der Beute jauchzt.*
> 3 *Denn sein lastendes Joch*
> *und das Holz*[73] *seiner Schultern,*
> *den Stab seines Treibers*
> *hast du wie am Midianstag zerbrochen.*[74]
> 4 *Denn jeder Stiefel,*
> *der auftrat mit Dröhnen,*
> *und jeder Mantel, gewälzt in Blut,*
> *er ward zum Brande,*
> *zur Speise des Feuers.*

---

71 Vgl. A. Alt, Jesaja 8,23–9,6. Befreiungsnacht und Krönungstag (1950), in: ders., Kleine Schriften zur Geschichte des Volkes Israel II, München 1953, 206–225, der Jes 9,1–6 versuchsweise in die Jahre 734–732 datiert und dem Propheten Jesaja zuschreibt. Darin ist ihm zuletzt K. Schmid, Jesaja. Band I: Jes 1–23 (ZBK.AT 19/1), Zürich 2011, 106–109 gefolgt. Ohne sich zeitlich festzulegen votierte S. Mowinckel, He that cometh, Oxford 1956, 102–110 dafür, dass die Weissagung von Jesaja anlässlich der Geburt eines königlichen Prinzen verfasst worden sei. Ähnlich urteilt auch Gray, Doctrine (s. Anm. 24), 121, 127. Nach ihm spiegelt sich in dem Lied die Erhebung eines Mitregenten, dessen Adoption als Geburt ausgelegt wurde und dessen Herrschaft der Gottes als des eigentlichen Königs unterstellt wurde. Auch J. Vermeylen, Du prophète Isaïe à l'Apocalyptique: Isaïe. I–XXXV. miroir d'un demi-millénaire d'expérience religieuse en Israël I, Paris 1977, 241 spricht sich für eine vorexilische Entstehung aus. Demgegenüber haben Kaiser, Jesaja (s. Anm. 48), 195–209: 196f. 207f., Werner, Eschatologische Texte (s. Anm. 48), 20–46: 45f. und Kilian, Jesaja (s. Anm. 48), 70–75: 70 und Höffken, Jesaja (s. Anm. 48), 105–108 für eine nachexilische Entstehung votiert und dabei angemerkt, dass die Weissagung den Horizont von 8,23 bei weitem übersteigt.
72 Siehe BHS.
73 Siehe BHS.
74 Vgl. Ri 7.

5 Denn ein Kind ist uns geboren,
ein Sohn ist uns gegeben,
und die Herrschaft ward gelegt
auf seine Schultern.
Und man nannte seinen Namen:
Wunder Planer, Gottheld,
Ewig Vater (oder: Beutevater)
Friedefürst.[75]
6 Groß ist die Herrschaft
und des Friedens kein Ende
auf Davids Thron.

4.8 Ein leidender Messias im Alten Testament?

Die Vorstellung vom leidenden Messias lässt sich im Alten Testament allenfalls in Ps 22 hinter dem erretteten leidenden „Armen" (V. 25) vermuten.[76] Das in den VV.2f.7–23 erhaltene individuelle Klage- und Danklied wurde zunächst durch den Einschub der VV. 4–6 und den Anhang der VV. 24–27 erweitert: Durch ihn wird der Fall des leidenden und vor dem Tode geretteten Armen zum Paradigma des Schicksals des leidenden Gerechten, der nach seiner Rettung den Armen ein Freudenmahl gibt.[77] Die zweite Bearbeitung in den VV. 28–32 erweitert den Horizont, indem sie aus diesem Anlass alle Enden der Erde einschließlich der Mächtigen der Erde und derer, die im Staub der Erde schlafen, auffordern, Jahwe als ihrem König

---

75 Als Beispiel für die auslegende Übersetzung von G seien VV.5 f. nach W. Kraus/M. Karrer (Hg.), Die Septuaginta Deutsch, Stuttgart 2009, 1239a zitiert: „Denn ein Kind wurde uns geboren, ein Sohn wurde uns sogar geschenkt, auf dessen Schulter die Herrschaft (gelegt) wurde und dessen Name lautet ‚Bote großen Ratschlusses'; denn ich werde Frieden bringen über die Herrscher, Frieden und Gesundheit für ihn. Groß ist seine Herrschaft, und seinem Frieden ist keine Grenze gesetzt für den Thron Davids und seine Königsherrschaft, auf dass er sie gut führe und sich ihrer annehme in Gerechtigkeit und im Rechtsentscheid von nun an und für alle Zeit; der Eifer des Herrn Sebaoth wird dies tun."
76 Der Begriff dürfte mit J. Un-Sok Ro, Die sogenannte „Armenfrömmigkeit" im nachexilischen Israel (BZAW 322); Berlin/New York 2002, 203f. als Selbstbezeichnung einer Gruppe demütiger Frommer der nachexilischen Zeit zu verstehen sein.
77 Zu Ps 22,28–32 im NT vgl. H. Gese, Psalm 22 und das Neue Testament. Der älteste Bericht vom Tode Jesu und die Entstehung des Herrenmahls (1968), in: ders., Vom Sinai zum Zion. Alttestamentliche Beiträge zur biblischen Theologie (BEvTh 64), München 1974, 180–201: 192, 196–198.

zu huldigen.[78] Der Rückschluss, dass es sich in diesem Psalm um das exemplarische Leiden eines Großen unter den Frommen und speziell des Messias handelt, legt sich dem Leser nahe.[79]

Nach dem 4. Gottesknechtslied in Jes 52,13–53,12 trug der Besungene die Sünde der Vielen, indem er sein Leben für sie hingab. Aber er soll wieder aufleben und über viele herrschen. Ob mit dem Knecht der Zweite Jesaja, das Volk Israel[80] oder dem Kontext gemäß der Zion gemeint ist, wird immer noch diskutiert.[81] Die Versuche, ihn mit dem Messias zu identifizieren, sind mit Recht verstummt.[82] Aber das hinderte die typologisch denkenden Leser der hellenistisch-römischen Zeit nicht, diesen Schluss zu ziehen, wie es Lukas dem Apostel Philippus bei seinem Zusammentreffen mit dem Kämmerer aus dem Morgenland in Apg 8,29–36 in den Mund legt.[83]

5. Jesus von Nazareth, der gekommene Messias und kommende Menschensohn

Die Probleme der Leben-Jesu-Forschung können im vorliegenden Zusammenhang nicht in extenso behandelt werden.[84] Es ist jedoch darauf hinzuweisen, dass die neuere Jesusforschung wieder stärker dazu tendiert, eine Verbindung zwi-

---

78 Zur Redaktionsgeschichte des Psalms vgl. F.-L. Hossfeld, Psalmen I (NEB.AT 23/1), Würzburg 1993, 144f. Er ändert V.30b.31a allerdings ab.

79 Ein anti-apokalyptisch gesinnter Schriftgelehrter hat in den V.30b und 31a seinem Missfallen an der Aussage über die Auferstehung der Toten Ausdruck gegeben.

80 Vgl. dazu H. H. Rowley, The Servant of the Lord in the Light of three Decades of Criticism, in: ders., The Servant of the Lord and other Essays on the Old Testament, Oxford ²1965, 1–60 und H. Haag, Der Gottesknecht bei Deuterojesaja (EdF 233), Darmstadt 1985.

81 Vgl. Berges, Jesaja (s. Anm. 46), 403–411; B.M. Zapff, Jesaja Kapitel 40–55 (NEB.AT 36), Würzburg 2001, 322–324.

82 Vgl. dazu den kritischen Bericht von H.H. Rowley, The Suffering Servant and the Davidic Messiah (1950), in: ders., Servant (s. Anm. 80), 63–93.

83 In VV.6f. wird Jes 53,7 f.* (G) zitiert; dazu merkt E. Haenchen, Die Apostelgeschichte (KEK 3), Göttingen 1956, 269 an: „Was diese Stelle christologisch bedeutet, sagt Lukas nicht. Er wird in der ταπείνωσις den Tod, in der ‚Aufhebung des Gerichts‘ die Auferstehung gefunden haben." Zu den Zitaten aus dem 4. Gottesknechtslied im NT vgl. die Nachweise in E. Nestle/K. A. Aland, Novum Testamentum Graece, hg. v. Institut für Neutestamentliche Textforschung Münster/Westfalen, Stuttgart ²⁸2012, 860.

84 Vgl. dazu immer noch grundlegend A. Schweitzer, Geschichte der Leben-Jesu-Forschung, Tübingen ⁶1951, zur Debatte J. Schröter/R. Brucker (Hg.), Der historische Jesus. Tendenzen und Per-

schen dem Wirken Jesu und der Entstehung der nachösterlichen Christologie zu sehen, als dies in früheren Forschungsphasen der Fall war.[85] Dabei geht es nicht so sehr um die Frage, ob Jesus für sich selbst Hoheitsbezeichnungen in Anspruch genommen hat – was sich wohl nur für den Ausdruck „Menschensohn" wahrscheinlich machen lässt. Wichtiger ist jedoch, dass er mit dem Anspruch aufgetreten ist, sein Wirken bedeute den Anbruch der Herrschaft Gottes. Dieses Selbstverständnis, der entscheidende und letztgültige Repräsentant Gottes zu sein, dürfte für die Entstehung des Christusglaubens wichtige Impulse vermittelt haben. Im Folgenden konzentrieren wir uns zunächst auf die Darstellung der messianischen Titel Jesu und der seine einmalige Bedeutung begründenden Botschaft von seiner Auferstehung. Anschließend sollen wie bei den alttestamentlichen Weissagungen sein königliches Amt als Sohn Gottes, sein lehrendes und zugleich prophetisches als Verkünder des nahenden Gottesreiches und des Jüngsten Gerichts sowie seine Bedeutung als Stifter des Abendmahls als der sakramentalen Deutung seines stellvertretenden Leides für die Sünden der Welt vorgestellt werden.

---

spektiven gegenwärtiger Forschung (BZNW 114), Berlin/New York 2002; U.H.J. Körtner (Hg.), Jesus im 21. Jahrhundert. Bultmanns Jesusbuch und die heutige Jesusforschung, Neukirchen-Vluyn ²2006; F. Siegert, Die vierte Suche nach dem historischen Jesus. Zur Einbeziehung des Johannesevangeliums in die Jesusforschung (ThLZ 138,5), Leipzig 2013, 525–536 sowie die Darstellungen von F. Siegert, Das Leben Jesu. Eine Biographie aufgrund der vorkanonischen Quellen (SIJD 8,2), Göttingen 2010; G. Theißen/A. Merz, Der historische Jesus. Ein Leben, Göttingen ⁴2012 mit der Kurzfassung seines Lebens, 493–496 und A. Strotmann, Der historische Jesus: Eine Einführung (UTB 3553), Paderborn 2012, 21–34. Zur Datierung des Todes Jesu im Anschluss an Joh 19,42 auf den Rüsttag des Passahfestes, Freitag den 7. April 30 oder 3. April 33, mit einer Präferenz für das Jahr 30 vgl. z. B. M. Dibelius, Jesus. 3. Aufl. mit einem Nachtrag von Werner Georg Kümmel (SG 1130), Berlin 1960, 42f., 106, Siegert, Leben Jesu, 19–22; O. Kaiser, Weihnachten im Osterlicht. Eine biblische Einführung in den christlichen Glauben, Stuttgart 2008, 39–43; Theißen/Merz, Jesus, 154 und Strotmann, Jesus, 63–65; anders z. B. J. Jeremias, Die Abendmahlsworte Jesu, Göttingen ³1960, 31–78, der das Abschiedsmahl Jesu mit den Synoptikern als Passahmahl deutet, so auch M. Hengel/A.M. Schwemer, Jesus und das Judentum (Geschichte des frühen Christentums 1), Tübingen 2007, 582–584, die (582, Anm. 53) auf eine beachtliche Phalanx von Vertretern dieser Hypothese verweisen können, zu der z. B. auch R. Pesch, Das Markusevangelium II (HThK 2/2), Freiburg/Basel/Wien 1984, 323–328: 326 gehört.

85 Vgl. dazu etwa J. D. G. Dunn, Jesus Remembered (Christianity in the Making 1), Grand Rapids 2003; J. Schröter, Jesus von Nazaret. Jude aus Galiläa – Retter der Welt, Leipzig ⁴2012.

5.1 Jesu messianische Würdetitel. Die neutestamentliche Botschaft vom Herrn Jesus Christus in seiner Auslegung durch den Apostel Paulus und das Johannesevangelium

Die neutestamentliche Botschaft von Jesus Christus als dem aus der Welt Gottes gekommenen, Mensch gewordenen, gekreuzigten und zu Gott zurückkehrenden Erlöser, als dem Κύριος Ιησοῦς Χριστός, dem Herrn Jesus Christus,[86] hat in dem vom Apostel Paulus in Phil 2,6–11[87] (vgl. 1 Kor 8,6 und 2 Kor 4,4) zitierten und in Kol 1,15–20[88] und Hebr 1,5–14[89] fortgebildeten Hymnen ihren gültigen Ausdruck gefunden. Nach ihm war Christus der himmlische Gottessohn, der freiwillig Mensch geworden und dank seines Gehorsams bis zum Tode am Kreuz wiederum erhöht worden ist (vgl. Gal 2,20; Röm 8,31 f.38 f.).[90] Dabei ist aus der funktionellen Bezeichnung des Gesalbten (*māšîªh*/χριστός) Gottes ein Hoheitstitel geworden,[91] hinter dem die Vorstellung von seiner Eigenschaft als Sohn des

---

86 Vgl. dazu R. Bultmann, Theologie des NT (UTB 630), Tübingen [7]1977 (ND), 132–135; F. Hahn, Christologische Hoheitstitel. Ihre Geschichte im frühen Christentum (FRLANT 83), Göttingen [4]1974 (ND), 122–125; R. Schnackenburg, Die Person Jesu Christi im Spiegel der vier Evangelien (HThK.S 4), Freiburg/Basel/Wien [2]1994, 78 f.; J. A. Fitzmyer, Art. κύριος (EWNT[2] II), 816–820 und Kaiser, Weihnachten (s. Anm. 84), 142–145. Diesem Titel vorgeordnet und vorgegeben war die biblische Bezeichnung Gottes als dem Herrn ('*adonay*), nach der auch das Tetragramm YHWH auszusprechen war (Ex 20,7 par Dtn 5,11); vgl. dazu umfassend Rösel, Adonaj (s. Anm. 33).

87 Vgl. dazu F. Hahn, Bekenntnisformeln im Neuen Testament (1980), in: ders., Studien zum Neuen Testament II: Bekenntnisbildung und Theologie in urchristlicher Zeit (WUNT 192), Tübingen 2006, 45–60: 56–58 und ausführlich O. Hofius, Der Christushymnus Philipper 2,6–11 (WUNT 17), Tübingen [2]1991, 76–102.

88 Vgl. dazu E. Lohse, Die Briefe an die Kolosser und an Philemon (KEK 9/2), Göttingen 1968, bes. 77–103 und H. Hübner, An Philemon. An die Kolosser. An die Epheser (HNT 12), Tübingen 1997, 54–63.

89 Vgl. dazu z. B. O. Michel, Der Brief an die Hebräer (KEK 13), Göttingen [8]1949, 34–61: 54 bzw. knapper A. Strobel, Der Brief an die Hebräer: in: J. Jeremias/P. Althaus, Die Briefe an Timotheus und Titus (NTD 9), Göttingen [11]1975, 79–268: 90–95 und E. Grässer, An die Hebräer. Hebr 1–6 (EKK 17/1), Zürich/Braunschweig/Neukirchen-Vluyn 1990, 69–98.

90 Vgl. dazu Bultmann, Theologie (s. Anm. 86), 130–132 und umfassend Hofius, Christushymnus (s. Anm. 87), der freilich den religionsgeschichtlichen Hintergrund der Aussage über die Präexistenz in V.6 nicht ausleuchtet. Vgl. dazu M. Hengel, Der Sohn Gottes (1975), in: C.-J. Thornton, Studien zur Christologie IV (WUNT 201), Tübingen 2006, 74–145: 110–117, wo er auf die Vorstellung von der präexistenten Weisheit in der jüdisch-hellenistischen Weisheitsüberlieferung und auf die Logoslehre Philos hinweist, an die als Hintergrund für den Christushymnus in Kol 1,15–20 schon Lohse, Kolosser/Philemon (s. Anm. 88), 66–103: 85–95 erinnert hatte.

91 F. Hahn, Art. Χριστός (EWNT[2] 3), 1147–1165: 1153–1164.

lebendigen Gottes (Mt 16,16; Hebr 1,2b–14)[92] bzw. eingeborener Sohn Gottes (Joh 1,14; vgl. auch 1,18) steht. So verstand sich Paulus nach dem Proömium des Römerbriefes als der Apostel des Evangeliums Gottes von Jesus Christus, der nach dem Fleisch von David abstammt und nach dem Geist durch seine Auferstehung von den Toten als Sohn Gottes eingesetzt wurde und damit „unser Herr" ist (Röm 1,1–7).[93] Die Botschaft des Apostels lässt sich nach demselben Brief dahingehend zusammenfassen, dass der Christ am Sieg Jesu Christi über Sünde und Tod durch seinen Glauben (πίστις) an das ihn verkündende Wort als Akt des Gehorsams (ὑπακοή) Anteil bekommt (Röm 1,5; 16,25; 6,16).[94] Dabei wird er durch die Hoffnung (ἐλπίς) (Röm 8,23–25; vgl. 4,18) von der Knechtschaft der Vergänglichkeit (Röm 8,21) bzw. der Traurigkeit des Todes (2 Kor 7,10) befreit.[95] Seine Freiheit darf allerdings nicht mit schrankenloser Beliebigkeit verwechselt werden (1 Kor 6,12; Gal 5,13), sondern ist als Leben aus dem ihm geschenkten Geist (2 Kor 3,17) ein freiwilliger Dienst Gottes (Röm 14,7–9) in der Liebe gegen den Nächsten (Röm 13,8–10) und damit zugleich die Erfahrung des Vorscheins des künftigen Gottesreiches (Röm 14,17).[96] Der Satz, dass Christus das Ende des Gesetzes ist (Röm 10,4), verweist die Christen nicht auf die Gesetzlosigkeit, sondern auf den Gehorsam des Glaubens und untersagt ihnen das sich auf eigene Leistungen berufende Geltungsbedürfnis.[97] Angesichts der bis zum nahenden Ende der Welt verbleibenden be-

---

92 Vgl. dazu F. Hahn, Art. υἱός 3. (EWNT² 3), 916–924 und umfassend Hengel, Sohn Gottes (s. Anm. 90).

93 Vgl. dazu z. B. E. Käsemann, An die Römer (HNT 8a), Tübingen ³1974, 1–14; O. Michel, Der Brief an die Römer (KEK 4), Göttingen ⁵1978, 63–78: 70–72; J.D.G. Dunn, Romans 1–8 (WBC 38A), Nashville 1988, 11–16; P. Stuhlmacher, Der Brief an die Römer (NTD 6), Göttingen 1989, 20–22 und E. Lohse, Der Brief an die Römer (KEK 4), Göttingen 2003, 57–70; zum Verhältnis des Apostels Paulus zu Jesus vgl. J. Becker, Paulus, der Apostel der Völker (UTB 2014), Tübingen 1989, 119–131.

94 Vgl. dazu z. B. Bultmann, Theologie (s. Anm. 86), 315–353; W. Schrage, Ethik des Neuen Testaments (GNT 4), Göttingen ²1989, 169–248; Stuhlmacher, Römer (s. Anm. 93), 24–27; Becker, Paulus (s. Anm. 93), 395–478 und E. Lohse, Grundriss der neutestamentlichen Theologie (ThW 5/1), Stuttgart ⁵1998, 79–96.

95 Vgl. dazu z. B. R. Bultmann, Der zweite Brief an die Korinther (KEK.S 2), Göttingen 1976, 59f. und F. Lang, Die Briefe an die Korinther (NTD 7), Göttingen 1986, 314.

96 Vgl. dazu Bultmann, Theologie (s. Anm. 86), 332–346; P. Stuhlmacher, Gerechtigkeit Gottes bei Paulus (FRLANT 87), Göttingen ²1966; ders., Römer (s. Anm. 93), 112–117; Schrage, Ethik (s. Anm. 94), 200–204; Becker, Paulus (s. Anm. 93), 458–486 bzw. knapp Lohse, Grundriss (s. Anm. 94), 109–111.

97 Vgl. dazu R. Bultmann, Christus ist des Gesetzes Ende (1940), in: ders., Glauben und Verstehen II, Tübingen 1952 (ND), 32–58: 38 f.; zur Diskussion, ob das Wort τέλος in V.4 mit „Ziel" oder mit „Ende" zu übersetzen ist, E. Lohse, Der Brief an die Römer (KEK 4), Göttingen 2003, 291–293 sowie umfassend zur Sache F. Hahn, Das Gesetzesverständnis im Römer- und Galaterbrief (1976), in:

grenzten Zeit soll sein Haben und Sein unter dem Vorzeichen des ὡς μή, des „als ob nicht" stehen (vgl. 1 Kor 7,29–31 mit 1 Kor 3,21–23).[98] Dabei verfügt der Christ über seinen Glauben nicht als einen Besitz, sondern muss um ihn beten (1 Thess 5,1) und dafür offen bleiben, ihn immer neu zu empfangen (Phil 3,12–14).[99]

Der Prolog des Johannesevangeliums proklamiert Jesu Bedeutung als Mittler zwischen Gott und Welt wie zwischen Gott und den Menschen, indem er ihn als den fleischgewordenen Logos, als die formierende Kraft der Welt, deutet (vgl. Joh 1,1–18 mit 10,30 und 1 Joh 1,1–4).[100] Als das „Lamm Gottes" trägt er die Sünde der Welt (Joh 1,35), so dass „alle, die an ihn glauben, nicht verloren werden, sondern das ewige Leben haben" (Joh 3,16). Doch erst zu dem Auferstandenen bekennt sich Thomas als zu seinem Herren und Gott (Joh 20,28).[101] Damit waren der Alten Kirche die Stichworte für die christologische Diskussion und die Bildung des trinitarischen Bekenntnisses vorgegeben.[102]

---

ders., Studien zum Neuen Testament II: Bekenntnisbildung und Theologie in urchristlicher Zeit (WUNT 192), Tübingen 2006, 187–221: 315–321; J.D.G. Dunn (Hg.), Paul and the Mosaic Law. The Third Durham-Tübingen Research Symposium on Earliest Christianity and Judaism (Durham, September 1994) (WUNT 89), Tübingen 1996, passim; und zum dialektischen Verhalten des Apostels gegenüber dem Alten Testament Schrage, Ethik (s. Anm. 94), 212–214.

98 Vgl. dazu Bultmann, Theologie (s. Anm. 86), 352 f. und Schrage, Ethik (s. Anm. 94), 208–209.

99 Bultmann, Theologie (s. Anm. 86), 323 und zur Spannung zwischen Indikativ und Imperativ im Leben des Christen Lohse, Grundriss (s. Anm. 94), 98 f. und Schrage, Ethik (s. Anm. 94), 170–175.

100 Vgl. dazu F. Siegert, Der Logos, ,älterer Sohn' des Schöpfers und ,zweiter Gott'. Philons Logos und der Johannesprolog, in: J. Frey/U. Schnelle (Hg.), Kontexte des Johannesevangeliums. Das vierte Evangelium in religions- und traditionsgeschichtlicher Perspektive (WUNT 175), Tübingen 2004, 277–293; H.W. Attridge, Philo and John: Two Rises on One Logos, in: ders., Essays on John and Hebrews (WUNT 264), Tübingen 2010, 46–59: 58 f.; zum Logos im Johannesprolog auch D. Boyarin, Abgrenzungen. Die Aufspaltung des Judäo-Christentums. Aus dem Amerikanischen von Gesine Palmer (ANTZ 10), Berlin/Dortmund 2009, 130–164 und zur Diskussion über den Ursprung der Gnosis J. Lahe, Gnosis und Judentum. Alttestamentliche und jüdische Motive in der gnostischen Literatur und das Ursprungsproblem der Gnosis (Diss. Theol. Univ.Tartuensis 15), Tartu/Leiden 2012, 365–367.

101 Vgl. dazu H. Ritt (EWNT II), 886b-887 und Siegert, Evangelium (s. Anm. 1), 719–721.

102 Zur christologischen Diskussion in der Alten Kirche bis zum Bekenntnis von Chalcedon 451 n. Chr. vgl. A. von Harnack, Lehrbuch der Dogmengeschichte I: Die Entstehung des kirchlichen Dogmas, Freiburg/Tübingen ⁴1909; A. Grillmeier, Jesus Christus im Glauben der Kirche I–II/1, Freiburg/Basel/Wien 1979–1986; H. Chadwick, The Church in Ancient Society. From Galilee to Gregory the Great (OHCC 1), Oxford 2001 (ND), passim und speziell zum arianischen Streit und nizäischen Bekenntnis D.M. Gwynn, Athanasius of Alexandria. Bishop, Theologian, Ascetic, Father (Christian Theology in Context), Oxford 2012, 55–93.

5.2 Jesus als Sohn Davids[103]

Nach der synoptischen Tradition wurde Jesus nur von dem Blinden Bartimaeus bzw. zwei Blinden bei Jericho als Sohn Davids angerufen (Mk 10,47 par Lk 18,38 f.; Mt 20,30;[104] vgl. auch Mt 9,27; ferner 15,22) und bei seinem Einzug in Jerusalem als solcher von den Pilgern begrüßt (Mt 21,9; vgl. aber Mk 11,10 und Lk 19.38).[105] Dass Jesus für Paulus und seine Nachfolger als Nachkomme Davids galt, belegen Röm 1,3; vgl. 15,8–12 (vgl. auch 2 Tim 2,8; Apg 5,5 und 22,16). Den Nachweis suchen mit einem rückwärts laufenden Stammbaum Lk 3,23–38 und mit einem vorlaufenden Mt 1,1–17 zu führen.[106] Der Sachverhalt wird in der lukanischen Vor- und Geburtsgeschichte (Lk 1,5–2,38) vorausgesetzt,[107] und Jesu Geburt entsprechend aus Nazareth nach Bethlehem in die Stadt Davids verlegt (Lk 2,4.11).[108] Dass die davidische Abstammung Jesu im Urchristentum trotzdem nicht unbestritten war, geht aus Mk 12,35–37 par Lk 20,41–44; Mt 22,41–45[109] und Joh 7,40–44 hervor.[110] Andererseits galten die Nachkommen seines Bruders Judas noch im frühen 2. Jh. als Davididen.[111]

103 Vgl. dazu z. B. F. Hahn, Artikel υἱός 6. (EWMT² III), 935–937; Schnackenburg, Person Jesu (s. Anm. 86), 78 f.; Hengel/Schwemer, Jesus und das Judentum (s. Anm. 84), 291–294 und Theißen/Merz, Jesus (s. Anm. 84), 183f.

104 Vgl. dazu Karrer, Gesalbte (s. Anm. 7), 279–281.

105 Vgl. Karrer, Gesalbte (s. Anm. 7), 279–281.

106 Vgl. dazu H. Klein, Das Lukasevangelium (KEK 1/3), Göttingen 2006, 172–174.

107 Vgl. dazu umfassend K. Bornhäuser, Die Geburts- und Kindheitsgeschichte Jesu. Versuch einer zeitgenössischen Auslegung von Matthäus 1 und 2 und Lukas 1–3 (BFChTh 2/23), Gütersloh 1930 und z. B. H. Gese, Natus ex Virgine, in: ders., Vom Sinai zum Zion (BevTh 64), München 1974, 130–146.

108 Zur Herkunft Jesu aus Nazareth vgl. z. B. Hengel/Schwemer, Jesus und das Judentum (s. Anm. 84), 280–283.

109 Vgl. dazu D. Lührmann, Markusevangelium (HNT 3), Tübingen 1987, 208 f., J. Becker, Jesus von Nazareth, Berlin/New York 1996, 247 f. und Hengel/Schwemer, Jesus und das Judentum (s. Anm. 84), 293.

110 Vgl. dazu z. B. U. Wilkens, Das Evangelium nach Johannes (NTD 4), Göttingen 2000, 136f. und zuletzt Siegert, Evangelium (s. Anm. 1), 702–704, der anmerkt (704), dass in ihm aus der Woher-Frage eine Wozu-Frage geworden ist, die in Joh 9,39; 12,46; 18,37 beantwortet wird, vgl. auch die unbeantwortete Woher-Frage in Joh 19,8. Eine ausdrückliche Bestreitung der Davidsohnschaft Jesu findet sich erst in dem kurz nach 130 entstandenen Barnabasbrief 12,10 f. unter Berufung auf Ps 110 (G 109). Zur Eigenart und Datierung des Briefes vgl. Vielhauer, Geschichte (s. Anm. 1), 599–612.

111 Vgl. Eus., Hist. eccl. III.XX.1–7 und dazu E. Bammel, Jesu Nachfolger. Nachfolgeüberlieferungen in der Zeit des frühen Christentums (StDel 3), Heidelberg 1988, 40 f.

5.3 Jesus von Nazareth, der Sohn Gottes, im Markusevangelium

Schon die Überschrift Mk 1,1 *„Anfang des Evangeliums von Jesus Christus, dem Sohn Gottes"* weist darauf hin, dass seine Bezeichnung als Gesalbter oder Messias für den Verfasser des Markusevangeliums zum Eigennamen Jesu geworden war. Als der Sohn Gottes war er sein irdischer Stellvertreter und der eschatologische König des Himmels.[112] Christen aber sind die, die ihm angehören (vgl. Apg 11,26 mit Mk 9,41).[113] Jesu Adoption als Sohn Gottes in Mk 1,11: *„Du bist mein geliebter Sohn, an dem ich Wohlgefallen habe!"*[114] bildet zusammen mit der Akklamation des Centurio unter dem Kreuz in 15,39: *„Wahrlich dieser Mensch ist der Sohn Gottes gewesen!"* eine christologische Inclusio, in deren Mitte die Himmelsstimme auf dem Berg der Verklärung Mk 9,7 als seine Präsentation steht: *„Dieser ist mein geliebter Sohn, hört auf ihn!"*[115] Was bislang nur Jesus wusste und die von ihm zum Schweigen verurteilten Dämonen (Mk 3,11; vgl. auch 5,7), ist seit Ostern auch den Zwölfen bekannt, von denen sich Petrus bereits in Caesarea Philippi zu ihm als dem Gesalbten (Christos/Messias) bekannt hatte (Mk 8,29). Aber dieses Wissen sollten selbst die Jünger nicht öffentlich bekannt machen, bis er von den Toten auferstanden sei (Mk 9,9; vgl. 3,12). Das Messiasgeheimnis sollte nach Jesu Willen gewahrt bleiben,[116] bis er selbst die Frage des Hohepriesters, ob er der Gesalbte, der Sohn des Hochgelobten sei, mit einem *„Ich bin es, und ihr werdet den Sohn des Menschen zur Rechten der Kraft sitzen sehen und mit den Wolken des Himmels kommen"*, beantwortet hatte (Mk 14,61–62).[117] Der königliche Einzug Jesu in Jerusalem (Mk 11,1–

---

112 Vielhauer, Geschichte (s. Anm. 1), 56, bezweifelt hellenistische Einflüsse auf das Verständnis der Bezeichnung Jesu als Sohn Gottes, während Hahn, υἱός (s. Anm. 103), 916 f. Ansätze zu einem ontologischen vermutet; zur Sache vgl. auch Ratzinger, Jesus I (s. Anm. 5) 386–396.

113 Zur Selbstbezeichnung der Christen und dem Aufkommen ihres Namens als „Christianer" in Antiochien vgl. K. Müller/H. von Campenhausen, Kirchengeschichte I/1, Tübingen ³1941, 132 f.

114 Dabei könnte sich die Abhängigkeit in Mk 1,11 *par* statt auf Ps 2,7 und Jes 42,1 (G) allein auf Jes 42,1 beschränken, J. Jeremias, Neutestamentliche Theologie I: Die Verkündigung Jesus, Gütersloh ²1973, 60 f., vgl. aber auch Lührmann, Markusevangelium (s. Anm. 109), 38, der an die Vermittlung der Vorstellung durch Sap 2,13–18 denkt.

115 Vielhauer, Geschichte (s. Anm. 1), 344 f.

116 Zur Diskussion des Messiasgeheimnisses vgl. Vielhauer, Geschichte (s. Anm. 1), 342 f. und ausführlich Hengel/Schwemer, Jesus und das Judentum (s. Anm. 84), 506–525.

117 Zum Verlauf des Prozesses vgl. z. B. R. Pesch, Das Markusevangelium II (HThK 2/2), Freiburg/Basel/Wien 1977, 404–424; A. M. Schwemer, Die Passion nach Markus und der Vorwurf des Antijudaismus, in: Hengel/dies., Der messianische Anspruch Jesu und die Anfänge der Christologie (WUNT 138), Tübingen 2001, 133–163: 144–161; ders./Schwemer, Jesus und das Judentum (s. Anm.

10; vgl. Sach 9,9) könnte den Hohepriester zusätzlich zu seiner Anklage bei dem römischen Prokurator Pontius Pilatus wegen messianischer Umtriebe motiviert haben.[118] Sie sollte die Verurteilung Jesu zur Folge haben, nachdem er die Frage des Pilatus, ob er der König der Juden sei, lakonisch mit einem „Du sagst es!" beantwortet hatte (Mk 15,2).[119] Zum literarischen Verständnis der Leidensgeschichte Jesu, vom Verrat des Judas bis hin zu den letzten Worten Jesu am Kreuz,[120] gehört die Einsicht, dass sie in ihren Einzelzügen durch alttestamentliche Bezüge oder Zitate motiviert (vgl. z. B. Mk 15,34 par Mt 27,46 mit Ps 22,3; Lk 23,46 mit Ps 31,6) und dadurch als Handeln Gottes gedeutet wird.[121] Die entscheidende Deutung seines Leidens erfolgt freilich nicht in dem Bericht von seiner Kreuzigung, sondern in den Einsetzungsworten des Abendmahls in Mk 14,22–24.

Der ursprüngliche Schluss des Markusevangeliums, der von den Erscheinungen des Auferstandenen in Galiläa berichtete (vgl. Mk 14,28 mit 16,7), ist aus unbekannten Gründen durch 16,9–20 ersetzt. Vermutlich steht er im Hintergrund der Erzählung über die Erscheinung des Auferstandenen bei dem Fischfang der Jünger am See Genezareth (Joh 21,4–13), den Lukas in 5,4–11 als Berufungsgeschichte des Petrus verarbeitet hat.[122]

---

84), 587–611 und z. B. J. Ratzinger (Benedikt XVI), Jesus von Nazareth II: Vom Einzug in Jerusalem bis zur Auferstehung, Freiburg/Basel/Wien 2011, 189–224; Theißen/Merz, Jesus (s. Anm. 84), 399–410; Schröter, Jesus (s. Anm. 85), 274–285 und zu den Parallelen bei Lk und Mt auch Kaiser, Weihnachten (s. Anm. 84), 107–113 mit der Synopse 109.

118 Nach Joh 7,2 und 12,12–15 dürfte es sich ursprünglich um den Einzug zum Laubhüttenfest gehandelt haben, vgl. Siegert, Leben Jesu (s. Anm. 84), 109–112 und zu Mk 11,8–10 Lührmann, Markusevangelium (s. Anm. 109), 188f.

119 Zum Prozessverlauf vgl. Strotmann, Jesus (s. Anm. 84), 162–175: 174f. und zum Verfahren vor Pilatus nach Joh 18,33–38 unten Anm. 212.

120 Vgl. dazu Dibelius, Jesus (s. Anm. 84), 109–115; G. Bornkamm. Jesus von Nazareth (UB 19), Stuttgart 1956, 141–154; Ratzinger, Jesus II (s. Anm. 117), 165–264 und Kaiser, Weihnachten (s. Anm. 84), 85–126.

121 Vgl. dazu M. Dibelius, Die Formgeschichte des Evangeliums, Tübingen ²1933, 187–189 und Gese, Psalm 22 (s. Anm. 77), 193–196.

122 Vgl. dazu noch immer H. Grass, Ostergeschehen und Osterberichte, Göttingen 1956 (ND), 16–19 und weiterhin z. B. R. Bultmann, Das Evangelium des Johannes (KEK II²¹), Göttingen 1968, 545 und Klein, Das Lukasevangelium (s. Anm. 106), 206, aber jetzt auch Siegert, Leben Jesu (s. Anm. 84), 91, der an ihrem Charakter als Berufungsgeschichte festhält.

5.4 Jesus der Sohn seines himmlischen Vaters und Heiland

Während im Alten Testament von Gott als dem Vater des Königs bzw. Israels nur selten die Rede ist,[123] war die Anrede Jesu im Gebet an Gott als Abba/πατήρ/Vater (Lk 11,2 par Mt 6,9; Mt 11,25; Mk 14,36) für ihn ebenso selbstverständlich wie seine Rede von Gott als „dem", „meinem" oder „eurem Vater".[124] Dank seines besonderen Verhältnisses als der Sohn des himmlischen Vaters war und ist er der berufene Mittler aller Mühseligen und Beladenen (Mt 11,25–30). Da der Glaube an den Sohn den an den Vater einschließt, wird Gott durch ihn zum Vater der Glaubenden (Joh 3,35 f.).[125] Daher rufen die Christen aller Zeiten im Herrengebet Gott bis heute als „unseren Vater im Himmel" an und legen damit ihr Leben vertrauensvoll in Gottes Hand (Mt 6,9–13 vgl. Lk 11,2–4).[126]

In Anknüpfung an den hellenistischen und römischen Herrscherkult[127] konnte schon Paulus von Jesu Christus als dem vom Himmel gekommenen σωτήρ, dem Retter bzw. Heiland sprechen (Phil 3,20).[128] In der Weihnachtsgeschichte verkündet der Engel des Herrn den Hirten auf dem Felde die Geburt des Heilandes und Herrn Christus in der Stadt Davids (Lk 2,11). In den Pastoralbriefen,

---

123 Vgl. 1 Sam 7,14; Ps 89,27 bzw. Jes 63,16; Jer 3,4.19; 31,9.

124 Vgl. Mk 13,32 bzw. z. B. Lk 10,21f. par Mt 11,25–27; Lk 11,2 par Mt 6,9; Lk 22,29; 24,29; Mt 7,21; 10,32 f.; 12,50; 16,17; 18,10; 20,23; 25,34; 26,29 bzw. z. B. Mk 11,25; Lk 12–32; Mt 6,32; 23,9; Lk 6,36 par Mt 5,48; Mt 11,25; Mk 14,36 und dazu J. Jeremias, Abba, in: ders., Abba. Studien zur neutestamentlichen Theologie und Zeitgeschichte, Göttingen 1966, 15–67 und Hengel/Schwemer, Jesus und das Judentum (s. Anm. 84), 542–544, sowie Chr. Zimmermann, Die Namen des Vaters. Studien zu ausgewählten neutestamentlichen Gottesbezeichnungen vor ihrem frühjüdischen und paganen Sprachhorizont (AJEC 69), Leiden/Boston 2007, 41–166.

125 Röm 1,7; 1 Kor 1,3; 2 Kor 1,2.

126 Vgl. J. Jeremias, Das Vater unser im Lichte der neueren Forschung (1962), in: ders. Abba (1966), 152–171 und weiterhin z. B. E. Lohmeyer, Das Vater-Unser, Göttingen ⁵1962; H. Schürmann, Das Gebet des Herrn als Schlüssel zum Verständnis Jesu, Freiburg ⁴1981; G. Strecker, Die Bergpredigt. Ein exegetischer Kommentar, Göttingen ²1985, 109–132; H. Klein, Das Vaterunser. Seine Geschichte und sein Verständnis bei Jesus und im frühen Christentum, in: ders./V. Mihoc/K.-W. Niebuhr, Das Gebet im Neuen Testament. Vierte europäische orthodox-westliche Exegetenkonferenz in Sâmbăta de Sus, 4.–8. August 2007 (WUNT 249), Tübingen 2009, 77–114; Ratzinger (Benedikt XVI.), Jesus I (s. Anm. 5), 161–203 und E. Lohse, Vater unser. Das Gebet der Christen, Darmstadt ²2012.

127 Vgl. dazu M.P. Nilsson, Geschichte der Griechischen Religion II: Die hellenistische und römische Zeit (HAW 5/2), München ⁴1974, 184 f., 390–393 bzw. K. Zimmermann (DNP XI), Stuttgart/Weimar 2001, 752 f.

128 Vgl. Bultmann, Theologie (s. Anm. 86), 81 f. z. St.

dem 1 Joh, 2 Petr und Judasbrief besitzt die Rede von Jesus Christus als dem σωτήρ bereits einen formelhaften Bekenntnischarakter.[129] In der Offb ist vom Heiland oder Retter nicht die Rede, dagegen wird dem auf dem Thron sitzenden Gott in 7,10 von einer unzähligen Menge aus allen Völkern und in allen Sprachen als ihrem Heil (σωτηρία)[130] und dem Lamm, d. h. dem zur Erlösung der Welt gestorbenen Christus (vgl. Offb 5,12 mit Joh 1,36) als dem gehuldigt, der als der Erste und der Letzte von Ewigkeit zu Ewigkeit lebt und die Schlüssel des Todes und der Unterwelt besitzt (Offb 1,17–19).[131] Dank der Angleichung des Lammes an Gott kommt es zu einer Einheit beider in ihrer Geschiedenheit,[132] womit wir erneut in den Vorhof der Trinitätslehre gelangt sind.

5.5 Jesus als der gegenwärtige, leidende und wiederkommende Menschensohn[133]

Die Rede vom „Menschensohn" begegnet in den synoptischen Evangelien nur im Munde Jesu.[134] Bei der Frage nach den alttestamentlichen Bezugstexten wird man den jeweiligen Zusammenhang berücksichtigen müssen, wobei Dan 7,13–17.23–27 am ehesten bei den Worten vom wiederkommenden Menschensohn eine Rolle ge-

---

129 Vgl. 1 Tim 1,1; Tit 1,3; 2,10; 3,4; 2 Petr 1,1 mit 1 Tim 4,10; 2 Tim 1,10; Tit 1,4; 2,13; 2 Petr 1,11; 2,20; 3,18; 1 Joh 4,14 und Jud 25 und dazu K.H. Schelkle (EWNT² 3), 781–784.

130 Vgl. dazu Schelkle, ebd., 784–788.

131 Zur Gotteslehre, Christologie und Soteriologie sowie zur Gleichstellung und Differenz von Gott und Christus in der Apokalypse vgl. A. Satake, Die Offenbarung des Johannes (KEK 16), Göttingen 2008, 73–101.

132 Zur Diskussion über die Abfassungszeit der Apokalypse vgl. einerseits Satake, Offenbarung (s. Anm. 131), 51–58, der mit der Mehrheit für die Zeit Domitians (81–96 n. Chr.) votiert, und andererseits Th. Witulski, Die Johannesoffenbarung und Kaiser Hadrian (FRLANT 221), Göttingen 2007, der ebenso wie Siegert, Evangelium (s. Anm. 1), 84–86 ihre Entstehung in den Blütejahren des Kaisers Hadrian vor dem Tod seines Lieblings Antinous im Jahr 130 n. Chr. datiert.

133 Vgl. dazu z. B. Bultmann, Theologie (s. Anm. 86), 30–33; Dibelius, Jesus (s. Anm. 84), 73–85; Schnackenburg, Person Jesu (s. Anm. 86), 66–75; Becker, Jesus (s. Anm. 109), 249–267 und Hengel/Schwemer, Jesus und das Judentum (s. Anm. 84), 526–541; Ratzinger, Jesus I (s. Anm. 5), 371–385; Schröter, Jesus (s. Anm. 85), 244–254; zum Menschensohn im Lukasevangelium H. Klein, Das Lukasevangelium (s. Anm. 106), 248 f. und umfassend Theißen/Merz, Jesus (s. Anm. 84), 470–489.

134 Zur Verwendung des Titels Menschensohn als Bezeichnung Jesu im Johannesevangelium vgl. Siegert, Evangelium (s. Anm. 1), 699–701: Sie dient hier als Ausdruck seiner Menschwerdung (Joh 1,14.45) und vor allem seiner Macht, sich zu offenbaren (Joh 1,51; 3,13 f.; 6,62; 8,28; 12,23; 12,34; 13,31) und seiner Vollmacht zum Gericht (Joh 5,27; 6,27; 9,35).

spielt haben könnte,[135] sofern keine in den Bilderreden 1 (äth) Hen 37–69 verarbeitete Tradition im Hintergrund steht.[136] Sachlich lassen sich die Worte 1. vom gegenwärtigen,[137] 2. dem leidenden, sterbenden und auferstehenden[138] und 3. vom (wieder-)kommenden Menschensohn[139] unterscheiden.[140] Durch diesen dreifachen Sprachgebrauch wird die Autorität des Wirkens Jesu mit seinem bevorstehenden Leiden und seiner Wiederkunft in Herrlichkeit verbunden und damit die Identität des irdischen Jesu mit dem auferweckten und wiederkommenden festgehalten, so dass der Leser der Evangelien in seine konkrete Situation zwischen dem auferstandenen und dem wiederkommenden Herrn eingewiesen wird.[141]

Diesem Dreischritt entspricht der Aufbau des Markusevangeliums, das von 1,1–8,26 über Jesu Wirken in Galiläa mit einem Abstecher nach Tyros und Sidon (7,24–37) berichtet,[142] in dem Bekenntnis des Petrus in Caesarea Philippi seinen Scheitelpunkt besitzt (8,27–30)[143] und dann in seinem dritten und letzten Teil von

---

135 Zum Problem von Dan 7 vgl. K. Koch/Mitarb. T. Niewisch u. J. Tubach, Das Buch Daniel (EdF 144), Darmstadt 1980, 216–234; J. Coppens, La Relève apocalyptique du messianisme royal I. Le Fils d'Homme vétéro- et intertestamentaire (EThL 61), Leuven 1983, 101–112; J.E. Goldingay, Daniel (WBC 30), Dallas/TX 1989, 137–193: 190 f. bzw. E. Haag, Daniel (NEB.AT 34), Würzburg 1993, 55–62: 59–61, zum Einfluss von Dan 7,13 auf Mk 8,38; 13,26 und 14,62 vgl. M. Casey, The Solution of the ‚Son of Man' Problem, London/New York 2009, 193.

136 Vgl. z. B. W.G. Kümmel, Jesus, der Menschensohn? (SbWGF 20/3), Stuttgart 1984, 161–164 und ausführlich Casey, Solution (s. Anm. 135), 82–116.

137 Vgl. Mk 2,10 par Lk 5,24; Mt 9,6; Mk 2,28 par Lk 6,5; Mt 12,8; Lk 7,34 par Mt 11,19; Lk 9,57 f. par Mt 8,19 f.; Lk 22,48 par Mt 26,49.

138 Vgl. Mk 8,31 par Lk 9,22; Mt 16,21; Mk 9,12; Mk 9,30–32 par Lk 9,22; Mt 17,22–23 und Mk 10,33–34 par Lk 18,31–34; Mt 20,18 f.; Mk 10,45; vgl. auch Lk 22,48 par 26,49; sowie Mk 14,21.

139 Vgl. Mk 8,38 par Lk 12,8–9; Mt 10,32–33; Mk 13,26 par Lk 17,24; Mt 24,30 und schließlich Mk 14,61 f.. par Mt 26,63f.; vgl. Lk 22,67–70.

140 Als auf Jesus selbst zurückgehend beurteilt Casey, Solution (s. Anm. 135), 116–142, Mk 2,28; 9,12; 10,45; 14,21; Lk 7,34 und Lk 12,10.

141 Lührmann, Markusevangelium (s. Anm. 109), 149, vgl. auch Dibelius, Jesus (s. Anm. 84), 73–85: 85; Jeremias, Theologie I (s. Anm. 114), 245–263: 259–263; Schnackenburg, Person Jesu (s. Anm. 83), 66–75; A. Vögtle, Art. Menschensohn (NBL II), Zürich/Düsseldorf 1995, 766–772; M. Hengel, Jesus der Messias Israels, in: ders./Schwemer (WUNT 138), 1–80: 63–68; ders., Jesus als messianischer Lehrer der Weisheit und die Anfänge der Christologie (ebd.), 81–131: 116f. und Ratzinger, Jesus I (s. Anm. 5), 367–385.

142 Vgl. dazu Hengel/Schwemer, Jesus und das Judentum (s. Anm. 84), 346–351.

143 Vgl. dazu Hengel/Schwemer, Jesus und das Judentum, (s. Anm. 84), 354. Zu Jesu bei Markus nicht erwähntem Zug durch Samaria vgl. Lk 9,52; 17,11; Apg 8,5 und Joh 4,5–42, vgl. aber Mt 10,5 und dazu Hengel/Schwemer, Jesus und das Judentum (s. Anm. 84), 355–357.

Jesu Zug nach Jerusalem (Mk 10), seinem lehrenden Wirken in der Stadt (Mk 11–13), seinem Leiden und Sterben und seiner Beisetzung (Mk 14,1–15,47) und der Botschaft des Engels an die Frauen am Grabe handelt (Mk 16,1–8).[144] Dabei zeichnet sich schon im 1. Teil die Freiheit Jesu im Umgang mit der Tora ab,[145] die durch Paulus zu der aller Christen vom Gesetz erklärt wurde[146] und in der Folge zur Trennung von Judentum und Christentum führte.[147] Dem Aufriss des Markusevangeliums folgen grundsätzlich auch das Lukas- und das Matthäusevangelium, die jedoch beide in den c. 1–2 eine Vorgeschichte[148] und vor allem die Bergpredigt (Mt 5,1–7,29)[149] bzw. die Feldrede (Lk 6,20–49)[150] und ein teils gemeinsames, teils spezielles Sondergut in Form von Gleichnissen und Lehrreden in ihre Erzählung eingearbeitet haben.[151]

5.6 Die Gegner Jesu und seine Bezeichnung als Rabbi

Bei der Benennung der Gegner Jesu ergeben sich signifikante Unterschiede in den vier Evangelien: Während bei Mk die Hohepriester und d. h. die amtierenden Oberpriester und die vornehmsten Priester an erster Stelle stehen, sind es bei Lk und Mt die Pharisäer mit 27 bzw. 29 Belegen. Während die Schriftgelehrten und

---

144 Zu Mt 5,17f. vgl. Bultmann, Theologie (s. Anm. 86), 57 f. und Schrage, Ethik (s. Anm. 94), 148f.

145 Vgl. dazu Schrage, Ethik (s. Anm. 93), 66–72, 126–130.

146 Zur paulinischen Predigt der Freiheit vom Gesetz und seiner Erfüllung in der Nächstenliebe vgl. z. B. Röm 10,4 und Gal 2,4 mit Röm 13,8–10; Gal 6,2 und dazu Bultmann, Theologie (s. Anm. 86), 341–346 und Becker, Paulus (s. Anm. 93), 409–423. Dem Aufriss des Markusevangeliums folgen grundsätzlich auch das Lukas- und das Matthäusevangelium, die beide in den c. 1–2 eine Vorgeschichte an den Anfang stellen. Zur lukanischen Vor- und Kindheitsgeschichte Jesu in 1,5–2,52 vgl. z. B. W. Wiefel, Das Evangelium nach Lukas (ThHKNT 3), Berlin 1987, 42–45, zur Intention von Mt 1,1–2,23 E. Schweitzer, Das Evangelium des Matthäus (NTD 2), Göttingen 1986, 6 und 227–447.

147 Vgl. dazu z. B. J.D.G. Dunn, Jews and Christians. The Parting of the Ways A.D. 70 to 135. the Second Durham-Tübingen Research Symposium on Earliest Christianity and Judaism (Durham, September 1989), Grand Rapids 1992 und Boyarin, Abgrenzungen (s. Anm. 100), 46–107.

148 Zur lukanischen Vor- und Kindheitsgeschichte Jesu in 1,5–2,52 vgl. z. B. Wiefel, Lukas (s. Anm. 146), 42–45, zur Intention von Mt 1,1–2,23 vgl. Schweitzer, Matthäus (s. Anm. 146), 6 und 22.

149 Vgl. zu ihr z. B. Strecker, Bergpredigt (s. Anm. 126); Schrage, Ethik (s. Anm. 94), 148–156; Ratzinger, Jesus I (s. Anm. 5), 93–160.

150 Vgl. zu ihr z. B. M. Wolter, Das Lukasevangelium (HNT 5), Tübingen 2008, 240–266, 612–641.

151 Zum sog. Reisebericht des Lukas, bei dem es sich in Wahrheit um den Lk 9,51–19,10 umspannenden 3. Teil als Bericht von Jesu Lehre auf dem Weg nach Jerusalem als Urbild des Weges des Christen handelt, vgl. Klein, Das Lukasevangelium (s. Anm. 106), 359 f.

d. h. die autorisierten Gesetzeslehrer[152] bei Mk 21mal erwähnt werden,[153] werden sie bei Lk 14 und bei Mt 22mal genannt.[154] Dabei will beachtet sein, dass Jesus nach seiner Anrede als Rabbi selbst als autorisierter Ausleger der Schrift galt und mithin selbst Schriftgelehrter war (Mk 9,5; 10,51; 11,21 und 14,45 par Mt 26,49 sowie Mt 26,25; vgl. auch Joh 1,38.49; 3,2; 4,31; 6,25; 9,2 und schließlich 11,8).[155] Da wir über seine Ausbildung keine Nachrichten besitzen, kann man über die Herkunft seiner Kenntnis der Heiligen Schriften nur Vermutungen anstellen, wobei die Möglichkeit, dass er die nötigen Fähigkeiten und Kenntnisse in der Synagoge von Nazareth erworben hat, die wahrscheinlichste ist.[156] Wenn die Juden in der um 120 n. Chr. anzusetzenden Endausgabe des Johannesevangeliums als die Feinde Jesu schlechthin erscheinen, handelt es sich um einen Reflex auf die inzwischen erfolgte Trennung von Kirche und Synagoge.[157]

5.7 Die Botschaft von Jesu Auferstehung als Zentrum des christlichen Glaubens

Das älteste Osterzeugnis liegt in 1 Kor 15,3–5 und den Ergänzungen in den VV. 6–7 und 8–11 vor.[158] Sein vorpaulinischer Kern in den VV. 3b–5 lautet, stellt man ihn als Bekenntnis wieder her: *„Wir glauben, [3b] dass Christus gestorben ist für unsere*

---

152 Vgl. zu ihnen J. Jeremias, Jerusalem zur Zeit Jesu. Eine kulturgeschichtliche Untersuchung zur neutestamentlichen Zeitgeschichte, Göttingen ³1962, 265–278; G. Baumbach (EWNT² I), 624–627 und zu ihnen als Feinde Jesu Theißen/Merz, Jesus (s. Anm. 84), 208–210.

153 Dabei ist in Mk 2,16 von den Schriftgelehrten der Pharisäer die Rede, vgl. auch Apg 23,9.

154 Vgl. dazu Theißen/Merz, Jesus (s. Anm. 84), 211–212.

155 Vgl. dazu Theißen/Merz, Jesus (s. Anm. 84), 209 f.

156 Vgl. dazu Theißen/Merz, Jesus (s. Anm. 84), 318 f.

157 Vgl. z. B. Joh 2,18; 3,25; 6,41; 7,41.52; 8,48.52.59; 10,19 f.31–33; 11,8 und dazu M. Diefenbach, Der Konflikt Jesu mit den „Juden". Ein Versuch zur Lösung der johanneischen Antijudaismus-Diskussion mit Hilfe des antiken Handlungsverständnisses (NTA.NF 41), Münster 2002, 279–281 und jetzt vor allem Siegert, Evangelium (s. Anm. 1), 82f., 151–156.

158 Vgl. dazu Grass, Ostergeschehen (s. Anm. 122), 94–106; E. Conzelmann, Der erste Brief an die Korinther (KEK 5), Göttingen 1969, 291–311: 296–301; A. Lindemann, Der Erste Korintherbrief (HNT 9/1), Tübingen 2000, 328–336; M. Hengel, Das Begräbnis Jesu bei Paulus und die leibliche Auferstehung aus dem Grabe (2004), in: ders./C.-J. Thornton (Hg.), Studien zu Christologie IV, Tübingen 2006, 386–405: 389–396; Hengel/Schwemer, Jesus und das Judentum (s. Anm. 84), 626–641: 628 f.; J. Becker, Die Auferstehung Jesu Christi im Neuen Testament, Tübingen 2007, 102–115; Kaiser, Weihnachten (s. Anm. 84), 126–134 und D. Zeller, Der erste Brief an die Korinther (KEK V), Göttingen 2010, 459–476. Zum Verhältnis der paulinischen Osterüberlieferung zu den Auferstehungsberichten der Evangelien vgl. Lang, Korintherbriefe (s. Anm. 95), 215 f.

Sünden nach den Schriften,[159] *[4] und dass er begraben wurde und dass er auferweckt wurde am dritten Tage nach den Schriften,*[160] *[5] und dass er dem Kephas erschienen ist,*[161] *danach den Zwölfen.*"[162] Dieses Bekenntnis hat vermutlich Paulus um die anschließenden VV. 6–8 erweitert, indem er in V. 6 zuerst das Erscheinen des Auferstandenen vor mehr als 500 Brüdern anfügte, *„von denen die Mehrzahl bis jetzt lebt",* so dass sich Zweifler nach ihnen und bei ihnen erkundigen könnten.[163] Weiterhin heißt es in V. 7: *„dann erschien er Jakobus, dann allen Aposteln."* Diese Reihe der Zeugen, die von Petrus über den Herrenbruder Jakobus bis zum Kreis der Zwölf Jünger Jesu reicht, beschließt der Apostel mit seinem eigenen Zeugnis in V. 8 mit dem erläuternden Zusatz in den VV. 9–11 (VV. 8–11): *„als letztem von allen wie einer Spätgeburt erschien er auch mir. [9] Denn ich bin der geringste der Apostel, der ich nicht wert bin, ein Apostel genannt zu werden, weil ich die Gemeinde Gottes verfolgt habe. [10] Aber aus Gottes Gnade bin ich, was ich bin, und seine Gnade an mir ist nicht leer geblieben, denn ich habe mich mehr als sie alle abgemüht, aber nicht ich, sondern die Gnade Gottes, die mit mir ist. [11] Sei es nun ich, seien es nun jene, so verkündigen wir und so seid ihr zum Glauben gekommen."*[164] Damit ist es ein für alle

---

159 Vgl. dazu D.-A. Koch, Die Schrift als Zeuge des Evangeliums. Untersuchungen zur Verwendung und zum Verständnis der Schrift bei Paulus (BHTh 69), Tübingen 1986, 238 f. z. St. und zum Grundsätzlichen 341–353; vgl. auch P. Stuhlmacher, Vom Verstehen des Neuen Testaments, Eine Hermeneutik (NTD.E 6), Göttingen 1979, 59–67 und zum Alten Testament als Erbe der Kirche O. Kaiser, Gott des Alten Testaments. Theologie des Alten Testaments I: Grundlegung (UTB 1747), Göttingen 1993, 24–36: 32–34.

160 Umstritten ist, ob der Zusammenhang der beiden Aussagen über Begräbnis und Auferstehung das leere Grab voraussetzt, wie es z. B. Hengel, Begräbnis (s. Anm. 158), 389–396; ders./Schwemer, Jesus und das Judentum (s. Anm. 84), 628f. annehmen, während Lang, Korintherbriefe (s. Anm. 95), 211 es für wahrscheinlich, aber nicht beweisbar und Kaiser, Weihnachten (s. Anm. 84), 134–136 für möglich halten, was aber z. B. von Conzelmann, Der erste Brief an die Korinther (s. Anm. 158), 301; Lindemann, Der erste Korintherbrief (s. Anm. 158), 331 und Becker, Auferstehung (s. Anm. 158), 107 f. bestritten wird. Dagegen fällt Zeller, Der erste Brief an die Korinther (s. Anm. 158), 464–465 eine salomonische Entscheidung, indem er dem zitierten Bekenntnis diesen Zusammenhang zuschreibt, aber gleichzeitig feststellt, dass das den Vorstellungen des Apostels über die Auferstehung nicht entspräche.

161 Vgl. dazu Becker, Simon Petrus (s. Anm. 61), 20–22.

162 Vgl. dazu Hengel, Begräbnis (s. Anm. 155), 406–417 und Bultmann, Theologie (s. Anm. 86), 408–411.

163 Vgl. dazu Grass, Ostergeschehen (s. Anm. 122), 98–101, Hengel/Schwemer, Jesus und das Judentum (s. Anm. 84), 634f.; Becker, Auferstehung (s. Anm. 158), 259 f. und Kaiser, Weihnachten (s. Anm. 84), 134.

164 Zu den Berichten von der Bekehrung des Paulus durch eine Christophanie vgl. die synoptische Tabelle der Berichte in Apg 9 und 26 bei C.K. Barrett, The Acts of the Apostles I (ICC), Edinburgh 1994 (ND), 439 f.

Mal gesagt: Christlicher Glaube ist Glaube an den Gott, der den für unsere Sünden gestorbenen Jesus von Nazareth am dritten Tage von den Toten auferweckt hat.[165] Die synoptischen Ostergeschichten setzten jedenfalls den Zusammenhang von Tod, Begräbnis und Auferstehung und damit das leere Grab voraus (vgl. Mk 16,6 par Lk 24,5 f.; Mt 28,6).[166] Hält man den Zusammenhang für vorgegeben und auch in 1 Kor 15,4a stillschweigend vorausgesetzt,[167] könnte man an eine Entmaterialisierung denken, die sich mit dem Verständnis der phänomenalen Welt als Außenseite des Geistes vertrüge.[168] Anderenfalls müsste man die Tradition vom leeren Grab für eine spätere Vergröberung der Osterbotschaft halten, wie sie am deutlichsten in Lk 24,36–43[169] und Joh 20,24–29 vorliegt.[170]

Die Systematisierung der Erscheinungen des Auferstandenen auf die Zeit zwischen Ostern und Himmelfahrt im Lukasevangelium und der Apostelgeschichte (vgl. Lk 24 mit Apg 1,1–11) entspricht dem Anliegen des Lukas die werdende Kirche als eine klar gegliederte Heilsgeschichte darzustellen, deren Abschnitte Jesu Leben und Tod, seine auf 40 Tage beschränkten Erscheinungen und die anschließende Zeit des Geistes bilden, der auch den Apostel Paulus nach Rom und damit in das Zentrum der damaligen Welt führt.[171]

---

165 Vgl. Röm 4,24; 6,4; 8,11.34; 10,9; 1 Kor 6,14; 15,12–52; 2 Kor 1,9; 4,14; 5,15; Gal 1,1; 1 Thess 1,10 und weiterhin Eph 1,20; 2 Tim 2,7; 1 Petr 1,21; Hebr 11,19; Barn 1,6; 1 Clem 21; IgnSm 1,1–2; Polyc 1,2 und zur modernen Diskussion über den Osterglauben und den Hinweis auf die wesentliche Analogielosigkeit des Einbruchs der Macht des Lebens im Ostergeschehen Theißen/Merz, Jesus (s. Anm. 84), 439–443: 443.

166 Vgl. z. B. Grass, Ostergeschehen (s. Anm. 122), 15–93; Hengel, Begräbnis (s. Anm. 155), 119–183; ders./Schwemer, Jesus und das Judentum (s. Anm. 84), 641–654; Becker, Auferstehung (s. Anm. 158), 102–118; Kaiser, Weihnachten (s. Anm. 84), 126–134; Theißen/Merz, Jesus (s. Anm. 84), 438f. und Siegert, Leben Jesu (s. Anm. 84), 252–254.

167 Vgl. Anm. 157.

168 Kaiser, Weihnachten (s. Anm. 84), 134f.

169 Vgl. dazu Grass, Ostergeschehen (s. Anm. 122), 40f. und zum antidoketischen Charakter der Erzählung Klein, Das Lukasevangelium (s. Anm. 106), 735f.

170 Vgl. dazu Grass, Ostergeschehen (s. Anm. 122), 64–71; Becker, Auferstehung (s. Anm. 158), 63f. 278f.; Siegert, Evangelium (s. Anm. 1), 613–616 und Schröter, Jesus (s. Anm. 85), 301–310: 309: „Dass auch ein leeres Grab gefunden wurde, lässt sich nicht erweisen." Zur Bedeutung des Glaubens an die Auferstehung der Toten und dem Weg zum Glauben an das ewige Leben vgl. auch Kaiser, Weihnachten (s. Anm. 84), 167–170.

171 Vgl. dazu z. B. Vielhauer, Geschichte (s. Anm. 1), 366–407: 405f.; J. Jewell, Die Apostelgeschichte (KEK 3), Göttingen 1998, 91–105; J. Schröter, Lukas als Historiograph. Das lukanische Doppelwerk und die Entdeckung der christlichen Heilsgeschichte (2005), in: ders., Von Jesus zum Neuen Testament. Studien zur urchristlichen Theologiegeschichte und zur Entstehung des neutesta-

Nach dem Johannesevangelium war die Erhöhung Jesu am Kreuz mit seinem Eingang in die (allgegenwärtige) Transzendenz Gottes identisch (vgl. Joh 3,14; 8,28; 12,32 mit 19,30).[172] Dieses Konzept bereitet dem heutigen Leser die geringsten intellektuellen Schwierigkeiten und ist (wie Joh 20 zeigt) mit dem Glauben an seine Auferstehung kompatibel, sofern man sie nicht als Wiederbelebung eines Leichnams versteht (vgl. 1 Kor 15,42–44).[173] Dem entspricht die urchristliche Erwartung, dass nicht nur Jesus sondern auch der Einzelne in seinem Tod in die himmlische Welt aufgenommen werden kann (Lk 23,43; vgl. V. 46).[174]

5.8 Jesus als Bote und Verkünder des Reiches Gottes

In Mk 1,15 (vgl. Mt 4,17) fasst Jesus seine Botschaft in dem Satz zusammen: „*Die Zeit ist erfüllt und nahe gekommen das Reich Gottes. Denkt um und glaubt an das Evangelium!*" Seine Botschaft von dem in seinem Wirken bereits gegenwärtigen (Lk 17,20) und zugleich zukünftigen Reich beginnt sich in seinen Krankenheilungen,[175] Dämonenaustreibungen[176] und Machterweisen (Naturwundern)[177] zu ver-

---

mentlichen Kanons (WUNT 204), Tübingen 2007, 223–246; M. Wolter, Das lukanische Doppelwerk als Epochengeschichte, in: ders., Theologie und Ethos im frühen Christentum. Studien zu Jesus, Paulus und Lukas (WUNT 236), Tübingen 2009, 261–289: 287–289: bzw. knapp E. Lohse, Die Entstehung des Neuen Testaments (ThW 4), Stuttgart/Berlin/Köln ⁵1991, 99–100.

172 Vgl. Bultmann, Theologie (s. Anm. 86), 408–411 und z. B. Joh 11,25f.; J. Becker, Johanneisches Christentum, Tübingen 2004, 147, 156 sowie Siegert, Evangelium (s. Anm. 1), 471–473.

173 Vgl. dazu Lindemann, Der erste Korintherbrief (s. Anm. 158), 367–369.

174 Vgl. dazu Grass, Ostergeschehen (s. Anm. 122), 155, 157 und Klein, Lukasevangelium (s. Anm. 106), 711f.

175 Vgl. zum Folgenden auch die Übersicht über die Wundererzählungen und zu ihrer Bedeutung als Zeichen der messianischen Vollmacht Jesu bei Hengel/Schwemer, Jesus und das Judentum (s. Anm. 84), 451–464 und 464–472: Es wird berichtet über die Heilung von Fieber: Mk 1,29–31; Aussatz: 1,40–44; Blindheit: 8,22–26 (vgl. Mt 9,27–31); Taubstummheit: 7,3–27; Krümmung des Rückens: Lk 13,10–14; Wassersucht: Lk 14,1–6; Blutfluss: Mk 5,25–34; äußeren Verletzungen: Lk 22,51; zu den Wundergeschichten bei Mt vgl. U. Luz, Das Evangelium nach Matthäus (EKK 1/2), Zürich/Braunschweig bzw. Neukirchen-Vluyn 1990, 64–68 und übergreifend Hengel/Schwemer, Jesus und das Judentum (s. Anm. 84), 464–472 und Kaiser, Weihnachten (s. Anm. 84), 72–77.

176 Vgl. Mk 1,21–28; 5,1–20; 9,15–29; vgl. 3,7–12 und Lk 10,18; vgl. dazu Kaiser, Weihnachten (s. Anm. 84), 77–79.

177 Vgl. die Speisung der 4000 Mk 6,30–44 par Lk 9,9–17; Mt 14,13–21; vgl. Joh 6,1–13; Speisung der 5000 Mk 8,1–9 par Mt 15,32–39; Stillung des Seesturms Mk 4,35–41 par Lk 8,22–25; Mt 8,18.23–27; Wandeln über das nächtliche Meer Mk 6,45–52 par Mt 14,22–33; Joh 6,15–21 und dazu Kaiser, Weihnachten (s. Anm. 84), 79–81.

wirklichen.[178] Dieses Reich ist Gegenstand seiner Gleichnisse[179] (wie z. B. denen vom Senfkorn und Sauerteig,[180] dem Schatz im Acker und der kostbaren Perle[181]) und gelegentlich auch seiner Lehrreden (vgl. z. B. Mk 13,1–32 par Lk 21,20–28; Mt 24,1–36). Aber er gab den Seinen auch die nötigen Anweisungen für ihr Leben in der Erwartung des Gottesreiches wie vor allem in der Bergpredigt (Mt 5,1–7,29[182] und der Lehre über die rechte Nachfolge (Mt 18,1–20,16), die beide mit einem Gleichnis enden (vgl. Mt 7,24–29 mit 20,1–16). Darüber hinaus konnte er Beispielerzählungen wie die vom barmherzigen Samariter (Lk 10,29–37), vom törichten Reichen (Lk 12,16–21), vom reichen Mann und armen Lazarus (Lk 16,19–31) oder vom Pharisäer und Zöllner (Lk 18,9–14) erzählen, um auf anschauliche und einprägsame Weise vor falscher Frömmigkeit zu warnen und zu wahrer Nächstenliebe aufzufordern. Seine Anweisungen zum richtigen und ewigen Leben hat er in Mt 6,33 und 7,12 par Lk 6,31 zusammengefasst.[183] In Mt 6,33 prägt er seinen Jüngern ein, dass der, der nach dem Reich Gottes und seiner Gerechtigkeit trachtet, auch in seinem irdischen Leben von Gott versorgt wird. In Mt 7,12 par Lk 6,31 gibt er ihnen in der positiven Fassung der Goldenen Regel den Rat, die anderen so zu behandeln, wie sie von ihnen behandelt werden wollen. Denn dann erfüllten sie zugleich die Forderungen der Tora und der Propheten.[184] Darüber hinaus hat er in Übereinstimmung mit dem Judentum seiner Zeit keinen Zweifel daran gelassen, dass das Doppelgebot der Gottes- und der Nächstenliebe das höchste Gebot ist (Mk 12,28–34 par Lk 10,25–28; Mt 22,35–40).[185] Aber er ließ seine Jünger auch nicht

---

178 Vgl. dazu umfassend Theißen/Merz, Jesus (s. Anm. 84), 256–284.

179 Vgl. dazu umfassend J. Jeremias, Die Gleichnisse Jesu, Göttingen ⁶1962; E. Linnemann, Gleichnisse Jesu, Einführung und Auslegung, Göttingen ⁵1969; W. Harnisch, Die Gleichniserzählungen Jesu. Eine hermeneutische Einführung (UTB 1343), Göttingen 1985 (ND) und weiterhin Becker, Jesus (s. Anm. 109), 176–194; Ratzinger, Jesus I (s. Anm. 5), 221–258; Kaiser, Weihnachten (s. Anm. 84), 58–60 und umfassend Theißen/Merz, Jesus (s. Anm. 84), 285–309.

180 Mk 4,30–32 par Lk 13,18–21; Mt 13,31–33.

181 Mt 13,44 f.

182 Vgl. Anm. 158.

183 Zu Jesus als ethischem Lehrer vgl. umfassend Schröter, Jesus (s. Anm. 85), 213–243 bzw. Theißen/Merz, Jesus (s. Anm. 84), 311–355.

184 Vgl. A. Dihle, Die Goldene Regel. Eine Einführung in die Geschichte der antiken und frühchristlichen Vulgärethik, Göttingen 1962, 103–127: 112–117. Dass Lk 6,31 im Kontext der Forderung der Feindesliebe steht, ruft Schrage, Ethik (s. Anm. 94), 84 ins Gedächtnis.

185 Zum zeitgenössischen jüdischen Hintergrund vgl. A. Nissen, Gott und der Nächste im antiken Judentum (WUNT 15), Tübingen 1974, 230–244 und F. Avemarie, Tora und Leben. Untersuchungen zur Heilsbedeutung der Tora in der frühen rabbinischen Literatur (TSAJ 55), Tübingen 1996, 271–275, und zu seiner Aufnahme im Neuen Testament Schrage, Ethik (s. Anm. 94), 73–78, der 52f.

im Unklaren darüber, dass, wer ihm nachfolgen wolle, bereit sein müsse, sein Kreuz auf sich zu nehmen und um seinet- und der Gerechtigkeit willen zu leiden (vgl. Mk 8,34 f. par Lk 9,23 f.; Mt 16,24 f. mit Mt 5,10; 1 Petr 3,14). In Mt 28,18–20 aber stellt sich der Auferstandene seinen Jüngern als der vor, dem alle Gewalt im Himmel und auf Erden gegeben ist, um sie (und damit die Christen aller Zeiten bis an das Ende der Tage) aufzufordern, alles zu halten, was er ihnen befohlen hat.[186]

5.9 Das Herrenmahl und das Hohepriesterliche Amt Jesu

Die christliche Kirche bekennt mit dem Apostel Paulus (Röm 4,24 f.), dass der Herr Jesus *„um unserer Sünden willen dahingegeben und um unserer Rechtfertigung willen auferweckt worden ist."* Im Hintergrund stehen der Bericht des Apostels Paulus 1 Kor 11,23–26[187] und die synoptischen Berichte von der Stiftung des Herrenmahls (Mk 14,12–25 par Lk 22,7–19;[188] Mt 26,17–30).[189] Nach ihnen hat Jesus mit dem gebrochenen Brot seinen Leib und mit dem Kelch (und d. h. mit dem in ihm enthaltenen Wein) sein Blut identifiziert, das „für viele" zur Vergebung der Sünden

---

darauf hinweist, dass das Gebot der Nächstenliebe Mk 12,31 als das „zweite Gebot" hinter dem der Gottesliebe bezeichnet wird, während beide in Mt 22,38 einander gleichgestellt werden, und umfassend Theißen/Merz, Jesus (s. Anm. 84), 339–358.

186 Vgl. dazu J. Gnilka, Das Matthäusevangelium II (HThK 1/2), Freiburg/Basel/Wien 1988, 501–512.

187 Vgl. dazu H. Lietzmann, An die Korinther I–II (HNT 9), Tübingen ⁴1949, 57–59 mit der Synopse der Herrenmahltexte 59; Conzelmann, Der erste Brief an die Korinther (s. Anm. 158), 226–238, bes. den Exkurs über die Abendmahlsüberlieferung 235–237; Lindemann, Der erste Korintherbrief (s. Anm. 158), 247–261 mit der Synopse der einschlägigen Texte 256–258, bzw. Theißen/Merz, Jesus (s. Anm. 84), 366–376 mit der Tabelle 367f. und zur Sache auch Schröter, Jesus (s. Anm. 117), 285–292 und zur Eigenart der Herrenwortüberlieferung bei Paulus ders., Anfänge der Jesusüberlieferung (2004), in: ders., Von Jesus zum Neuen Testament (s. Anm. 171), 81–104: 90f.

188 Zur Aufnahme von Jes 53 in Lk 22,14–38 vgl. U. Mittmann-Richert, Der Sühnetod des Gottesknechts. Jes 53 im Lukasevangelium (WUNT 220), Tübingen 2008, 110–176: 120–135.

189 Im Johannesevangelium entspricht dem letzten Mahl die Fußwaschung der Jünger durch Jesus, die ein Beispiel für ihr eigenes Handeln aneinander sein soll (Joh 13,1–16); vgl. dazu H. Thyen, Das Johannesevangelium (HNT 6), Tübingen 2005, 583–594; Becker, Johanneisches Christentum (s. Anm. 172), 92–99; Siegert, Evangelium (s. Anm. 1), 746–757; Ratzinger, Jesus II (s. Anm. 117), 69–92; und zum Problem der Divergenz zwischen der synoptischen und der johanneischen Chronologie des letzten Abends und der Hinrichtung Jesu z. B. Theißen/Merz, Jesus (s. Anm. 84), 373–376 bzw. knapp Strotmann, Jesus (s. Anm. 84), 64, die zugunsten der johanneischen Tradition und gegen die synoptische darauf hinweist, dass die Hinrichtung nach Mk 14,1 nicht am Fest stattfinden sollte, und dazu Ratzinger, Jesus II (s. Anm. 117), 126–134.

(Mt 26,28) vergossen wird. Dabei sind die Sünden nicht als moralische Vergehen zu verstehen, sondern als Ausdruck der ihnen zugrunde liegenden Sünde, die in dem Wahn besteht, dass man ohne Gott leben könne oder müsse.[190] Gleichzeitig betont das Kelchwort in allen vier Fassungen, dass Jesus mit dem Kelch, der rituell die Hingabe seines Blutes vertritt, den neuen Bund geschlossen hat und immer neu schließt (der den alten von Moses am Sinai geschlossenen aufhebt, vgl. Ex 24,6–8).[191] Die hier vorgenommene Deutung des Todes Jesu beruht auf einem Denken, in dem alle Dinge und alles Geschehen miteinander so in Beziehung stehen, dass ein Leben ein anderes vertreten kann, wie es die Grundlage des alttestamentlichen Sündopfers und die Denkvoraussetzung des sog. magischen Denkens in Gestalt der *unio magica* als einer *participation mystique* (Lucien Lévy Bruhl) bildet.[192] Auf dieser „mystischen Teilhabe" beruhen nebenbei Sympathie, Antipathie und Telepathie als Grundformen menschlicher Begegnung. Es handelt sich bei ihr mithin um eine grundlegende anthropologische Kategorie, von der her sich auch die Gleichzeitigkeit jeder Feier des Herrenmahls mit dem von Jesus mit seinen Jüngern begangenen erschließt.[193]

---

190 Zum Verständnis der Sünde als Macht vgl. M. Wolter, Die Rede von der Sünde im Neuen Testament (2008), in: ders., Theologie und Ethos im frühen Christentum (WUNT 236), Tübingen 2009, 480–499: 491–496; zu ihrer systematischen Deutung als dem verzweifelten vor Gott Man-selbst-sein-wollen und Nicht-man-selbst-sein-wollen vgl. S. Kierkegaard, Die Krankheit zum Tode. Der Hohepriester, der Zöllner, die Sünderin. Übers. E. Hirsch (Ges. Werke 24/25), Düsseldorf/Köln 1954, 8 mit 71 und z. B. Kaiser, Weihnachten (s. Anm. 84), 155–164.
190 Zum Sinn der Einsetzungsworte vgl. noch immer Jeremias, Abendmahlsworte (s. Anm. 84), 196–252; Ratzinger, Jesus II (s. Anm. 117), 146–158 und zum religionsgeschichtlichen Zusammenhang des Mahls H.-J. Klauck, Herrenmahl und hellenistischer Kult (NTA.NF 15), Münster 1982, 365–374: 372–374; zum Bundesschluss in Ex 24,3–9 W. Oswald, Israel am Gottesberg. Eine Untersuchung zur Literargeschichte der vorderen Sinaiperikope Ex 19–24 und deren historischen Hintergrund (OBO 159), Freiburg/Schweiz/Göttingen 1998, 89–94, 154–167.
192 Vgl. L. Lévy-Bruhl, L'âme primitive, Paris 1927 (ND), und zum Grundsätzlichen E. Spranger, Die Magie der Seele, Tübingen 1947, 66–74; C.H. Ratschow, Magie und Religion, Gütersloh 1955, 27–87 und zum Prinzip der Teilhabe als Geheimnis des personalen Lebens als Begegnung und damit „sittlicher Magie" Spranger, ebd., 96–112: 104–108 sowie zu den atl. Opfervorstellungen B. Janowski, Das Leben für andere geben. Alttestamentliche Voraussetzungen für die Deutung des Todes Jesu, in: J. Frey/J. Schröter (Hg.), Deutungen des Todes Jesu im Neuen Testament (UTB 2953), Tübingen ²2012, 97–118: 116–118 und F. Hartenstein, Zur symbolischen Bedeutung des Blutes im Alten Testament, ebd., 119–137: 131f. bzw. knapp K. Koch (THWAT II), 867.
193 Vgl. dazu Spranger, Magie (s. Anm. 192), 96–100; zu einem geschichtlichen Verständnis der Selbsthingabe Jesu als Sühneopfer vgl. Kaiser, Weihnachten (s. Anm. 84), 155–167. Zum Abendmahl als einer kultstiftenden Symbolhandlung vgl. Theißen/Merz, Jesus (s. Anm. 84), 382–385.

Die Botschaft von dem im Abendmahl geschlossenen Neuen Bund wurde in der Kulttheologie des Hebräerbriefes entfaltet.[194] Nach ihr ist Jesus der im Himmel amtierende Hohepriester (Hebr 2,11–17), bei dem die Christen als schwache Menschen Barmherzigkeit erlangen (Hebr 4,14–16).[195] Er hat in seinem Tode für sie ein für alle Mal das Sündopfer dargebracht (Hebr 7,23–28) und mit seinem Blut die Seinen gereinigt (Hebr 9,11–28; 10,11–14). Nachdem sie von ihrem bösen Gewissen befreit und durch die Taufe gereinigt sind (Hebr 10,22), sind sie dazu aufgerufen, einander zu ermahnen und Liebe zu erweisen und die Gemeindeversammlungen nicht zu verlassen, weil auch sie dem bevorstehenden Endgericht entgegengehen (Hebr 10,23–25). In diesem Sinne bilden die Christen das wandernde Gottesvolk, das auf ihrem Wege Jesu Schmach trägt und betend, Gutes tuend und miteinander teilend der zukünftigen, ewigen Heimat entgegenzieht (Hebr 13,14–16).[196] Das aber ist ebenso das Skandalon (1 Kor 1,18) wie der Grund und Inhalt des christlichen Glaubens, dass Gott sich in Jesus als Mensch um der Menschen Sünde willen in den Tod gegeben hat.[197]

5.10 Die Christologie und Eschatologie des Johannesevangeliums[198]

Im Johannesevangelium ist Jesus der vom Himmel gekommene und zum Himmel zurückkehrende Menschensohn (Joh 1,51; 3,13–14; 6,62; 12,34), dessen Verklärung und Gericht über den Fürsten der Finsternis[199] mit seiner Leidensgeschichte

---

194 Zur Frage nach dem unbekannten Verfasser und der Datierung des Briefes zwischen 80 und 90 n. Chr. vgl. Vielhauer, Geschichte (s. Anm. 1), 250f. bzw. Lohse, Entstehung (s. Anm. 171), 125–127. Zu seiner Bundestheologie vgl. K. Backhaus, Der neue Bund und das Werden der Kirche (NTA.NF 29), Münster 1996, 363–367.

195 Vgl. zum Folgenden G. Gäbel, Die Kulttheologie des Hebräerbriefes. Eine exegetisch-religionsgeschichtliche Studie (WUNT II/212), Tübingen 2006, passim.

196 Vgl. dazu E. Käsemann, Das wandernde Gottesvolk. Eine Untersuchung zum Hebräerbrief (FRLANT 55), Göttingen 1939 (ND), 8–39; E. Grässer, Der Brief an die Hebräer (EKK 17/3), Zürich/Braunschweig bzw. Neukirchen-Vluyn 1997, 343–499; Gäbel, Kulttheologie (s. Anm. 195), 466 und Schrage, Ethik (s. Anm. 94), 325–329.

197 Vgl. dazu Kierkegaard, Einübung (s. Anm. 2), 97–111.

198 Zur Entstehung des Johannesevangeliums vgl. Vielhauer, Geschichte (s. Anm. 1), 410–460: 423–427 mit Thyen, Johannesevangelium (s. Anm. 188), 1–5 und Siegert, Evangelium (s. Anm. 1), 46–86.

199 Zum Dualismus im Johannesevangelium vgl. Bultmann, Theologie (s. Anm. 86), 367–385; G. Strecker, Die Johannesbriefe (KEK 14), Göttingen 1989, 76–80; Becker, Johanneisches Christentum (s. Anm. 172), 140–147 und Siegert, Evangelium (s. Anm. 1), 191–195, 468–470.

beginnt (12,23.31; vgl. 16,11). Wer auf sein Wort hört und an ihn als den von seinem Vater gesandten Sohn glaubt,[200] hat das ewige Leben und kommt nicht in das Gericht (5,24).[201]

Die Erwartung eines kommenden Weltgerichts wird im Johannesevangelium erst durch den kirchlichen Herausgeber (J II) nachgetragen (vgl. Joh 5,28 f.; 6,39f.44b.54).[202] Im ursprünglichen Evangelium ereignet sich das Gericht im Hören oder Nichthören auf die Stimme Jesu (Joh 5,24–27 mit 11,25).[203] An die Stelle der Wiederkunft Jesu hat der Evangelist das Kommen des Parakleten, des Trösters, gesetzt, der die Jünger in alle Wahrheit leitet und ihre Trauer über Jesu Unerreichbarkeit in Freude verwandelt, weil der Vater die Gebete in Jesu Namen erhört (Joh 14,15–21; 16,22 f.).[204] Die Gemeinschaft im Geist verbindet seine Jünger in dieser und in der kommenden Welt, aus der sie Jesus in ihrem eigenen Tod zu sich holt, unauflöslich mit ihm und untereinander (Joh 14,3; 17,24). Fragt man, wie sich diese Vergegenwärtigung des Friedens Christi durch den Parakleten ereignet, so wird man auf eine Erfahrung der Präsenz Gottes, sein „Da" verwiesen, in dem die konkreten Anfechtungen aufgehoben werden und der Friede, der „höher ist als alle Vernunft" (Phil 4,7) alle Fragen nach dem Warum aufhebt (Joh 16,23).[205] Der individuelle Tod der Glaubenden ist entsprechend nur ein „individueller Über-

---

200 Vgl. dazu O. Michel (EWNT III), 131–133.

201 Vgl. dazu Becker, Johanneisches Christentum (s. Anm. 172), 147–156; H. Thyen, Die johanneische Eschatologie, in: ders., Studien zum Corpus Johanneum (WUNT 214), Tübingen 2007, 512–527 und zur Diskussion seit Reimarus J. Frey, Die johanneische Eschatologie I: Ihr Problem im Spiegel der Forschung (WUNT 96), Tübingen 1997, passim sowie zum johanneischen Zeitverständnis II (WUNT 110), Tübingen 1998, 216–221.

202 Vgl. zum Folgenden R. Bultmann, Die Eschatologie des Johannes-Evangeliums (1928), in: ders., Glauben und Verstehen I, Tübingen ²1954 (ND), 134–152.

203 Bultmann, Theologie (s. Anm. 86), 389–392; Vielhauer, Geschichte (s. Anm. 1), 444; Siegert, Evangelium (s. Anm. 1), 765–768; Becker, Johanneisches Christentum (s. Anm. 172), 158–162 und zur kirchlichen Redaktion 190–207. Zur Verbindung zwischen präsentischer und futurischer Eschatologie in I Joh vgl. F. Vouga, Die Johannesbriefe (HNT 15/3), Tübingen 1990, 40f.

204 Vgl. dazu F. Posch (EWNT² III), 64–67 und Becker, Johanneisches Christentum (s. Anm. 172), 132–133.

205 Vgl. dazu W. Schrage, Vorsehung Gottes? Zur Rede von der providentia Dei in der Antike und im Neuen Testament, Neukirchen-Vluyn 2005, 265 f.; Siegert, Evangelium (s. Anm. 1), 767, der von dem „zeitlosen Augenblick" der Gottesbegegnung spricht; R.A. Culpepper, ‚Realized Eschatology' in the Experience of the Johannine Community, in: C. R. Koester/R. Bieringer (Hg.), The Resurrection of Jesus in the Gospel of John (WUNT 222), Tübingen 2008, 254–276: 275 f. sowie zu der hier angesprochenen Erfahrung vgl. E.M. Magnis, Gott braucht dich nicht. Eine Bekehrung, Hamburg 2012, 151, 186–188, 195 f., 198 f. und 230–238 und zur „Einmischung Gottes" in unser

gang ins Leben" (Joh 12,20–36).[206] Indem Jesus seinen Jünger und allen, die sich seinen Worten öffnen, den Weg zum inneren Frieden und ewigen Leben erschlossen hat (Joh 14,27; 16,33), hat er im Tode am Kreuz sein Werk vollbracht und seine Sendung erfüllt (Joh 19,20).[207] Einen Bericht über die Einsetzung der Sakramente enthält das Johannesevangelium nicht, auch wenn die Taufe wohl als Ritus für die Aufnahme in die Gemeinde vorausgesetzt wird (vgl. Joh 3,22–24 mit 4,1–3).[208] Die Abendmahlstexte in Joh 6,51b–58 und 19,34b sind erst vom letzten Bearbeiter eingefügt worden.[209]

Als Vorbild und Verpflichtung dient Jesu Fußwaschung seiner Jünger: Sie ist eine Symbolhandlung für das Neue Gebot der Liebe der Seinen (Joh 13,3–17.34 f.; vgl. 15,12–16; 1 Joh 2,9–11).[210] Dass der Evangelist trotz der Aussparung der Abendmahlsüberlieferung die Bedeutung Jesu als des Versöhners der Sünder mit Gott durch sein Blut kennt und anerkennt, geht daraus hervor, dass er den Täufer auf Jesus als das Lamm Gottes hinweisen lässt, welches die Sünde der Welt aufhebt (Joh 1,29; vgl. 1,36). Aber Jesus belehrt im Johannesevangelium seine Jünger nicht über die Sünde,[211] sondern erfüllt das Werk der Versöhnung, indem er das Gericht an der Welt vollzieht und die Seinen zu sich in die himmlische Welt Gottes ruft und führt.[212] Weil man Jesus für einen politischen Messias hielt, wurde er von den Hohepriestern an Pilatus ausgeliefert und von ihm hingerichtet. Mit seinem Bekenntnis, dass sein Reich nicht von dieser Welt sei, wussten weder seine Ankläger

---

Denken angesichts des Denkens an das ganz Andere und den Anblick des Anderen vgl. E. Levinas, Wenn Gott ins Denken einfällt. Diskurse über die Betroffenheit von Transzendenz. Übers. Th. Wiemer mit einem Vorwort von B. Casper, Freiburg/München 1985, 166–169.

206 Becker, Johanneisches Christentum (s. Anm. 172), 162.

207 Vgl. auch 1 Joh 2,17.

208 Vgl. dazu Bultmann, Theologie (s. Anm. 86), 411; Thyen, Johannesevangelium (s. Anm. 189), 226–227 und Siegert, Leben Jesu (s. Anm. 84), 48f. mit ders., Evangelium (s. Anm. 1), 298f.

209 Bultmann, Theologie (s. Anm. 84), 412; Siegert, Evangelium (s. Anm. 1), 751 f. erklärt das damit, dass in Kleinasien die Auferstehung in der Passah-Nacht gefeiert wurde. Nach Bultmann, Theologie (s. Anm. 86), 411 ist die Fußwaschung Jesu in Joh 13,1–11 nicht als Sünden vergebende Handlung zu verstehen; anders Siegert, Evangelium (s. Anm. 1), 754 und vermittelnd Ratzinger, Jesus II (s. Anm. 117), 89–91.

210 Vgl. dazu Bultmann, Theologie (s. Anm. 86), 433–435; Vouga, Die Johannesbriefe (s. Anm. 203), 35–37; Thyen, Johannesevangelium (s. Anm. 189), 583–594: 592, wo er die ganze Erzählung im Anschluss an J.H. Holtzmann als eine fiktionale Bildung auf der Grundlage von Lk 7,36 ff. und 22,24–27 deutet, und weiterhin Siegert, Evangelium (s. Anm. 1), 492f.

211 Vgl. Bultmann, Theologie (s. Anm. 86), 406 und weiterhin ausführlich Siegert, Evangelium (s. Anm. 1), 757–776.

212 Vgl. dazu Becker, Johanneisches Christentum (s. Anm. 172), 156–165.

noch sein Richter (noch seine heutigen Verächter) etwas anzufangen (vgl. Joh 18,33–38).[213] Das ursprüngliche Johannesevangelium konzentriert sich unter Verzicht auf alle apokalyptischen Vorstellungen auf das göttliche Geheimnis der Sendung Jesu, der die Christen als seine gehorsamen Freunde mit sich und damit seinem himmlischen Vaters in einer Gemeinschaft der Liebe zusammenschließt (Joh 15,14; 1 Joh 2,7–11; 4,7–21).[214]

Die Welt als solche bleibt im ursprünglichen Johannesevangelium in ihrer Finsternis sich selbst überlassen, sie fällt aus dem Gesichtskreis des Evangelisten heraus.[215] Daher war der Redaktor letzter Hand gut beraten, als er nicht nur die Abendmahlstexte in Joh 6,51b–58 sondern in Joh 5,28 f. auch die Mythe vom Jüngsten Gericht nachtrug.[216] So bleibt die ganze Menschheit in Gottes Hand, wobei niemand von seiner Verantwortung vor Gott entbunden wird. Denn zwischen Gottes unbedingtem Heilswillen und seinem konkreten Welthandeln auf der einen und dem konkreten Tun und Ergehen des Menschen auf der anderen Seite besteht eine Dialektik, die ein endlicher Verstand nicht aufzulösen, sondern nur betend auszuhalten zu lernen vermag.[217] Darüber hinausgehend sei die Frage erlaubt, ob die auf Platon zurückgehende Vorstellung der Unsterblichkeit der Seele als dem Inbegriff des personalen Seins des Menschen[218] entgegen aller von

213 Vgl. dazu F. Hahn, Der Prozess Jesu nach dem Johannesevangelium (1970), in: ders., Studien zum Neuen Testament I: Grundsatzfragen, Jesusforschung, Evangelien (WUNT 191), Tübingen 2006, 603–688: 620–637; M. Hengel, Reich Christi, Reich Gottes und Weltreich im 4. Evangelium, in: ders./A. M. Schwemer (Hg.), Königsherrschaft Gottes und himmlischer Kult im Judentum, Urchristentum und in der hellenistischen Welt (WUNT 55), Tübingen 1991, 163–184: 165–172.

214 Vgl. dazu Strecker, Die Johannesbriefe (s. Anm. 199), 224–230 und Schrage, Ethik (s. Anm. 94), 301–324. Eine grundsätzliche Reserve gegen die redaktionsgeschichtlichen Analysen des Johannesevangeliums und die Existenz einer johanneischen Liebesgemeinschaft meldet Thyen, Johannesevangelium (s. Anm. 188), 1–5 an.

215 Als Parallele vgl. Philo Leg.all.I.105–107 und dazu E. Wasserman, The Death of the Soul in Romans 7. Sin, Death, and the Law in Light of Hellenistic Moral Psychology (WUNT II/256), Tübingen 2008, 60–68: 62 f.

216 Zum sekundären Charakter von Joh 5,28–29 und 6,51b–58 vgl. Bultmann, Das Evangelium des Johannes (s. Anm. 122), 174–177 bzw. 196–197.

217 Vgl. dazu Schrage, Vorsehung (s. Anm. 205), 241–252 und 223–227 und zum Charakter mythischer Rede O. Kaiser, Der Mythos als Grenzaussage (2001), in: ders., Gott, Mensch und Geschichte (BZAW 413), Berlin/New York 2010, 235–260. Da man über das Verhältnis zwischen dem transzendenten Gott und der Welt nur mittels analoger Aussagen sprechen kann, ist der so zu verstehende Mythos die notwendige Sprache der Religion. Zu den mythischen Elementen der christlichen Religion vgl. z. B. W. Burkert, Mythos und Mythologie (1981), in: ders./F. Graf (Hg.), Kleine Schriften IV: Mythica, Ritualia, Religiosa I, Göttingen 2011, 3–41: 38 und K. Hübner, Die Wahrheit des Mythos, München 1985, 343 f.

theologischer Seite erhobenen Einwände nicht noch immer die plausibelste Vorstellung ist, um der Rede von einem zukünftigen Leben einen nachvollziehbaren Sinn zu geben.[219] Der Glaube an Gott darf und kann sich nicht auf die analytische Empirie der Naturwissenschaften stützen, er ist seiner selbst gewiss; kann aber auch darauf verweisen, dass die Menschen in einer Welt ohne Gott wie in einem Gefängnis eingekerkert und allen Manipulationen ausgeliefert sind.[220]

Zusammenfassung

Die Erwartung des Messias im Alten Testament als des gesalbten Königs aus Davids Geschlecht und seinem sakralen, richtenden, lehrenden und Land verteidigenden Amt findet nach dem Neuen Testament in Jesu Leben, Lehren, Sterben, Auferstehen und seiner Wiederkunft als Weltenrichter ihre spezifischen Entsprechungen. Aber als der leidende Gottesknecht, der für die Sünde der Welt gestorben ist, steht er nicht nur im Kontrast zu den alttestamentlichen, sondern auch allen üblichen Vorstellungen von Gottes erlösendem Handeln.

The expectation of a Messiah as the anointed King of the Davidic Dynasty with his fourfold office as cultic mediator between God and his people, just regent, wise teacher of his people and defensor of his country has its correspondence in the picture of Jesus as the savior in the New Testament. But by his peculiarity as the suffering servant who is rising from death it is in contrast to all human concepts of God.

---

218 Vgl. dazu D.B. Claus, Toward the Soul. An Inquiry into the Meaning of ψυχή before Plato (Yale Classical Monographs 2), New Haven/London 1981, 181–183.
219 Vgl. dazu W. Härle, Dogmatik (de Gruyter Lehrbuch), Berlin/New York 1995 (ND), 630 f.
220 Vgl. J. Roß, Die Verteidigung des Menschen. Warum Gott gebraucht wird, Berlin 2012, 210 f.

WALTER HOMOLKA

Die Messiasvorstellungen im Judentum der Neuzeit

Louis Jacobs (1920–2006) erinnert uns mit seiner Frage „Was ist jüdische Theologie?" von 1973, vor welcher Aufgabe wir stehen:

> „Eine jede jüdische Theologie von Bedeutung muß sich mit den Problemen auseinandersetzen, die das moderne Denken aufgeworfen hat, darf jedoch daneben die systematischen Darlegungen der geistigen Giganten des Mittelalters nicht außer Acht lassen. [...] Die jüdische Theologie in unserer Zeit kommt nicht umhin, in noch so unvollkommener Weise für unser Zeitalter das zu leisten, was die Theologen des Mittelalters für das ihre angestrebt haben. Sie müssen ein in sich geschlossen Bild dessen zu vermitteln suchen, was man als Jude heute ohne Ausflüchte und bei Wahrung seiner intellektuellen Redlichkeit glauben kann."[1]

Deshalb ist es spannend, die Entwicklung des Messiasbegriffs im Judentum nachzuverfolgen und zu fragen, was diese Vorstellung heute noch leisten kann, um das Verhältnis zwischen Gott und den Menschen aus jüdischer Perspektive zu beschreiben.

Das konservative Judentum hat 1988 in seiner Grundsatzerklärung *Emet Ve-Emunah*[2] noch eine sehr umfassende, aber auch aufschlussreiche Beschreibung zum Messiasgedanken vorgelegt.[3] Dieser Versuch einer neuzeitlichen Beschrei-

---

1 L. Jacobs, Was ist jüdische Theologie?, in: S. Ben-Chorin/V. Lenzen (Hg.), Lust an der Erkenntnis. Jüdische Theologie im 20. Jahrhundert. Ein Lesebuch, München 1988, 426 f.

2 R. Gordis (Hg.), Emet ve-Emunah. Statement of Principles of Conservative Judaism, New York 1988.

3 „Since no one can say for certain what will happen in the Messianic era each of us is free to fashion personal speculation. Some of us accept these speculations are literally true, while others understand them as elaborate metaphors [...]. For the world community we dream of an age when warfare will be abolished, when justice and compassion will be axioms of all, as it is said in Isaiah 11: ‚[...] the land shall be filled with the knowledge of the Lord as the waters cover the sea.' For our people, we dream of the ingathering of all Jews to Zion where we can again be masters of our own destiny and express our distinctive genius in every area of our national life. We affirm Isaiah's prophecy (2:3) that ‚[...] Torah shall come forth from Zion, the word of the Lord from Jerusalem.'", Gordis, Principles (s. Anm. 2), 25.

bung dessen, was unter „Messias" zu verstehen ist, spricht von der Utopie eines Endzeitideals ebenso wie von der Möglichkeit eines personalen Messias, um die Welt von allem Bösen zu erlösen. Er geht auf die Vorstellung ein, dass in der Eigenstaatlichkeit am Zion unsere Bestimmung als Juden liege. Vor allem aber betont der Text die Notwendigkeit jedes Einzelnen, dieses messianische Zeitalter durch persönliches Handeln herbeizuführen.[4] Damit ist ein Bedeutungshorizont abgesteckt, der die Bandbreite der Anwendung der Messiasvorstellung in der Neuzeit aufzeigt, aber auch die Erosion dieser Vorstellung in der jüdischen Theologie deutlich macht. Fakt ist nämlich auch, dass 2012 das konservative Judentum mit dem Band „The Observant Life – The Wisdom of Conservative Judaism for Contemporary Jews"[5] eine Gesamtschau seiner religiösen Lehre und Praxis auf 935 Seiten vorgelegt hat, die im Index die Begriffe „Messiah" oder „Mashiach" oder „Messianic Age" gar nicht enthält.

Damit stellt sich die Frage, welche Rolle die Messiasvorstellung eigentlich im zeitgenössischen Judentum hat: Ist sie ein zentrales Deutungsmuster für das Judentum mit klaren Aussagen über das Erlösungshandeln Gottes oder ist sie ein theologisches Relikt an der Peripherie, dem man bei einiger Überlegung eine Erläuterung aus jüdischer Perspektive geben kann? Der Aufsatz geht dem Bedeutungswandel der Messiasvorstellung in den letzten Jahrhunderten nach, um diese Frage zu beantworten.

1. „Restaurativer" und „utopischer" Messianismus

„Ich glaube mit vollkommenen Glauben an das Kommen des Messias, und wenn er auch zögert, so harre ich doch jeglichen Tages seines Kommens", lautet der zwölfte Glaubensartikel des Maimonides (1135–1204), der in der poetischen Form des Jigdal[6] Eingang in den Morgengottesdienst gefunden hat und in orthodoxen

---

4   „We do not know when the Messiah will come, nor whether he will be a charismatic human figure or is a symbol of the redemption of humankind from the evils of the world. Through the doctrine of a Messianic figure, Judaism teaches us that every individual human being must live as if he or she, individually, has the responsibility to bring about the messianic age. Beyond that, we echo the words of Maimonides based on the prophet Habakkuk (2:3) that though he may tarry, yet do we wait for him each day.", Gordis, Principles (s. Anm. 2), 27.

5   M. S. Cohen (Hg.), The Observant Life. The Wisdom of Conservative Judaism for Contemporary Jews, New York 2012.

6   Vgl. I. Elbogen, Der jüdische Gottesdienst in seiner geschichtlichen Entwicklung, Leipzig 1913, 88.

Gebetbüchern bis heute am Schluss des Morgengebetes als Bekenntnis formuliert
wird. Maimonides verweist nicht auf einen utopischen Zustand von Frieden,
Liebe und Gerechtigkeit im Sinne von Jes 2 und Mich 4, sondern zielt auf die Wiederherstellung des Reiches Davids ab: „Der gesalbte König wird einst auftreten
und das Königtum Davids in seiner vormaligen Macht wiederherstellen […]. Wenn
er es dann mit Erfolg unternimmt, das Heiligtum an seiner näheren Stätte aufzu-
bauen und die Verstoßenen Israels zu sammeln, so ist es erwiesen, dass er in der
Tat der Messias ist."[7] In seinem Kompendium Mischne Tora heißt es dazu ferner:
„Laß es dir nicht in den Sinn kommen, dass es dem gesalbten König [Messias Anm.
d v. J.] obliegt, Zeichen und Wunder zu wirken, dass er etwa neue Dinge in der
Welt hervorrufen oder die Toten zum Leben erwecken wird und dergleichen
mehr. So verhält es sich keineswegs."[8] Francesca Albertini hat diese politische
Konzeption des Messias als König und Gesetzgeber unter anderem von Platon und
Aristoteles hergeleitet und in die Denkstrukturen der jüdisch-islamischen Epoche
zwischen dem 8. und dem 12. Jahrhundert u. Z. eingeordnet.[9]

Bei der betont rationalen Vorstellung des Maimonides geht es also um die
Rückkehr der Juden in ihr Land Israel und die Wiedererrichtung eines Staates unter Herrschaft eines Idealkönigs. Dieser weise sich weder durch Wunderhandlun-
gen noch durch Totenerweckung aus, sondern einzig durch die erfolgreiche
Durchsetzung der Eigenstaatlichkeit und durch die Wiederherstellung des Tempeldienstes. Kenneth Seeskin weist zusätzlich darauf hin, dass Maimonides die
Möglichkeit der menschlichen Vervollkommnung in keinen direkten Zusammenhang mit der Erwartung des Messias rückt.[10] Damit hat die Erlösung bei Maimonides keine anthropologische, sondern eine politische Zielrichtung mit einer
Orientierung an der Vergangenheit.

Ganz im Gegensatz dazu steht die Messiasvorstellung eines zeitgenössischen
Denkers, des jüdischen Religionsphilosophen Schalom Ben-Chorin (1913–1999). Er
verweist auf die Unterscheidung durch den Bibelwissenschaftler Shemaryahu
Talmon (1920–2010) zwischen einem „restaurativen" und einem „utopischen"
Messianismus.[11]

---

7   Mischne Tora 11,4, zit. nach M. Zobel, Gottes Gesalbter. Der Messias und die messianische Zeit in
     Talmud und Midrasch, Berlin 1938, 181.
8   Zit. nach Zobel, Gesalbter (s. Anm. 7), 183.
9   Vgl. F. Y. Albertini, Die Konzeption des Messias bei Maimonides und die frühmittelalterliche is-
     lamische Philosophie (SJ 44), Berlin/New York 2009, 243 f.
10   K. Seeskin, Jewish Messianic Thoughts in an Age of Despair, Cambridge/New York 2012, 33.
11   S. Ben-Chorin, Jüdischer Glaube. Strukturen einer Theologie des Judentums anhand des Maimo-
     nidischen Credo, Tübingen ²1979, 280 f.

Beim restaurativen Messianismus werde die Vorstellung eines goldenen Zeitalters (hier das Reich Davids) an den Beginn der Geschichte gesetzt; es handele sich
sozusagen um eine „umgekehrte Eschatologie". Dieses Verständnis sieht Schalom
Ben-Chorin auch bei Maimonides, in einer säkularen Ausprägung allerdings auch
im Zionismus. Er stellt diesem restaurativen Messianismus den utopischen Messianismus der Propheten gegenüber: als Chiffre für die Hoffnung.[12]
Das restaurative und das utopische Moment sind nicht auf den biblischen
Messianismus beschränkt. Auch im Talmud und in der kabbalistischen Mystik
entfalten beide ihre Wirkung. Die Rabbinen formulierten im Talmud allerdings
eine kollektive Mitwirkungsmöglichkeit: Israel könne den Beginn der messianischen Zeit aktiv mitbestimmen. Der Messias werde kommen, wenn ganz Israel
zwei- oder auch nur einmal einen Schabbat halte oder ihn aber kollektiv ent-
weihe.[13] Damit rückte man in der rabbinischen Literatur von der Wiedererrichtung eines Idealkönigtums als zentraler Idee ab, der Erlösungsgedanke tritt ins
Zentrum. Gerschom Scholem beschreibt diesen für das Judentum allerdings so:

> „Das Judentum hat, in allen seinen Formen und Gestaltungen, stets an einem Begriff
> der Erlösung festgehalten, der sie als einen Vorgang auffasse, welcher sich in der Öf-
> fentlichkeit vollzieht, auf dem Schauplatz der Geschichte und im Medium der Ge-
> meinschaft, kurz, der sich entscheidend in der Welt des Sichtbaren vollzicht und ohne
> solche Erscheinung im Sichtbaren nicht gedacht werden kann."[14]

Die Erlösung vollzieht sich in dieser Welt als eine Befreiung Israels von seinen Leiden und in universeller Erweiterung als Herrschaft von Frieden, Heil und Erneuerung in der ganzen Welt.

2. Messianische Euphorie und pseudomessianische Bewegungen

Eine besondere Wirkmacht der Messias-Vorstellungen entfaltete der Einfluss der
mystischen Tradition der Kabbala.[15] Nicht nur die Frage, wann der Messias käme,

---

12 Ben-Chorin, Jüdischer Glaube (s. Anm. 11), 287.
13 Vgl. bSchabbat 118b, bSchemot rabba 25,12, bSanhedrin 98a.
14 G. Scholem, Zum Verständnis der messianischen Idee im Judentum, in: ders., Judaica, Frankfurt
    a. M. 1963, 7 ff.
15 Vgl. B. L. Sherwin, Faith Finding Meaning. A Theology of Judaism, Oxford 2009, 150–154; vgl. K. S.
    Davidowicz, Einleitung, in: R. Ascarelli/ders. (Hg.), Along the Road to Esau. Studies on Jakob
    Frank and Frankism, Arezzo 2011, 1.

sondern in welcher Gestalt er auftreten würde, schien in der Mitte des 17. Jahrhunderts beantwortet werden zu können. Die Entstehung dieser messianischen Bewegungen gründet auf die als apokalyptische Erfahrung erlebte Vernichtung ganzer Gemeinden: dem Tod Zehntausender Juden durch die Aufstände des Kosakenführers Chmielnicki (1648/49), den Nachwirkungen der Vertreibungen der Juden aus Spanien (1492) und Portugal (1497), dem wirtschaftlichen Niedergang der jüdischen Gemeinden in Ost- und Westeuropa, dem Verlust der Bedeutung der jüdischen Gemeindeautonomie und mit ihm des Vierländerrates (Va'ad Arba Artzot) in Polen (1764). All dies erschütterte die Grundfesten jüdischen Lebens[16] und wurde von vielen als vermeintliche „Geburtswehen des Messias" gedeutet. Darauf beruhte der Erfolg eines jungen Mystikers: Sabbatai Zwi (1626–1676), der die Kabbala[17] über exklusive Gelehrtenkreise hinaus popularisierte. Der erste Schritt zu seinem späteren Erfolg war eine Reise ins Heilige Land, wo er in Safed auf Nathan von Gaza, seinen Propheten, traf, der ihn quasi entdeckte und in Anlehnung an die Gestalt Elijas begleitete. War das Bemühen Sabbatai Zwis primär auf die eigene und die Erlösung seines Gottes gerichtet, so formulierte sein Prophet die theoretischen Grundlagen zur Person des Messias. Liebes stellt fest, dass es dem Sabbatianismus nicht primär um eine Erlösung des Volkes, sondern um die Erlösung der Religion ging.[18] „In his eyes [Sabbatai Zwi, Anm. d. V.], the people and the religion are nothing but a means for the worship of ‚the true God' and, if this ‚God' essence is not precisely known, then God is not true, religion is an empty shell and new frameworks must be sought."[19] Das bewusste Außerkraftsetzen von Geboten und

---

16 Hier handelt es sich keineswegs um ein genuin jüdisches Phänomen, denn zu den politischen und religiösen Unruhen infolge des 30-jährigen Krieges oder der Inquisition kamen schwere Naturkatastrophen, die die christliche Bevölkerung Mitteleuropas gleichermaßen für neue millenaristische Bewegungen wie beispielsweise die Quäker, Mennoniten, Anabaptisten empfänglich machten. Vgl. A. Rapoport-Albert, Women and the Messianic Heresy of Sabbatai Zevi, 1666–1816, Oxford 2011, 76.

17 Die Kabbala ist eine mündlich überlieferte mystische Tradition des Judentums, die eine Erfüllung „jenseits von Raum und Zeit" in der Überzeitlichkeit in der unmittelbaren Gotteserfahrung suchte. Eine ausführliche Erörterung hierzu bietet: K. E. Grözinger, Jüdisches Denken, Bd. 2: Von der mittelalterlichen Kabbala zum Hasidismus, Frankfurt a. M. 2005; siehe auch: R.J.Z. Werblowsky, Messiaserwartungen, in: J. H. Schoeps/E.-V. Kotowski/H. Wallenborn (Hg.), Handbuch zur Geschichte der Juden in Europa, Darmstadt 2001, 115–126: 120. Eine Messiaserwartung ist diesen Schriften nicht inhärent. Vielmehr bezieht sich die messianische Hoffnung auf die Lehre des tikkun olam – die Erlösung der Schöpfung aus dem Chaos, deren Gelingen die messianische Zeit einleitet.

18 Vgl. Y. Liebes, Studies in Jewish Myth and Jewish Messianism, Albany 1993, 106.

19 Liebes, Myth (s. Anm. 18), 100.

Verboten als gewollter Antagonismus zur jüdischen Lehre, bereits im Mittelalter ein Motiv, dass mit dem Kommen des Messias in Zusammenhang gebracht wurde, nahm bei den Anhängern Sabbatai Zwis einen zentralen Stellenwert ein.[20] Der Beginn der Erlösung äußert sich darin, dass die gegenwärtige Welt ein katastrophales Ende durch Terror und Zerstörung nimmt. Verfolgungen und Leiden sind die Vorboten der Revolution. Das vorausgehende Chaos ist ein grundlegender Bestandteil der Dialektik messianischer Utopien. So sei die Erlösung nur durch die Ausradierung der alten Welt möglich.[21] Dennoch sahen die Sabbatianer sich als Juden, die das Judentum jedoch von innen zu erneuern versuchten. Viele Anhänger Sabbatai Zwis verkauften ihren Besitz und gaben ihre Existenz im Exil für ein besseres Leben in Eretz Israel auf. Die Konversion Sabbatai Zwis im Jahr 1666 zum Islam leitete den Niedergang des Sabbatianismus ein, dessen Einfluss aber noch 150 Jahre andauerte, etwa in der kryptojüdischen Gemeinschaft der Dönme in Saloniki.[22] Erklärte Sabbatai Zwi seine Konversion selbst als Willen seines Gottes, war in der Verteidigung des Nathan von Gaza die Apostasie ein notwendiger Schritt zu Befreiung der göttlichen Funken aus der Welt des Bösen für den *tikkun olam* – die Heilung der Welt. So wird hier der Bezug auf die Kabbala am deutlichsten. Das Scheitern Sabbatai Zwis bereitete den Weg für eine Reihe weiterer Gestalten wie Baruchio Russo in Saloniki (1676–1720), die sich selbst offenbarten oder von denen als neuer Messias gesprochen wurde. Das Konzept des personalen Messias hatte an Popularität gewonnen, seine Prätendenten sahen sich als Erben Sabbatai Zwis[23], so auch Jakov Josef Frank (eigentlich Jankiew Lejbowicz, 1726–1791)[24]. Dieser entschied auf seinen Handelsreisen durch Polen und Podolien, die Führung der sabbatianischen Bewegung zu übernehmen und erklärte sich zum Mes-

---

20 Vgl. P. Maciejko, The Mixed Multitude. Jacob Frank and the Frankist Movement, 1755–1816, Philadelphia 2011, 32 f.

21 Vgl. R. J. Z. Werblowsky, Messianism in Jewish History, in: M. Saperstein (Hg.), Essential Papers on Messianic Movements and Personalities in Jewish History, New York 1992, 39. Siehe auch Anm. 13.

22 Vgl. R.N. Levine, There is no Messiah and You're It. The Stunning Transformation of Judaism's Most Provocative Idea, Woodstock 2003, 111 passim; G. Scholem, Die krypto-jüdische Sekte der Dönme (Sabbatianer) in der Türkei, Numen 7 (1960), 93–122.

23 Im Detail dazu H. Lenowitz, The Jewish Messiahs. From Galilee to Crown Heights, New York 1998, 168f.

24 In den vergangenen Jahren wuchs auch das Interesse an Jakob Frank und dem Frankismus, was das Erscheinen genauerer Untersuchungen nach sich zog. Die wichtigsten: Ascarelli, Esau (s. Anm. 15); Maciejko, Multitude (s. Anm. 20).

sias, um die zerstreuten Gruppen wieder zu einen.[25] Er konvertierte 1759 in Lemberg zum katholischen Glauben und wurde noch im selben Jahr in Warschau gefirmt. Die Dispute mit dem katholischen Bischof und den örtlichen Rabbinern 1757 in Kamieniec-Podolsk und 1795 in Lemberg führten zu einer Polarisierung der jüdischen Gemeinschaft. Auch die formell katholischen Frankisten gründeten ihre Lehre auf der Idee, dass mit dem Bruch der Gesetze die Ankunft des Messias beschleunigt würde. Frank ließ sich 1787 mit einer großen Hofhaltung im Isenburger Schloss im hessischen Offenbach nieder. Größere Gruppen von Anhängern lebten u. a. in Prag, Brünn und Polen. Nach Franks Tod führte seine Tochter Eva (1754–1817) die Sekte an, die schließlich in der Mehrheitsgesellschaft aufging.

Gerade Gershom Scholem (1897–1982)[26] hat die pseudomessianischen Bewegungen wieder ins Bewusstsein gerufen und interpretiert. Überhaupt wird gerade im 20. Jahrhundert dem Phänomen des Sabbatianismus mit neuer Faszination nachgegangen, eng verbunden mit einem neuen Interesse an der jüdischen Mystik. Jacob Neusner schrieb 1967, „Shabbatai Zvi was not merely ‚the Messiah', but rather played a central role in the metaphysical drama created by tensions within the Godhead itself."[27] Yehuda Liebes betont vor allem den Ansatz zionistischer Historiker wie Joseph Klausner, Aaron Zeev Aescoly und Abba Hillel Silver, im Pseudomessianismus die Sehnsucht nach unmittelbarer politischer Erlösung zu sehen und ihn so als Vorläufer der eigenen Bewegung zu reklamieren. Liebes setzte dieser politischen Vereinnahmung des Sabbatianismus seine Vorstellung von Revolte gegenüber der tradierten Religion in Form spiritueller Erneuerung entgegen. „This was the aim of Sabbatianism – the redemption and renewal of religion, of faith, and of the true God. In the eyes of Sabbateans, exile is the exile of religion, and its place of exile is the fossilized tradition, which has long since forgotten its roots and aims."[28]

Zwi Werblowsky weist zu Recht darauf hin, dass es keinen zwingenden Zusammenhang zwischen katastrophalen Ereignissen in der jüdischen Geschichte und dem Entstehen (pseudo-)messianischer Bewegungen gibt. Eine Vielzahl schwerer Erschütterungen des jüdischen Lebens im Exil weckte keinesfalls unweigerlich messianische Erwartungen. Ähnliches gilt nach Werblowskys Auffassung

25 Lenowitz, Galilee (s. Anm. 23), 171. Er sah sich nicht als Inkarnation Sabbatai Zwis, sondern als Messias, der auf Erden gesandt wurde. Vgl. Maciejko, Multitude (s. Anm. 20), 30.
26 Liebes, Myth (s. Anm. 18), 93.
27 J. Neusner, From Theology to Ideology, in: ders., Collected Writings, Paris 1967, 14.
28 Liebes, Myth (s. Anm. 18), 93, 106.

für die Messiasidee, die zwar „zweifellos Vorbedingung, wenn auch kein genügender Grund" für messianische Bewegungen sei.[29] Wenn es einen solchen ursächlichen Zusammenhang auch nicht geben mag, so hatte das Scheitern der pseudomessianischen Euphoriker auf jeden Fall Auswirkungen auf das Konzept des Messianismus. Die Hoffnung auf Erlösung durch einen Messias aus dem Hause Davids, der die Exilierten im Land Israel sammeln werde, geriet durch die Erfahrungen mit dem Sabbatianismus und Frankismus in eine grundlegende Krise. Eine mögliche Antwort auf diese Enttäuschung war der Chassidismus mit seiner frohen Diesseitsorientierung.

3. Der Messias-Gedanke im Chassidismus

Johann Maier beschreibt die Stimmungslage in den großen und religiös unzulänglich versorgten Gemeinden Podoliens und Galiziens ab 1740/50 so: „Das ziemlich formalistische rabbinische Establishment war nicht in der Lage, den Erwartungen einer Frömmigkeitstendenz zu entsprechen, die emotional noch stark durch die Bewegung des Sabbatianismus bestimmt war."[30] So begann der Chassidismus als Reformbewegung und Reaktion auf die desaströsen Ereignisse der sabbatianischen und frankistischen Bewegungen[31] und entwickelte sich zu einer der zentralen Strömungen osteuropäischer jüdischer Frömmigkeit im ausgehenden 18. und im gesamten 19. Jahrhundert. Die chassidischen Gemeinschaften widersetzten sich erbittert der jüdischen Aufklärung und wurden ihrerseits von diesen bekämpft, vor allem aber auch durch die Vertreter der klassischen rabbinischen Lehre, später auch durch Sozialisten und Zionisten.

Der Chassidismus ist sicherlich eines der deutlichsten Beispiele in der jüdischen Geschichte für den Versuch, die Sprengkraft der Vorstellung von einem personalen Messias zu neutralisieren. Die Entschärfung der messianischen Idee zeigt sich sehr deutlich in den Erzählungen der Chassidim über die Herbeiführung der messianischen Zeit und über die Aufgabe des Einzelnen – in Gestalt des Rebben oder Zaddik – auf dem Weg dorthin:

---

29 Werblowsky, Messiaserwartungen (s. Anm. 21), 119.
30 J. Maier, Judentum von A bis Z, Freiburg 2001, 92.
31 Vgl. B. Dinur, The Origins of Hasidism and Its Social and Messianic Foundations, in: G. D. Hundert (Hg.), Essential Papers on Hassidism. Origins to Present, New York 1991, 86–172.

„Ein Ungläubiger hielt einmal dem Berditschewer vor, die großen alten Meister seien auch tief im Irrtum befangen gewesen; so habe Rabbi Akiba an den Empörer Barkochba als den Messias geglaubt und habe ihm gedient. Der Berditschewer antwortete: ,Einem Kaiser erkrankte einst sein einziger Sohn. Ein Arzt riet, ein Linnen mit einer scharfen Salbe zu bestreichen und es um den bloßen Leib des Kranken zu legen. Ein anderer widersprach, weil der Knabe zu schwach sei, um die heftigen Schmerzen, die die Salbe verursacht, zu ertragen. Der dritte empfahl nun einen Schlaftrunk; aber der vierte befürchtete, der könnte dem Herzen des Kranken einen Schaden zufügen. Da schlug der fünfte vor, man solle den Trunk löffelweise reichen, von Stunden zu Stunden, sooft der Prinz erwache und die Schmerzen spüre. Und so wurde getan.

Als Gott sah, daß die Seele Israels krank war, hüllte er sie in das ätzende Linnen der Galut und legte, daß sie es ertrüge, den Schlaf der Dumpfheit auf sie. Damit aber der sie nicht zerstöre, weckt er sie von Stunden zu Stunden mit einer falschen Messiashoffnung und schläfert sie wieder ein, bis die Nacht vergangen ist und der wahre Messias erscheint. Um dieses Werkes willen werden zuweilen die Augen der Weisen verblendet‘.“[32]

Innerhalb ihres hagiografischen Systems lassen sich eine Vielzahl von Erzählungen zu Wundern und kosmischer Wiederherstellung finden.[33] Der zuvor in apokalyptischen Visionen betonte Zusammenhang zwischen historischen Ereignissen und dem Erscheinen des Messias verliert jedoch an Bedeutung.

Der Baal Schem Tov (Israel ben Elieser, um 1700–1760) schrieb seinem Schwager 1750 von seiner Himmelsreise; demnach erhielt er seine Weisung vom Messias selbst, der ihm fünf Bedingungen für sein Kommen nannte:

„Da fragte ich den Messias: ,Wann kommt Ihr, Herr?‘ Und er antwortete mir: ,Daran wirst du es erkennen: Wenn deine Lehre bekannt und in der Welt offenbar sein wird und seine Quellen nach draußen dringen [mit dem], was ich dich gelehrt habe und du empfangen hast, so dass auch sie mystische Einungen und Aufstiege vollziehen können wie du! Dann werden alle Schalen [Klippot, Kräfte des Bösen] vernichtet sein und es wird eine Zeit des Wohlgefallens und der Erlösung kommen.“[34]

---

32 M. Buber, Die Erzählungen der Chassidim, Zürich ¹²1996, 364 f.

33 Vgl. Lenowitz, Galilee (s. Anm. 23), 199.

34 Zit. nach: Grözinger, Hasidismus (s. Anm. 17), 755; vgl. S. Dubnow, The Beginnings. The Baal Shem Tov (Besht) and the Center in Podolia, in: Hundert (Hg.), Papers on Hasidism (s. Anm. 31), 37.

Das vorrangige Ziel galt im Chassidismus der individuellen Erlösung, nationale und universale Aspekte wurden marginalisiert.[35] In den Vordergrund tritt nun die Erlösung als Prozess der individuellen Läuterung. Die Individualisierung der messianischen Idee, die die Aufgabe der Erlösung von der Gestalt des Messias loslöste, wird zum Kern der chassidischen Lehre.

„Ein frommer Rabbi wurde in seinem Studium der Heiligen Bücher unterbrochen, als ein aufgeregter Schüler in den Raum stürmte und rief: ,Meister, der Messias ist gekommen!' Der Rabbi erhob sich und sah aus dem Fenster. Nach einer Weile murmelte er: ,Nichts hat sich geändert', und kehrte zu seinen Studien zurück."[36]

Im Chassidismus, diesem späten Stadium der jüdischen Mystik, ist es interessant zu sehen, wie Vorstellungen der Kabbala einem Wandel unterzogen werden. Das Schlüsselwort der lurianischen Kabbala, „Tikkun", erhält hier besondere Bedeutung: die „Restitution oder Reintegration aller Wesen zu ihrem ursprünglichen Stand, wie er im göttlichen Schöpfungsplan angelegt war". Robert N. Levine sagt dazu: „Tikkun was born in the heart, soul and yearning of the individual, not necessarily the messiah. [...] Hasidism brought kabbalah back to its roots: individual responsibility for tikkun, which will lead to the redemption of the many, after which the messiah shall arrive."[37] Am Ende dieses Prozesses steht die Erlösung. „Die messianische Ladung der Lehre vom Tikkun ungefährlich zu machen war die Aufgabe"[38], konstatierte Scholem.

Die Bedeutung des messianischen Elements für den Chassidismus ist in der Forschung umstritten. Verstanden Martin Buber und Gershom Scholem den Chassidismus als Gegenreaktion auf Sabbatianismus und Messianismus, so werteten Benzion Dinur (1884–1973) und Isaiah Tishby (1908–1992) den Messianismus als wichtiges Element seines Erfolges und seiner Vitalität.[39] Die Vorstellung eines personalen Messias fand neue Resonanz. Ein Beispiel hierfür ist Rabbi Nachman von Bratslav (1772–1810), der bereits zu seiner Zeit eine Ausnahmeerscheinung

---

35 Vgl. A. Ravitzky, Messianism, Zionism, and Jewish Religious Radicalism, Chicago 1996, 193.

36 F. Hahn, Jüdische und christliche Messias-Erwartung, in: M. Becker/W. Fenske (Hg.), Das Ende der Tage & die Gegenwart des Heils. Begegnungen mit dem Neuen Testament & seiner Umwelt, Leiden 1999, 142.

37 Levine, Transformation (s. Anm. 22), 130, 133.

38 G. Scholem, Von der mystischen Gestalt der Gottheit. Studien zu Grundbegriffen der Kabbala, Zürich 1962, 238.

39 Vgl. J. Dan, Art. Messias/Messianismus 2. Mittelalter und Neuzeit, in: RGG⁴ 5 (2002), 1149.

war, da er sich eher im Rahmen der kabbalistischen Moralliteratur bewegte als in den klassischen Lehren des Chassidismus.[40]

Er sah sich selbst als Zaddik und Erlöser, der den Anhängern Hilfe beim *tikkun olam*, der Wiederherstellung des Kosmos und der individuellen Seele anbieten muss.[41] Durch die Betonung der Sünde und der Notwendigkeit der Buße eröffnete Nachman von Bratslav eine weitere Variante für einen aktiven Messianismus, der Eingang in die religiöse Praxis der Bratslaver Chassidim fand. Dass er sich selbst zu höherer Aufgabe berufen fand, zeigt sein messianisches Selbstbewusstsein, als er sich 1806 als *Zaddik haDor*, der als der Wegbereiter des Messias ben David fungieren würde, ausrief und auf das Ritual der Buße (Tikkun haKelali), zum Mitternachtsgebet (*Tikkun Chatzot*) und zum Fasten drängte.[42] Damit erntete er nicht nur den Spott der Mitnagdim (hebr. für „Gegner", eine antichassidische Richtung aus dem Umfeld der litauischen Talmudakademien), sondern auch deren gesteigertes Misstrauen, so dass viele Schriften nur im engsten Kreise von Vertrauten weitergegeben wurden.[43]

Die um ihren Einfluss fürchtenden traditionellen Eliten führten einen verbitterten Kampf gegen die Chassidim, deren Lehren sie als Fortführung sabbatianischer Häresie ansahen. Sich des revolutionären Potentials bewusst, erkannten sie die Gefahr für ihre Stellung innerhalb der traditionellen Gemeinden sowie für ihre Definitionshoheit in religiösen Fragen. Im Chassidismus ging es nämlich nicht primär um das Halten der Mitzwot, um Gelehrsamkeit oder um das Ritual, die Bereiche traditioneller Religiosität. Im Vordergrund standen unmittelbare religiöse Existenzerfahrungen, das Wirken des menschlichen Tuns auf die oberen Sphären, Gebetsekstase und eine Abkehr vom Ritualismus.[44]

Wie stark die Hoffnung auf den Messias im Chassidismus nachwirkt, zeigen heute die Bemühungen der Lubawitscher Chassidim um Anerkennung ihres verstorbenen geistigen Führers Menachem Mendel Schneerson (1902–1994) als personifizierten Messias. Für seinen Aufruf an die Diaspora, „create a Land of Israel

---

40 Vgl. A. Green, Nahman of Bratslav's Messianic Striving, in: Saperstein (Hg.), Messianic Movements (s. Anm. 21), 389–432: 390 f.

41 Vgl. A. Green, Tormented Master. A Life of Rabbi Nahman of Bratslav, Woodstock 1992, 182–220.

42 Liebes, Myth (s. Anm. 18), 115: „R. Nakhman of Bratslav […] is a messianic figure par excellence and his personality is indeed the main content of its ideology."; vgl. Green, Nahman (s. Anm. 40), 417.

43 Vgl. Green, Master (s. Anm. 41), 207.

44 „[A]ll spheres of life, like all actions, a potentially sacred. Consequently, the traditional mizwot are no longer necessary to the process of redemption. A Jew fulfills his obligations by hallowing the everyday, that is, by performing all acts in the proper intention.": L.J. Silberstein, The Renewal of Jewish Spirituality. Two Views, in: A. Green (Hg.), Jewish Spirituality, London 1987, 402–432: 412.

here"[45], erntete er harsche Kritik zionistischer Rabbiner. Mit der Konsolidierung des Zionismus kam es zunächst zu einer Betonung der geistigen Werte. Die Bemühungen um die Errichtung eines jüdischen Staates in Eretz Israel sahen die Mitglieder der chassidischen Bewegungen kritisch, da die traditionelle Auffassung „vom jüdischen Volk verlangt, vollständige historische und politische Passivität bis zum Eintreten der göttlichen Erlösung zu üben"[46], wenngleich sie sich der Möglichkeit der Ansiedlung in Eretz Israel nicht verschlossen.[47] Weniger als Besonderheit denn Akzentverschiebung lässt sich auch bei Chabad Lubawitsch[48] seit Mitte des vergangenen Jahrhunderts eine akute messianische Betriebsamkeit feststellen, ein klassisches Beispiel eines Katastrophen-Messianismus.[49] „Be ready for redemption soon, shortly in our day!"[50] unter der Führung Menachem Mendel Schneersons erreichte die Erwartung ihren Höhepunkt und wich der Gewissheit, dass es jedem Juden das Seine sei, so zu handeln, dass die Erlösung sogleich eintreten könne, quasi schon heute.[51]

David Berger kritisiert vor allem die Verbreitung der Auffassung, dass der Messias mehrere Versuche brauche, die Welt zu erlösen, wie es die Lubawitscher Chassidim offen vertreten.[52] Jemand könne auch als Messias identifiziert werden, obwohl er in einer unerlösten Welt gestorben sei. Nach Tod und Bestattung harre man seiner Wiederkunft.[53]

---

45 Ravitzky, Zionism (s. Anm. 35), 185.
46 Ravitzky, Zionism (s. Anm. 35), 194.
47 Vgl. Ravitzky, Zionism (s. Anm. 35), 184 f.
48 Akronym für die kabbalistischen Begriffe Chochma („Weisheit"), Bina („Erkenntnis") und Da'at („Wissen"); Selbstbezeichnung chassidischer Gruppen.
49 Vgl. Ravitzky, Zionism (s. Anm. 35). Während der Wirkungszeit des charismatischsten Lubawitscher Rebben Menachem Mendel Schneerson kam es u. a. zu verheerenden Pogromen, zu Revolutionen und Ausbruch des Zweiten Weltkrieges. Die Menschen standen außerdem unter dem Eindruck sich massiv und schnell ändernder gesellschaftlicher Verhältnisse, die ein gesteigertes Krisenbewusstsein mit sich brachten. Darüber hinaus wuchs das Interesse an der jüdischen Geschichte vor allem in Osteuropa, wodurch auch Narrative von Gewalt, wie beispielsweise die Chmielnicki-Pogrome erstmals umfassend dargestellt wurden.
50 Zitat nach Ravitzky, Zionism (s. Anm. 35), 195.
51 Vgl. Ravitzky, Zionism (s. Anm. 35), 196.
52 Die Parallelen zum Christentum wie zu Sabbatai Zwi sind hier offensichtlich. Vgl. D. Berger, The Rebbe, the Messiah, and the Scandal of Orthodox Indifference, London 2001; vgl. B. Kraut, Salvation or Destruction? The Meaning and Consequences of Lubavitch Messianism. Review Essay: The Rebbe, the Messiah, and the Scandal of Orthodox Indifference, by David Berger, Shofar 20,4 (2002), 96–105; vgl. D. Berger, The Fragility of Religious Doctrine. Accounting for Orthodox Acquiescence in the Belief of a Second Coming, Modern Judaism 22 (2002), 103–114.
53 „A specific descendant of King David may be identified with certainty as the Messiah even

Aus Sicht der klassischen Orthodoxie sind plakative Sätze wie „Yechi Adonenu Morenu we-Rabbenu Melech Ha-Maschiach le-olam wa-ed!" („Es lebe unser Herr, Lehrer und Rabbi, der König Messias, für ewig!") Götzendienst.[54] Eine derartige Verwendung einer personalen Messiasvorstellung bewegt sich an der absoluten Peripherie des Judentums. Vielleicht wird deshalb Chabad Lubawitsch manchmal mit Verweis auf einen Kommentar von Rabbiner Eliezer Schach (1898–2001) scherzhaft als die Religion bezeichnet, die dem Judentum am nächsten stünde.

4. Die Universalisierung der Messiasvorstellung nach der Emanzipation

Die Französische Revolution von 1789 bis 1799 erschütterte die europäische Gesellschaft bis in die Tiefen ihrer Existenz. Neue philosophische und wissenschaftliche Ansätze stellten das alte System grundlegend in Frage. Dies betraf das Christentum im gleichen Maße wie das Judentum.[55] Unter dem Eindruck der Verbindung der protestantischen Theologie mit der Aufklärung und der Schriften Gotthold Ephraim Lessings (1729–1781) setzte ein Umdenken ein, dass auch das System traditioneller talmudischer Gelehrsamkeit und nicht-akademischer Ausbildung für das Rabbinat hinterfragte. Insbesondere die Anhänger der jüdischen Aufklärung (Haskala), die Maskilim, bemühten sich um eine zeitgemäße Neudefinition im Zusammenhang mit dem Streben nach gesellschaftlicher Anerkennung. Der

---

though he died in an unredeemed world. The criteria always deemed necessary for a confident identification of the Messiah – the temporal redemption of the Jewish people, a rebuilt Temple, peace and prosperity, the universal recognition of the God of Israel – are null and void. [...] The messianic faith of Judaism allows for the following scenario: God will finally send the true Messiah to embark upon his redemptive mission. The long-awaited redeemer will declare that all preparations for the redemption have been completed and announce without qualification that the fulfillment is absolutely imminent. He will begin the process of gathering the dispersed of Israel to the Holy Land. He will proclaim himself a prophet, point clearly to his messianic status, and declare that the only remaining task is to greet him as Messiah. And then he will die and be buried without redeeming the world. To put the matter more succinctly, the true Messiah's redemptive mission, publicly proclaimed and vigorously pursued, will be interrupted by death and burial and then consummated through a Second Coming.", Berger, Indifference (s. Anm. 52), 103.

54 E.R. Glickman, The Messiah and the Jews – Three Thousand Years of Tradition, Belief and Hope, Woodstock 2013, 104–107.

55 Vgl. E. Breuer, Haskalah and History. The Emergence of a Modern Jewish Historical Consciousness (Review: S. Feiner/D.J. Sorkin (Hg.), New Perspectives on the Haskalah, Oxford 2004), JQR 94,1 (2004), 206.

Schriftsteller, Übersetzer und Buchhändler Saul Ascher (1767–1822) schließlich versuchte mit der Interpretation des Judentums als Religion, ihren Angehörigen neue Möglichkeiten als Minderheit innerhalb der Mehrheitsgesellschaft zu eröffnen, gleichzeitig aber alle Juden wieder an die Gemeinschaft zu binden. Mit dem Sanhedrin, der 1806 in Paris einberufen worden war, forderte Napoleon die Loyalität der Juden als französische Bürger ein. Teilhabe und Teilnahme im Nationalstaat ist aber nicht in Einklang zu bringen mit der Sehnsucht nach dem Wiederaufbau Jerusalems, der Wiedererrichtung des Königtums aus dem Hause Davids und der Sammlung des jüdischen Volkes in Eretz Israel – Vorstellungen, die im traditionellen Achtzehnbittengebet mit der Ankunft des Messias verbunden sind. Israel Jacobson (1768–1828), der im napoleonischen Modellstaat Westphalen Präsident des Konsistoriums der Israeliten war, versuchte „den Kern von der Schale zu sondern [...] und wesentliche Einrichtungen und Bräuche zu modifizieren, sobald die geläuterte Vernunft selbige als unnütz oder schädlich darstellt.“[56]

Mit diesem Anliegen ist Jacobson nicht alleine. Saul Ascher verwendet als erster die Bezeichnung „orthodoxer Jude" für jemanden, der „sich jeder Veränderung oder Reform des traditionellen, halachischen Judentums widersetzt"[57]. Dies aber lasse die Religion erstarren und erfordere eine Reform des Judentums. In seinem Werk „Leviathan oder über Religion in Rücksicht des Judentums" von 1792 hinterfragte Ascher das jüdische Ritualgesetz und erklärte z. B. die Speiseregeln für obsolet. Dagegen behielt er jedoch in seinen 14 Glaubensgrundsätzen den Messiasgedanken als tragendes Konzept bei: „Wir hoffen auf Erlösung durch seinen Messias in diesem Leben oder in unserm Grabe mit denen, die er in der Auferstehung würdig achten wird."[58]

Der Mathematiker, Philosoph und Pädagoge Lazarus Bendavid (1762–1836) erklärte dagegen, „dass die Erwartung eines Messias keinen wesentlichen Glaubensartikel der Juden ausmache. Kein Mensch verarge [...] es daher dem Juden, wenn er seinen Messias darin findet, dass gute Fürsten ihn Ihren übrigen Bürgern gleich gestellt, und ihm die Hoffnung vergönnt haben, mit der Erfüllung aller Bürgerpflichten, auch alle Bürgerrechte zu erlangen."[59]

---

56 Zit. nach H. Bomhoff, Israel Jacobson. Wegbereiter jüdischer Emanzipation, Berlin 2010, 33.

57 Ch. Schulte, Die jüdische Aufklärung. Philosophie, Religion, Geschichte, München 2002, 188.

58 S. Ascher, Leviathan, in: R. Best/ders., Ausgewählte Werke. Deutsch-jüdische Autoren des 19. Jahrhunderts. Schriften zu Staat, Nation, Gesellschaft, Köln/Weimar/Wien 2010, 179.

59 L. Bendavid, Über den Glauben der Juden an einen künftigen Messias (Nach Maimonides und den Kabbalisten), 2. Teil, Zeitschrift für die Wissenschaft des Judenthums 1 (1823), 224 f.

Die Frage nach dem Messias und dem Messianismus wurde mit der Gleichstellung der Juden in den europäischen Nationalstaaten zu einem Problem. Der Seidenfabrikant David Friedländer (1750–1834) ging den ersten radikalen Schritt. „Er sah die Notwendigkeit, die Liturgie aller Elemente zu entkleiden, welche die Juden als Fremde kennzeichneten [...] Außerdem konnte der moderne Jude nicht ernsthaft für seine Rückkehr nach Jerusalem, für den Wiederaufbau des alten Tempels und dessen Opferdienst beten."[60]

Mit diesem Ruf nach Veränderungen blieb David Friedländer nicht alleine. Unter dem Prediger und Pädagogen Eduard Kley (1789–1867) wurde 1817 der „Neue israelitische Tempelverein" gegründet. Das Hamburger Tempelgebetbuch folgt dem sefardischen Ritus und war die erste umfassende Reformliturgie. Es zeichnet sich durch Streichung oder Universalisierung messianischer Passagen aus: In der zweiten Benediktion des Schma wird aus „Und geleite uns aufrecht in unser Land" jetzt „Führe uns deinen Segen zu in allen Theilen der Erde."[61]

Abraham Geiger vermerkte dazu in einer Schrift über den Hamburger Tempelstreit von 1819: „Nun ist aber in dem Gebetbuche des Tempels keineswegs eine durchgreifende Aenderung vorgenommen, sondern höchstens der Inhalt hie und da in etwas abweichenden Nuancen ausgedrückt, selbst die in der verdammenden ‚Bekanntmachung' hervorgehobenen Punkte von der Erlösung, der Ankunft des Messias und Auferstehung – welche übrigens nirgends als wesentlicher Bestandteil des Gebetes bezeichnet werden – an den meisten Orten ganz unverändert beibehalten, an andern nur etwas modifiziert."[62] Auch in der Berliner Reformgemeinde wurde zunächst nur vorsichtig Liturgie verändert.[63] „Das Wort Erlöser, in Bezug auf den Messias, wurde mit der unpersönlicheren ‚Erlösung' wiedergegeben."[64]

---

60 M. A. Meyer, Antwort auf die Moderne. Geschichte der Reformbewegung im Judentum, Wien 2000, 77; S.C. Reif, Judaism and Hebrew Prayer. New Perspectives on Jewish Liturgical History, Cambridge/New York 1993, 280. Vgl. D. Friedländer, Ueber die durch die neue Organisation der Judenschaften in den preußischen Staaten nothwendig gewordene Umbildung 1) ihres Gottesdienstes in den Synagogen, 2) ihrer Unterrichts-Anstalten und deren Lehrgegenstände und 3) ihres Erziehungswesens überhaupt. Ein Wort zu seiner Zeit, Neudr. der Ausgabe von 1812, Berlin 1934.

61 K. Herrmann, Liberale Gebetbücher von 1817 bis 1929, in: W. Homolka (Hg.), Liturgie als Theologie, Berlin 2005, 72.

62 A. Geiger, Der Hamburger Tempelstreit 1842, in: ders., Nachgelassene Schriften, hg. von L. Geiger, Breslau 1885, 113–196: 127.

63 Vgl. Geiger, Tempelstreit (s. Anm. 62), 113–196; J.J. Petuchowski, Prayerbook Reform in Europe. The Liturgy of European Liberal and Reform Judaism, New York 1968, 45.

64 Meyer, Moderne (s. Anm. 60), 84. Zu dieser Veränderung der Messiaserwartung seit den 1840er Jahren siehe G. Y. Kohler (Hg.), Der jüdische Messianismus im Zeitalter der Emanzipation – Reinterpretationen zwischen davidischem Königtum und endzeitlichem Sozialismus, Berlin 2013.

Mit der rechtlichen Gleichstellung wurde die Hoffnung auf einen personalen Messias und die Wiederherstellung Israels obsolet. Geigers Haltung zu einer Rückkehr ist eindeutig: „Die Wiederherstellung der alten Zustände – das war die sehnsüchtige Erwartung für die Zukunft, das ist sie nicht mehr. Wir verlangen nicht wieder nach Palästina zurück, wollen nicht eine besondere Volkstümlichkeit darstellen, nicht einen eigenen Staat gründen, wir erkennen vielmehr in allen Gauen der Erde die große Heimat, lieben das uns zuertheilte Vaterland mit aller Seeleninnigkeit, blickend vertrauend der großen Verheißung entgegen, dass voll die Erde werde von der Erkenntnis Gottes [...].“[65]

Von den 1840er Jahren an erfährt die Idee des Messias eine allgemeine Entpersonalisierung. Der Einzelne gewinnt an Bedeutung, die Subjektivierung der messianischen Aufgabe wird fest in der jüdischen Theologie verankert. Aus dem Messias wird die Idee des Messianismus, einer messianischen Zeit, die die Zukunftsorientierung des Judentums betont und das Judentum in seiner Mission seiner Geschichtlichkeit enthebt.

Die Debatten spiegeln sich auch in den Gebetbüchern der Zeit wieder; Jakob Petuchowski hat nachgezeichnet, wie insbesondere im 18-Bitten-Gebet (Amida) die traditionelle Gebetsformel in der 10. Benediktion, „Und führe uns in Frieden von den vier Enden der Welt und geleite uns aufrecht in unser Land“ modifiziert wurde, um die Hoffnung auf die Rückkehr ins Land der Väter zu entkräften: In *Die Deutsche Synagoge* von 1817 etwa wurde „in unser Land“ zu „zur ewigen Glückseligkeit“ abstrahiert.[66]

Samuel Hirsch (1815–1889) hinterfragte als Rabbiner in Dessau in seinen Predigten das überkommene Messiasbild: „Wenn Alles voll ist von Gotteserkenntniß, was kann dann noch ihm zu leisten bleiben? [...] Ja, nur das eine bleibt uns noch zu thun, zu erforschen, was denn der persönliche Messias uns ist [...]“[67]. Hirsch wanderte 1866 in die USA aus und wurde in Philadelphia zu einem bedeutenden Vertreter der *Classical Reform*.

Auch Rabbiner Salomon Formstecher (1808–1889) sprach nicht mehr primär von einer Wiederherstellung jüdischer Souveränität, sondern von der Vervollkommnung und Veredlung des Menschen.[68] Rein materielle Vorstellungen von

---

65 A. Geiger, Unser Gottesdienst. Eine Frage, die dringend Lösung verlangt, Breslau 1868, 17.

66 Petuchowski, Prayerbook (s. Anm. 63), 216 ff.

67 S. Hirsch, Die Messiaslehre der Juden. In Kanzelvorträgen zur Erbauung denkender Leser, Berlin 1843, 397.

68 S. Formstecher, Die Religion des Geistes. Eine wissenschaftliche Darstellung nach seinem Charakter, Entwicklungsgange und Berufe in der Menschheit, Frankfurt a. M. 1841.

der Wiederauferstehung und Unsterblichkeit der Seele wie auch eine mystische Verklärung der Zukunft schreibt er dem heidnischen Glauben zu, während das Judentum als rationalistische Religion diese Elemente nicht kennt, sie aber in ihrer Entwicklungsstufe als Naturreligion assimiliert.[69] Abraham Geiger betonte als den Kern der messianischen Botschaft den Universalismus, nicht den über die Jahrhunderte beschworenen Nationalismus.[70] Allerdings sei die Phase des Nationalismus essentiell für die Entwicklung, so dass das Christentum nur einen falsch verstandenen Universalismus propagiert. Zunehmend trat in der Wissenschaft des Judentums der Aspekt der fortschrittlichen Prozesshaftigkeit in den Vordergrund; der Glaube an ein neues Zeitalter wird bestimmend für eine ganze Epoche: „Das Wunder wird sein, dass die Ekstase dauern, die Ruhe ewig sein wird. Gerade diese Fassung berührt die erhabenste Tiefe menschlichen Leids. Nicht, dass wir Reinheit nicht erlangen können, wie es das Christentum meint, ist der Schmerz – nein, dass wir nicht imstande sind, sie dauern zu lassen, das ist die große und einzige und wahrhaft abgründige Tragik. Sie zu lösen ist des Judentums Messiashoffnung."[71] Damit war ein weiterer Schritt hin zu einer Universalisierung der messianischen Idee vollzogen. Die mystischen Elemente wichen einer allgemeinen Utopie einer messianischen Zeit, die zu erlangen die Mission des jüdischen Volkes sei und die der ganzen Menschheit zu Gute kommen werde. Die von Maimonides beschworene Souveränität des jüdischen Volkes als Vorbedingung wurde ersetzt durch die Erlangung der Bürgerrechte in den Ländern der nunmehr positiv gedeuteten Diaspora.

Meilensteine in der theologischen Fundierung der Reformbewegung waren die Rabbinerkonferenzen 1843–1846 in Braunschweig, Frankfurt am Main und Breslau, 1869 und 1885 in Philadelphia und Pittsburgh, da hier neue theologische Vorstellungen allgemeine Gültigkeit erlangten. Die Rabbinerkonferenzen von Philadelphia und Pittsburgh setzen neue Maßstäbe für ein zeitgemäßes Judentum. Dazu erklärten die Initiatoren: „We recognize, in the modern era of universal culture of heart and intellect, the approaching of the realization of Israel's great Messianic hope for the establishment of the kingdom of truth, justice, and peace among all men."[72] Als aufgeklärte Betergemeinschaft gab es für sie keine Notwen-

69 Vgl. K. E. Grözinger: Jüdisches Denken. Bd. 3: Von der Religionskritik der Renaissance zu Orthodoxie und Reform im 19. Jahrhundert, Frankfurt a. M. 2009, 559.

70 Vgl. D. Biale, Gershom Scholem on Jewish Messianism, in: Saperstein (Hg.), Messianic Movements (s. Anm. 21), 523.

71 E. Bergel-Gronemann, Der Messiasgedanke, Der Jude 5 (1921–22), 271.

72 Vgl. http://ccarnet.org/rabbis-speak/platforms/declaration-principles (geprüft am 19.10.2013).

digkeit für eine Rückkehr in das Land der Väter, einen Wiederaufbau des Tempels und eine Wiedereinrichtung des Tempeldienstes unter den Nachkommen Aarons. Dies hatte in ähnlicher Weise schon Rabbiner Samuel Holdheim formuliert: Das Zeremonialgesetz in der gegenwärtigen Zeit beizubehalten, käme einer Verzögerung der messianischen Epoche gleich, es aufzugeben, würde indes bedeuten, dass ein universalistisches Beispiel gegeben würde.[73]

Die Aufgabe partikularistischer Vorstellungen stieß ebenso wie die historisch-kritische Methode bei der Exegese religiöser Schriften auf vehemente Ablehnung von Seiten der sich konsolidierenden Orthodoxie. Einen „Sturm der Neu-Orthodoxie" nannte Geiger den Wiener Prozess von 1864 gegen den Publizisten Leopold Kompert und die Anwürfe gegen die moderaten Rabbiner Isaak Mannheimer und Lazar Horwitz wegen Gotteslästerung durch eine Allianz von orthodoxen ungarischen Rabbinern, katholischer Kirche und Staatsanwaltschaft. Kompert hatte im „Jahrbuch für Israeliten" (1863/64) den Aufsatz „Die Verjüngung des jüdischen Stammes" von Heinrich Graetz veröffentlicht, in dem er bemerkte, dass sich die Verkündigungen des Deuterojesajas unmöglich auf einen persönlichen Messias, sondern nur auf das ganze Volk Israel beziehen könnten, und so vermeintlich „die Messiaslehre der orthodoxen jüdischen Kirche geschmäht, verspottet und herabgewürdigt [werde]."[74]

5. Die Rückkehr aus dem Exil und Sammlung im Land Israel

Die Frage nach dem Messias im Spannungsfeld von Bedrückung und Hoffnung stellte sich selbstverständlich nicht nur für Erneuerungsbewegungen, sondern auch für das traditionsgebundene rabbinische Judentum. So befand Rabbiner Tuvja HaCohen (1652–1729): „Es geziemt sich für jeden Angehörigen des mosaischen Glaubens [...] an das Kommen des Messias zu glauben, weil die Tora gebietet, an die Worte des Propheten zu glauben [...] und die Propheten prophezeiten das Kommen des Messias."[75] Man konnte sich aber auch im rabbinischen Denken nicht der Einflüsse kabbalistischen Denkens erwehren. So sprach der Prager Tal-

---

73 Vgl. S. Holdheim, Das Ceremonialgesetz im Messiasreich, Schwerin 1845, 42.

74 Vgl. A. Geiger, Der Sturm der Neu-Orthodoxie gegen Mannheimer und Horwitz, Jüdische Zeitschrift für Wissenschaft und Leben (1863), 267ff.; vgl. J. Meisl, Graetz und das nationale Judentum (zum 100. Geburtstag, 31. Oktober 1917), Der Jude 7 (1917–18), 471–478.

75 Zit. nach Grözinger, Jüdisches Denken 3 (s. Anm. 69), 278.

mudist Judah Löw (1512/1525–1609) vom Messias als einem übernatürlichen Wesen.[76] Die messianischen Vorstellungen betonten immer restaurative Elemente
wie intensivierte Anstrengungen zur Besiedlung des Landes Israel und der dauer-
haften jüdischen Präsenz dort.

Mit der rechtlichen Emanzipation, der Verbürgerlichung und der jüdischen
Reformbewegung im Zuge der jüdischen Aufklärung sah sich das traditionelle Judentum in Mitteleuropa zu Beginn des 19. Jahrhunderts vor einer Vielzahl von
Herausforderungen gestellt. Die Teilhabe an der Gesellschaft in der Diaspora
musste mit den Vorstellungen einer Wiederherstellung des Königtums Davids
durch den Messias in Einklang gebracht werden. Auf Grundlage von Talmud und
Midrasch wurde die messianische Zeit als ein den Menschen ereilendes Ereignis
verstanden, das ähnlich wundertätig in Erfüllung gehen werde wie die Befreiung
aus Ägypten.[77] Dennoch gab es immer wieder Bemühungen zur Besiedlung des
Landes, die eine konkrete Hoffnung auf die Ankunft des Messias in sich bargen.
Die erste organisierte chassidische Einwanderung fand 1764 statt und wurde von
Schülern des Ba'al Schem Tov angeführt. Sie siedelten sich in Tiberias, Safed, Hebron und Jerusalem an und begründeten so die Tradition der vier Heiligen Städte
des Judentums. Die Stärkung des Jischuw, der jüdischen Ansiedlung in Eretz Israel, war auch Ausdruck messianischer Aktivitäten unter den Schülern des Wil-
naer Gaon (Elija ben Salomon Salman, 1720–1797), den Peruschim, die 1808 eine
Gemeinde in Jerusalem begründeten;[78] weitere Einwanderer folgten 1840, als man
für das jüdische Jahr 5600 die Ankunft des Messias erhoffte. Die gezielte Ansiedlung osteuropäischer Juden mithilfe der finanziellen Unterstützung des jüdischen Philanthropen und Unternehmers Sir Moses Montefiore (1784–1885) erfüllte
neben dem Gebot der Zedaka auch das jüdischer Präsenz in Eretz Israel: „Derjenige, welcher auch nur eine kleine Gabe den Armen gibt, ist würdig die Schechina
zu sehen."[79]

War die Ansiedlung in dem Land der Väter über Jahrhunderte ein Randphäno-
men, begannen kleine protozionistische Gruppen im Zuge der Herausbildung
moderner Nationalstaaten und unter deren gesellschaftlichem Druck zur Assimi-
lation in der Rückkehr nach Eretz Israel eine Lösung der Probleme ihrer Diaspora-

---

76   Vgl. Grözinger, Jüdisches Denken 3 (s. Anm. 69), 278.
77   Vgl. A. Morgenstern, Messianic Concepts and Settlement in the Land of Israel, in: Saperstein
     (Hg.), Messianic Movements (s. Anm. 21), 434.
78   Vgl. Morgenstern, Concepts (s. Anm. 77), 434.
79   Zit. nach W. Homolka (Hg.), Die Lehren des Judentums nach den Quellen, Bd.1, München 1999, 1.

existenz zu sehen. Wie stark diese Hoffnung auf eine Wiedererrichtung jüdischer Souveränität in einem eigenen Staat mit religiösen, messianischen Hoffnungen verbunden war, zeigt sich in den Schriften von Moses Hess (1812–1875): „Jeder Jude hat den Stoff zu einem Messias [...].“[80] Für Hess ist das Fehlen der Unsterblichkeit des jüdischen Volkes in den Schriften darauf zurückzuführen, dass die jüdische Nation zum Zeitpunkt ihrer Verschriftlichung noch existierte. Eben jene Unsterblichkeit aber sei eng mit dem Glauben an einen national-humanitären Messias verbunden.[81] Hess betont in seinem zweiten Brief seiner Schrift „Rom und Jerusalem“, dass das Judentum eine „aktive Erkenntnis [ist], welche mit der jüdischen Nationalität organisch verwachsen ist.“[82]

Kritik erfuhren die Protozionisten von Seiten der Orthodoxie wie den Reformern gleichermaßen. Hatten die Reformer eine Transformation der messianischen Idee hin zu einer Fortschrittsidee im Sinn, die die intellektuellen und moralischen Perspektiven der Menschen als Moment aktiver Teilhabe an der Erlösung eröffneten, ging es den Zionisten zunächst allein um eine politische Emanzipation. Die Einrichtung eines jüdischen Staates sahen Vertreter des Reformjudentums als nicht vereinbar mit ihrer universalistischen Idee des Messianismus; die Orthodoxie ihrerseits erblickte in dem Ziel der Gründung eines Nationalstaates einen „ketzerischen Verrat am messianischen Glauben“[83]. Bereits kurze Zeit nach der Konsolidierung der zionistischen Bewegung (1897) wurden aber jüdisch-orthodoxe Stimmen laut, die die Bedeutung der Neubesiedlung des Landes Israel als Möglichkeit zur Herbeiführung der messianischen Zeit propagierten. Abraham Jizchak Kook (1865–1935), der erste aschkenasische Oberrabbiner während der britischen Mandatszeit im damaligen Palästina, griff die These von der Ansiedlung als Vorbereitung auf Gottes Eingreifen auf und rechtfertigte jüdisch-orthodoxe Aktivitäten,[84] die sich in die allgemeine zionistische Bewegung einreihten. Kook zufolge bedient sich Gott sogar weltlicher Kräfte des Bösen, um eine materielle Grundlage für die geistige Erlösung zu schaffen, und verglich diesen Prozess mit dem Keltern von Wein.[85] 1906 schrieb er: „Hand in Hand mit der allmählich grö-

---

80 M. Hess, Rom und Jerusalem, die letzte Nationalitätsfrage. Briefe und Noten, Leipzig 1899, 2.

81 Vgl. Hess, Briefe (s. Anm. 80), 6.

82 Hess, Briefe (s. Anm. 80), 5.

83 Werblowsky, Messiaserwartung (s. Anm. 17), 124.

84 Vgl. Werblowsky, Messiaserwartung (s. Anm. 17), 125. Rabbiner Kook gilt als einer der geistigen Väter der „Gush Emunim“-Bewegung, die die Besiedlung des biblischen Eretz Israel als Voraussetzung für die Ankunft des Messias propagieren.

85 Vgl. A. I. H. Kook, Hazon ha-Geula, Jerusalem 1941, 140 f.

ßer werdenden Macht der materiellen Erlösung, die im Herzen der neuen Sied-
lung verborgen ist, muss es ein Wachstum der Spiritualität geben, die in der Folge
als großartiges Licht erscheinen wird, das Zion und alle, die es suchen, erleuch-
tet."[86]

6. Die Messiasidee im späten 19. und frühen 20. Jahrhundert

„Verlieren wir nur unseren messianischen Optimismus nicht. Dann werden die
bösen Geister wieder verschwinden, die schöpferische Kulturkraft unserer jungen
Religion wird gewiss zur allgemeinen Erkenntnis und Anerkennung kommen –
als Fortschritt zum Guten." In einem ersten Schritt erklärt Hermann Cohen
(1842–1918)[87], dass der jüdische Messianismus der Idee des Eschatologischen ent-
behrt. „Der Messianismus wird erst dann völlig verstanden werden, wenn vom
Begriff der messianischen Zukunft jeder Jenseitssinn abgetrennt sein wird."[88] Die
Geschichte sei ein steter Fortschritt hin zur Versöhnung der Menschen vor dem
ein-einzigen Gott. Durch die Versöhnung könnten die Widersprüche der Vergangenheit und Gegenwart überwunden und die Erlösung vollzogen werden. „Die
Würde des Menschen wird nicht schlechthin in dem Individuum begründet, sondern in der Idee der Menschheit."[89] Damit unterschieden sich die Juden von allen
anderen Religionen, die das goldene Zeitalter in der Vergangenheit sähen. Der
eschatologische Glaube des Christentums sei somit im Gegensatz zum Messianismus eine Abwärtsentwicklung.[90] Den Juden, in ihrer historischen Funktion als
Gottesknechte, Außenseiter, obliege es durch ihr Leiden, Mitleid und Menschenliebe zu erwecken und damit alle Menschen zu Mitmenschen zu machen.[91] „Hier

---

86 Brief (10.11.1906), in: R. A. I. Kook, Selected Letters, translated and annotated by Tzi Feldman,
    Jerusalem 1986, 98–107; zit. nach Ben-Chorin/Lenzen (Hg.), Lust (s. Anm. 1), 25.
87 Cohen entwickelte seine theologischen Ideen in Abgrenzung einerseits zu Kant, andererseits als
    Antwort auf Heinrich von Treitschke nach seiner „Rückkehr" zum Judentum. Dies ließ ihn zu
    der Annahme kommen, dass es eine Zweckidentität zwischen deutschem Nationalismus und jü-
    dischem Messianismus gebe. Damit sei auch ein jüdischer Nationalstaat überflüssig, da die Zu-
    kunft der Juden in Deutschland läge. Vgl. Biale, Scholem (s. Anm. 70), 525.
88 H. Cohen, Soziale Ethik im Judentum, Frankfurt a. M. ³1914, 125.
89 H. Cohen, Religion der Vernunft aus den Quellen des Judentums, Wiesbaden 1988, 57.
90 Vgl. L. Trepp, Jüdisches Denken im 20. Jahrhundert von Hermann Cohen bis Abraham Heschel,
    in: G. Mayer/H. Greive, Das Judentum, Stuttgart 1994, 337f.
91 Vgl. Trepp, 20. Jahrhundert (s. Anm. 90), 238.

wird die Idee der Menschheit, welche innerhalb des Prophetismus der Messias darstellt, scharf und klar geschieden von der Person eines Menschen, sei sie nun eine geschichtliche oder nur eine Person des Glaubens."[92] Das ewige Leben erreiche der Einzelne, indem seine Seele im kollektiven Gedächtnis bewahrt würde. Mit dem Wissen, dass das Volk durch die Erwählung Gottes nicht stirbt, erreicht nach Hermann Cohen jeder Einzelne und damit auch die Gemeinschaft ewiges Leben. Das Christentum und das Judentum seien in ihrer historischen Mission aufeinander angewiesen.

Franz Rosenzweig (1886–1929) wiederum interpretiert den jüdischen Messianismus in seinem Werk „Stern der Erlösung" auf Grundlage der Sinaioffenbarung und des Bundes Israels mit Gott, der die Juden die Wahrheit erkennen ließ.[93] Es ist der Konflikt zwischen einer politischen Verendlichung und der Auffassung von einem metahistorischen Judentum, die seinen Begriff der Erlösung und damit verbunden den des Messianischen prägen.[94] „Aus dem feurigen Kern des Sterns schießen die Strahlen. Sie suchen sich ihren Weg durch die lange Nacht der Zeiten. Es muß ein ewiger Weg sein, kein zeitlicher, ob er gleich durch die Zeit führt."[95] Der Versuch, die Erlösung herbeizuführen, wie es der Zionismus versucht, gefährde das Judentum in seiner Existenz, denn nur in der Galut [Exil] habe es seine wahre Stärke bewiesen, hatte die Möglichkeit zur Erneuerung, die ihm in einem neuen Zentrum genommen werden würde.[96] Der Weg zur Erlösung führe über die Liebe und durch sie zum Zusammenschluss der Menschen. Das Judentum, das bereits am Ziel ist, den Glaubenskrieg hinter sich gelassen und den Staat überwunden habe, lebe es den Nationen vor.[97] Eine besondere Bedeutung für den Erhalt in der staatenlosen Existenz komme der Liturgie als Medium der Selbstvergewisserung der Juden zu. Durch sie werde es sich seiner Ewigkeit im Kreislauf des Jahres immer wieder bewusst.[98]

92 H. Cohen, Die religiösen Bewegungen der Gegenwart. Ein Vortrag, Leipzig 1914, 12.
93 Vgl. E. Dubbels, Figuren des Messianischen in Schriften deutsch-jüdischer Intellektueller 1900–1933, Berlin/Boston 2011, 3.
94 Vgl. F. Rosenzweig, Der Stern der Erlösung, Frankfurt a. M. 1988, 347 f.
95 Rosenzweig, Stern (s. Anm. 94), 374.
96 Vgl. Trepp, 20. Jahrhundert (s. Anm. 90), 244.
97 Vgl. Rosenzweig, Stern (s. Anm. 94), 368.
98 Vgl. Rosenzweig, Stern (s. Anm. 94), 369. Hier spielt auch seine Annahme mit, dass die einzelnen Generationen zwar unabhängig voneinander an der Erlösung arbeiteten, dennoch aber durch das kollektive Gedächtnis miteinander verbunden seien.

Auch Martin Buber (1878–1965) sieht im Messianismus weniger ein apokalyptisches Ereignis.[99] Sein Konzept basiert in wesentlichen Elementen auf den theologischen Grundlagen des Chassidismus, in der „Lehre von der gottunmittelbaren und darin weltzugewandten Gemeinschaft".[100] Er ergänzt diese aber durch für ihn zentrale, restaurative Elemente.[101] In der Idee eines jüdischen Staates sieht er einen wichtigen Teil der Erlösung, denn „die Gemeinschaft aus Freiwilligen" in Palästina solle der „ganzen Welt Exempel und Initial" sein.[102] Diese Erlösung stellt für Buber keineswegs den Endpunkt der Geschichte dar, sondern ist Teil eines steten Prozesses, in dem jeder Einzelne in seinem irdischen Leben seinen Beitrag dazu leistet.[103] In der hohen jüdischen Beteiligung in der sozialistischen Bewegung und die Begeisterung für den Zionismus sah er einen Beweis dafür, dass der Messianismus im Judentum ein starkes Element bildet. Beiden Bewegungen gemeinsam war die Tatsache, dass der Mensch zum Akteur wurde, der die Aufgabe des Messias – die Veränderung – selbst herbeiführen könne.[104]

Die Tatsache der öffentlichen Erlösung, die Gershom Scholem (1897–1982)[105] für den jüdischen Messianismus betont, steht ganz in der Tradition deutsch-jüdischen Denkens (Buber, Rosenzweig, Cohen). Wie auch seine Zeitgenossen glaubt er an die Prozesshaftigkeit jüdischer Erlösung, wie sie im Christentum abgelehnt wird, wo Erlösung mit dem Bekenntnis zu Jesus als ein im spirituellen Bereich vollziehendes Ereignis stattfindet.[106] Mit seiner Forschung zum Sabbatianismus und Chassidismus versucht er die Apokalyptik für das Judentum zu rehabilitieren. Seine Auffassung hat ihre Wurzeln durchaus im jüdischen Denken. Durch revolutionäre Ausbrüche, die eben jenen apokalyptischen Mythen entspringen, werden historische

99 Was aber für Buber ein legitimer Aspekt ist, der bereits mit der Rückkehr zum Judentum im Chassidismus neutralisiert wird. Vgl. Biale, Scholem (s. Anm. 70), 540.
100 P. Schwarzenau, Das Messiasproblem bei Martin Buber. Eine Studie zur Geschichte des Judentums, Berlin 1997, 16.
101 Buber sah in der hohen jüdischen Beteiligung in der sozialistischen Bewegung und die Begeisterung für den Zionismus einen Beweis dafür, dass der Messianismus im Judentum ein starkes Element bildete.
102 Dubbels, Figuren (s. Anm. 93), 384.
103 Vgl. Biale, Scholem (s. Anm. 70), 526.
104 Mit diesem Problem haben sich verschiedene israelische Historiker beschäftigt, wie beispielsweise Abba Hillel Silver (A History of Messianic Speculations in Israel, New York 1927), Joseph Klausner (The Messianic Idea in Israel. From its Beginning to the Completion of the Mishna, London 1956) und A. Z. Aescoly (Jewish Messianic Movements, Jerusalem 1956).
105 Vgl. Scholem, Verständnis (s. Anm. 14), 7–74.
106 Vgl. Scholem, Verständnis (s. Anm. 14), 7; vgl. Liebes, Myth (s. Anm. 18), 94.

Veränderungen katalysiert.[107] Das „destruktive Moment"[108] zwinge zur steten Revision der jüdischen Tradition. Hieraus gewinne der Messianismus seine Bedeutung. „Die Größe der messianischen Idee entspricht der unendlichen Schwäche der jüdischen Geschichte, die im Exil zum Einsatz auf der geschichtlichen Ebene nicht bereit war."[109] Es sei ein „Leben im Aufschub", das die Juden im Exil führen, „in welchem nichts in endgültiger Weise getan und vollzogen werden kann."[110] Mit der Reform und der Säkularisierung des Gesetzes sei dem Judentum der Nährboden für diese Entwicklung entzogen worden.[111] Weil der Messianismus so schwach geworden sei, sei er folgerichtig durch den Zionismus ersetzt worden.

Rabbiner Leo Baeck (1873–1956) beschreibt die Messias-Vorstellung und Bedeutung des Exils in der jüdischen Religion ganz anders: „Es ist ein Erwarten; der Begriff des Hoffens wäre dafür ein zu schwacher, denn es ist hier nicht ein Wünschen und Meinen nur, sondern ein Wissen, der Glaube dessen, der an seine Tat und seinen Weg, den Gott ihm bestimmt hat, glaubt. Von Gott gesendet zu sein und Gott zu erwarten, so weiß es hier die Frömmigkeit. Die Spannung zwischen diesen beiden und die Einheit von diesen beiden, das ist die Zukunft, wie sie im Judentum erfahren wird, das Messianische, das ihm sein eigen ist."[112]

Nach Auffassung Baecks ist die Aufgabe dem Menschen zwar hingestellt, er sei dazu berufen, „und es bleibt ihm doch versagt, denn [...] das Große, die Aufgabe, die Gott ihm stellt, zieht über sein Erdendasein hinaus."[113] Ein Blick in das „Land der Verheißung" werde ihm gewährt, aber sein Leben habe er auf der Erde zu führen. Es sei sein Dienst an der Menschheit, die länger währe als das Leben des Einzelnen. „Sie wird das erreichen, wozu der Mensch gesendet ist und was er erwartet; das Gebot, das an ihn immer neu ergeht, [...] kann in ihr sich vollenden.[114] " Sendung und Verheißung würden von Generation zu Generation weitergegeben. Es sei aber das Individuum, das sich dieser Aufgabe stellen müsse, und damit erlange es einen Anteil an der Unendlichkeit. Wenn es bei Baeck eine Utopie gibt, so ist es die Vollendung des Guten auf Erden, denn „es hat keine wirksamen Handlungen, die den Himmel zur Erde herniederbringen sollen."[115]

107 Vgl. Biale, Scholem (s. Anm. 70), 527.
108 Dubbels, Figuren (s. Anm. 93), 405.
109 Scholem, Verständnis (s. Anm. 14), 73.
110 Scholem, Verständnis (s. Anm. 14), 74.
111 Vgl. Biale, Scholem (s. Anm. 70), 536.
112 L. Baeck, Das Wesen des Judentums, Köln 1960, 252.
113 Baeck, Wesen (s. Anm. 112), 253.
114 Baeck, Wesen (s. Anm. 112), 253.
115 Baeck, Wesen (s. Anm. 112), 5.

Eine Brücke zwischen der deutschen Philosophie und der amerikanischen Theologie schlug Rabbiner Samuel S. Cohon (1888–1959), für den sich Religion im sozialen Leben manifestierte. Da die Verbrüderung der Menschheit bereits in der Tora als Ziel definiert sei, seien der Bund und die Auserwählung des jüdischen Volkes nicht Ausdruck einer Besonderheit, sondern Aufgabe und Verpflichtung zur Verbreitung der Wahrheit im Dienste Gottes.[116] Der Messianismus sei die Essenz jüdischen Optimismus, resultierend aus der Hoffnung auf „the ultimate triumph of justice over wickedness, of love over hate, and of social harmony over chaos."[117] Befreie man die Idee des Messianismus von allen legendären Formen und poetischer Fantasie, so bleibe der Kern der messianischen Idee, der in der geistigen und moralischen Regeneration der Menschheit und der Schaffung einer neuen sozialen Ordnung bestehe.[118] Mit der Legendenbildung um die Gestalt des Messias habe das Judentum dem Christentum ins Leben verholfen. Durch die jüdische Geschichte hindurch hätten aber immer wieder Gelehrte die visionären Vorstellungen aus dem Reich der Träume kritisiert.[119] Sich auf Hermann Cohen stützend, sieht Cohon die Erlösung in dieser Welt. Die Errichtung des Königreiches des Allmächtigen komme in der Perfektionierung der Menschheit zum Ausdruck. Die Hoffnung sei auf die Zukunft gerichtet, die nicht nur die Erlösung für Israel bringen wird, sondern für die Menschheit. Selbst Rückschläge, erklärt er einem bedingungslosen Fortschrittsglauben folgend, könnten die Weiterentwicklung des Menschen nicht aufhalten:[120] „An ideal social order need not forever remain visionary Utopia. Faith in man as well in God furnishes the ground of the belief in the ultimate realization of the Kingdom of God on earth."[121]

7. Die Messiaskonzeption nach der Schoa

Seit der Machtergreifung der Nationalsozialisten Ende Januar 1933 und deren dramatischen Auswirkungen auf die jüdische Gemeinschaft zeichneten sich zunächst vorsichtige, später immer deutlichere Veränderungen in der jüdischen Theologie ab. Die Anliegen der klassischen Reform des 19. Jahrhunderts hin zu

116 Vgl. Baeck, Wesen (s. Anm. 112), 232.
117 S. S. Cohon, Judaism. A Way of Life, New York 1962, 226.
118 Vgl. Cohon, Life (s. Anm. 117), 227.
119 Vgl. Cohon, Life (s. Anm. 117), 228.
120 Vgl. Cohon, Life (s. Anm. 117), 230.
121 Cohon, Life (s. Anm. 117), 233.

einer Universalisierung des Judentums wichen einer eher partikularistischen Agenda und führten auch zu einer Revision früherer Einwände gegenüber dem Zionismus. Selbst in der jüdischen Reformbewegung in den USA wurde nun das Bedürfnis nach einem jüdischen Nationalstaat lauter. Dass dieses Element wieder mit aufgenommen wurde, hinderte die Verfasser der Columbus Platform 1937 nicht daran, an der Vorstellung einer Kooperation aller Menschen bei der Errichtung des Königreichs Gottes festzuhalten. Das universelle Streben nach Gerechtigkeit, Wahrheit und Frieden bildete die Grundlage für die Hoffnung auf Entstehung einer universalen Menschheit. „We regard it as our historic task to cooperate with all men in the establishment of the kingdom of God, of universal brotherhood, justice, truth and peace on earth. This is our Messianic goal."[122] Die NS-Politik machte zwar die Gefährdung jüdischer Existenz in der Diaspora bewusst, doch restaurative Ideen blieben weiterhin im Hintergrund.[123] Dies änderte sich nach der Schoa, nachdem das ganze Ausmaß der Vernichtung bekannt geworden war. Die Gründung des Staates Israel 1948 wurde nicht nur als politische Notwendigkeit propagiert; zunehmend wurde auch in liberalen Kreisen das Bedürfnis nach einem spirituellen und kulturellen Zentrum in Israel immer deutlicher. Die Gründung des Staates 1948 war erfüllt von der Sehnsucht nach der messianischen Zeit: „Israel is, indeed, in its very strength, a symbol of the end of Jewish passivity and lack of power to resist slaughter; it does represent an open door for Jews with the keys to their safety."[124]

Rabbiner Emil Fackenheim (1916–2003) und Rabbiner Ignaz Maybaum (1897–1976) sind zwei typische Protagonisten dafür, dass der Fortschrittsglaube des Judentums auch durch die Schoa nicht erschüttert werden konnte. Die Essenz jüdischen Selbstverständnisses, so Fackenheim, besteht aus dem Gebot, Gottes Willen auf Erden standhaft durchzusetzen: „The Jew of today can endure because he must endure, and he must endure because he is commanded to endure."[125] Hoffnung wird bei Fackenheim angesichts der absoluten Vernichtung zum 614. Gebot: „we are commanded to hope."[126]

---

122 http://ccarnet.org/rabbis-speak/platforms/declaration-principles (geprüft am 19.10.2013).

123 Vgl. Declaration (s. Anm. 122).

124 A. Hertzberg, Judaism and the Land of Israel, in: J. Neusner, Understanding Jewish Theology. Classical Issues and Modern Perspectives, New York 1973, 76.

125 E. L. Fackenheim, God's Presence in History. Jewish Affirmations and Philosophical Reflections, New York 1970, 92.

126 Fackenheim, Presence (s. Anm. 125), 88. Vgl. ders., Jewish Return into History, New York 1978, 23.

Die Skepsis des liberalen Judentums gegenüber der rabbinischen Vorstellung von einer kommenden Welt bleibt ihm unverständlich, denn der Vorstellung einer kommenden Welt sei einer Entwicklung dorthin inhärent; ohne ein „danach" könne es auch keine diesseitige Entwicklung geben.

Rabbiner Ignaz Maybaum, ein Schüler Rosenzweigs, erklärte hingegen, dass jüdischer Messianismus Bewegung sei: „Der Mensch muß von einem Augenblick zum anderen auf den Wandel vorbereitet ein. Wir können nicht wissen, was Gott von uns unter den neuen Bedingungen eines neuen Tages verlangen wird [...]."[127] Im Gegensatz zum Christentum kenne das Judentum keinen Dualismus von Religion und Welt; dies ermögliche ein aktives Handeln, das seinen Ausdruck in Rechtschaffenheit und Barmherzigkeit finde – in der diesseitigen Welt –, auf „dass Esau das werden wird, was Jakob ist."[128] Die Idee des jüdischen Messianismus findet sich bei Maybaum in dem Glauben, dass Gott am Ende gewinnen werde und Kultur, Fortschritt, Humanität und Zivilisation in der gesamten Menschheit aufgegangen sein würden. Den Juden obliege es als Träger der kulturellen Werte, den Fortschritt der Menschheit zu fördern.

Die Gründung des Staates Israel 1948 hatte weit mehr als nur symbolischen Charakter, dennoch führte sie nur zu einer pragmatischen Politik des Erhalts und der Konsolidierung,[129] konnte aber keinen erkennbaren Schritt in Richtung eines messianischen Zeitalters für sich und die Menschheit behaupten. Die bewaffneten Auseinandersetzungen mit den arabischen Nachbarstaaten jedoch führten zu einer ideologischen Radikalisierung der politischen Eliten sowie der religiösen Blöcke Israels und der Diaspora.[130] Dabei formierte sich zunächst die Ultraorthodoxie neu, die den Staat Israel als „religiös neutrales Phänomen"[131] erklärte, der keine Bedeutung für die Juden in ihrer Beziehung zu Gott und Tora habe.[132]

---

127 F. Lotter, Rabbiner Ignatz Maybaum. Leben und Lehre. Die Grundlagen jüdischer Diasporaexistenz, Berlin 2010, 137.

128 Maybaum nach Lotter, Maybaum (s. Anm. 127), 143.

129 Vgl. E. Schweid, Jewish Messianism. Metamorphoses of an Idea, in: Saperstein (Hg.), Messianic Movements (s. Anm. 21), 54.

130 Vgl. Schweid, Metamorphoses (s. Anm. 129), 55.

131 E. Ravitzky, Forcing the End. Zionism and the State of Israel as Antimessianic Undertakings, in: J. Frankel (Hg.), Jews and Messianism in the Modern Era. Metaphor and Meaning, New York/Oxford 1991, 44. Auch wenn es sich hier um eine eher geringe Zahl von Anhängern handelt, ist ihr Einfluss vor allem in Kreisen der Ultraorthodoxie nicht zu unterschätzen.

132 Zu den einzelnen Richtungen des modernen Judentums vgl. W. Homolka, Das Judentum hat viele Gesichter. Die Strömungen im modernen Judentum, Bergisch Gladbach 2006, passim.

Der Begründer des Rekonstruktionismus, Mordecai M. Kaplan (1881–1983), maß dem Staat Israel jedoch hohe religiöse Bedeutung für die Existenz des Volkes Israel bei. Für Kaplan war der Messianismus in der Geschichte ein wichtiges Moment für den Erhalt des Judentums, da ihn die Gewissheit einer privilegierten Position aus dem Bund mit Gott heraus vor Zweifeln schützte. In der Moderne aber werde dieser obsolet: „These conceptions have become almost unintelligible to him." Die Welt unterliege einer Kraft, gleich einem Magneten, der alles in Richtung Perfektion anziehe: „This power itself is God."[133] Gott selbst ist der Erlöser, der das Volk Israel in seinem Bund mit ihm einem Endzeitideal entgegenführt, das alle Züge des messianischen Zeitalters in sich trägt.

Der Rekonstruktionismus hat das Anliegen, die „traditionellen Strömungen" des Judentums zu überwinden und eine Zukunft jenseits von Orthodoxie und Liberalismus zu zeigen. Ein anderer Vertreter dieses Bemühens war der aus München stammende israelische Religionswissenschaftler Schalom Ben-Chorin (1913–1999). Seiner Ansicht nach spannt sich die jüdische Geschichte zwischen den Polen Offenbarung und Erlösung. In beiden Begriffen entdeckte Ben-Chorin die gesamte Daseinshülle. Die Nähe zu Gott sei gleichbleibend, denn in dem Maße, in dem sich die Menschheit von der Offenbarung entfernt, nähere sie sich gleichzeitig der Erlösung an.[134] Im Gegensatz zum Christentum denke das Judentum eine kollektivistische Erlösung, nicht die individuelle. Die messianische Idee gewinne ihre Bedeutung wesentlich aus ihrer psychologischen Kraft, der Aufforderung an den Einzelnen zum Handeln.[135]

Der ungetrübte positive Fortschrittsgedanke wurde einer Revision unterzogen, restaurative Elemente gewannen wieder an Bedeutung. In konservativen Kreisen war die Gründung des Staates Israel nicht nur eine politische Notwendigkeit, sondern die Erfüllung einer religiösen Hoffnung.

So hob der konservative Rabbiner Arthur Hertzberg (1921–2006) hervor, dass der Zionismus keineswegs ein Nationalismus wie jeder andere sei, sondern sich der Erwähltheit und Heiligkeit des Volkes bewusst sei. Die Frage nach dem Messianischen ergebe sich aus der Auserwählung, dennoch sei sie stärker als nur eine Hoffnung auf eine kommende Welt.

---

133 M. Kaplan, Judaism as a Civilization. Towards a Reconstruction of American-Jewish Life, New York 1957, 511.

134 Vgl. S. Ben-Chorin, Jenseits von Orthodoxie und Liberalismus. Versuch über die jüdische Glaubenslage der Gegenwart, Tübingen 1991, 49.

135 Vgl. Ben-Chorin, Jüdischer Glaube (s. Anm. 11), 297.

Darüber hinaus gab es nach wie vor Stimmen, die das Konzept eines personalen Messias für weiterhin tragfähig hielten – wenn auch in symbolischer Form.[136]
Der Rabbiner und Religionsphilosoph Steven S. Schwarzschild (1924–1989) übte
grundlegende Kritik am Prozess der Universalisierung und Entpersonalisierung
der messianischen Idee: „We have learned from religious as well as non-religious
existentialism, that all moral reality, as distinguished from nature or mathema-
tics, is the reality of person. Man, the person, is the *locus* of ethics, not ages, ideas,
or forces. The messianic age is a utopia; the Messiah is a concrete, though future,
reality."[137] Schwarzschild sieht im jüdischen Messianismus eine ethische Bewegung, die an Kraft verlöre, löste man sie von der Gestalt des Messias. Nur ein per-
sonaler Messias unterstreiche die Bedeutung des Individuums. Seine Kritik gilt
der Universalisierung des utopischen Messianismus ebenso wie dem Zionismus,
der als national-messianische Bewegung gleichfalls die Wichtigkeit des Einzelnen
schwäche, die Betonung der Bedeutung des Landes das ethische Handeln des Einzelnen in den Hintergrund treten ließen. Die höchst symbolische Funktion eines
personalen Messias sei, den Menschen vor Augen zu führen, dass das Streben irdischen Lebens der Perfektion dienen solle.

Auch für den jüdischen Religionssoziologen Will Herberg (1901–1977) ist der
Messianismus integraler Bestandteil der jüdischen Tradition. Da die Idee aber
überaus abstrakt sei, bedarf es einer symbolischen Persönlichkeit – des Messias.
Durch ihn erhalte das Leben auf Erden ein Narrativ mit sinnstiftender Funktion.[138] Bedeutung allerdings bekommt die Erzählung erst mit dem Bund zwischen Gott und den Juden, der der eigentliche Katalysator des Erlösungsprozesses
sei. Der Prozess der Erlösung werde erst dann beendet sein, wenn er sich auf die
gesamte Menschheit erstrecke und erst mit seiner Beendigung werde er für die
Menschen auch erkennbar. „But that they are there and at work, this we do know,
for it is by them that we are sustained, the time is redeemed, and the world driven
forward to that great day when the ‚peace of God' will reign here below as it does
in heaven."[139]

---

136 S. S. Schwarzschild, The Personal Messiah-Toward the Restoration of a Discarded Doctrine, in: R.
    Gordis/R. B. Waxman (Hg.), Faith and Reason. Essays in Judaism, New York 1973, 229–241.
137 Schwarzschild, Personal Messiah (s. Anm. 136), 133.
138 Vgl. W. Herberg, Judaism and Modern Man. An Interpretation of Jewish Religion, New York 1951,
    281 f.
139 Herberg, Judaism (s. Anm. 138), 281.

Neil Gillman (1933–), konservativer Rabbiner, sieht im Judentum eine Konzentration auf das Hier und Jetzt, die stärker sei, als der Blick in eine eschatologische Zukunft. Er führt dies auf die Funktion der Halacha zurück, die die Struktur für das Alltagsleben vorgebe: „My sense is that Judaism has this realized eschatology in the here and now."[140] Diese solle als Alltagserfahrung verstanden werden. „Jewish eschatology is ‚true' because it teaches me that my individual life in history and society is infinitely valuable, that my body is integral to my sense of self; that I am accountable for who I am and what I do; that my own fulfillment is inconceivable without the simultaneous fulfillment of my people and of all humanity."[141] Der menschliche Faktor sei die Essenz der jüdischen Vision. Es sei der mythische Aspekt, der Wissenschaft und Religion in der Gegenwart einander näher bringe, indem beide versuchen, die sichtbare Welt mit der unsichtbaren zu erklären. Der Mythos stimuliere die Hoffnung, die das Leben bestimme. Denn ihre Wahrheit liege in der Fähigkeit, die verborgene Dimension der Bedeutung des Lebens zu offenbaren, sich mit seinen Emotionen auseinanderzusetzen, „to inspire us to act in certain ways and strive for certain goals [...]"[142].

Eugene B. Borowitz (1924–) geht auf die chassidische Geschichte zurück, wenn er seine Erwartung an die messianische Zeit beschreibt: „Should someone tell you that the Messiah has appeared, may I urge you not to start studying the relevant biblical texts, as valuable as that might be; instead go to the window and see what is going on in the world."[143] Die Diskussion über den jüdischen Messianismus werde seiner Ansicht nach laut überdeckt von christlicher Rhetorik und von den christlichen Auffassungen zu Seelenheil (salvation; hebr. jeschu‘a) und Erlösung (redemption; hebr. ge'ula). Mit der Rückübersetzung in die jüdische Tradition dringe damit etwas nicht Authentisches in die jüdische Theologie. Die messianische Hoffnung sei allerdings durchaus ein entscheidender Aspekt jüdischen Glaubens, der einerseits der Belebung jüdischer Frömmigkeit diene, andererseits das Überleben durch die Jahrhunderte gesichert habe, nicht zuletzt in Zeiten existentieller Katastrophen wie des Holocaust.[144] Vor allem in der rabbinischen Literatur zeige sich der Umfang messianischer Ideen – von extremen sozialen Umbrüchen über Naturkatastrophen bis hin zur Herstellung einer universalen, idealen sozia-

140 N. Gillman, How Will it All End? Eschatology in Science and Religion, Cross Currents 1 (2007), 47.
141 N. Gillman, Sacred Fragments. Recovering Theology for the Modern Jew, Philadelphia 1990, 271f.
142 Gillman, Fragments (s. Anm. 141), 271.
143 E.B. Borowitz, Reform Judaism Today, New York 1977, 78.
144 Vgl. Borowitz, Reform Judaism (s. Anm. 143), 68.

len Ordnung. Kritisch merkt Borowitz an, dass die apokalyptischen Elemente mit
der Ausgestaltung der messianischen Idee ihren Weg in die rabbinischen Schriften
fanden, wobei sie bewusst vage gehalten wurden, um Spekulationen um das Erscheinen des Messias zu verhindern: „I am suggesting that rabbinic literature makes law, not apocalyptic vision, central because Jewish faith is dominated by the
Torah God has given, not the Messiah God will yet bring.[145] Die Juden werden
wissen, wer der Messias ist, sobald sie ihn sehen: „Until sinfulness ceases and well-
being prevails, Jews know the Messiah had not come."[146] Borowitz ist skeptisch,
was das Vermögen der Menschen betrifft, die Menschheit ganz ohne Hilfe zu per-
fektionieren; „I emphasize the Messiah's humanity."[147] Die Neubelebung des
Messias schaffe Raum für die Anerkennung der Rolle Gottes in der Geschichte. Es
sei die Einsicht des modernen Menschen, dass er der Unterstützung Gottes be-
dürfe: „Accepting God as true partner does not require us to surrender the sense of
healthy self-reliance we identify with personal maturity."[148] Hier spiegelt sich Borowitz' Anliegen, den Bund mit Gott wieder in das Bewusstsein der Gläubigen zu
rufen. Das Bekenntnis des Juden zu Gott, der Tora und Israel müsse gegenüber der
in den Anfängen des Reformjudentums gestärkten individuellen Autonomie in
den Mittelpunkt rücken.

Der Bund mit Gott als Motiv für die Idee des Messias hat in den letzten Jahr-
zehnten somit wieder an Bedeutung gewonnen – zum Beispiel auch bei David
Hartman (1931–2013). Der israelisch-amerikanische Religionsphilosoph und or-
thodoxe Rabbiner betonte die Diesseitigkeit, die den jüdischen Messianismus
charakterisiere: „Jewish messianism is not an otherworldly category, not an offer
of salvation to the individual, but a historical hope for a renewed community."[149]
Den Bund Gottes mit dem Volk Israel am Sinai sah er als Übertragung der Verantwortung auf die Menschen, eine Pflicht in der Geschichte zu erfüllen: „Jews have
always had to ask themselves what expectations are fulfilled or disappoint-ed"[150],
denn der Bund Gottes sei untrennbar mit den Mizwot und dem göttlichen Ver-

---

145 Borowitz, Reform Judaism (s. Anm. 143), 76: „We have learned that the survival of the Jewish
    people is of highest priority and that in carrying out our Jewish responsibilities we help move
    humanity toward its messianic fulfillment."
146 Borowitz, Reform Judaism (s. Anm. 143), 81.
147 Borowitz, Reform Judaism (s. Anm. 143), 85.
148 Borowitz, Reform Judaism (s. Anm. 143), 86.
149 D. Hartman, A Living Covenant. The Innovative Spirit of Traditional Judaism, New York/London
    1985, 206.
150 Hartmann, Covenant (s. Anm. 149), 204.

sprechen verbunden. Das Scheitern der messianischen Bewegungen in der Geschichte sei der Beweis dafür, dass Gott nicht wundertätig interveniert und das Handeln der Menschen gelingen lasse. Gott habe den Menschen mit der Tora ein Werkzeug gegeben, durch das er das menschliche Handeln kontinuierlich beeinflussen konnte: „Creation and revelation necessarily lead on to redemption."[151] Zentral ist für Hartman, dass der Bund die Idee des Messias und der messianischen Zeit überflüssig werden lasse: „I am merely claiming that those eschatological beliefs are not constitutive of the Sinai covenant [...]. The covenant can retain its vitality even when those beliefs are not adduced in its support or when they are given a demythologizing reinterpretation."[152]

Doch die Erosion einer personalen Messiasvorstellung ist seit der Emanzipation unübersehbar. Für die Wende vom 20. ins 21. Jahrhundert gilt das in besonderer Weise. So setzt sich Robert N. Levine in seinem Buch „There Is No Messiah and You're It" (2003) mit verschiedenen historischen Spielarten des Messias-Bildes und der messianischen Idee im Rahmen der jüdischen Spiritualität auseinander. Auch in unserer Zeit habe die messianische Idee weiter Bestand, aber weder der Staat Israel noch die USA als heutiges Zentrum der jüdischen Diaspora seien die Erfüllung des messianischen Ideals in dieser Welt. „There's No Messiah – and You're It" ist ein Plädoyer dafür, dass alle Juden durch ihr Handeln die messianische Zeit herbeiführen können. Dabei unterscheide die Tora nicht zwischen rituellem und ethischem Handeln: „It's all messianic activity."[153]

8. Die Messiasvorstellung heute

Wir haben gesehen: Auch in der Moderne behielt also die messianische Idee, sogar die Vorstellung eines personalen Messias, einiges von ihrer früheren Faszinationskraft. Die jüdischen Messias-Konzeptionen der Neuzeit, nicht nur in der Theologie, sondern auch in der Kunst und Literatur, enthalten nationale und universalistische, rationale und apokalyptische, gesetzliche und antinomische, politische, metahistorische und metapolitische Elemente,[154] die sich alle auf die Tradition des jüdischen Volkes und ihre Exegese berufen. Für die jüdische Messiashoffnung

---

151 Hartmann, Covenant (s. Anm. 149), 256.
152 Hartmann, Covenant (s. Anm. 149), 257.
153 Levine, Transformation (s. Anm. 22), 168.
154 Vgl. Dubbels, Figuren (s. Anm. 93), 10.

unserer Zeit ist eine personale Messiashoffnung jedoch nicht mehr allgemein vor-auszusetzen. Im Zentrum steht die Erwartung einer messianischen Zeit. „Konstitutiv für alle Gestalten der jüdischen messianischen Erwartung ist in jedem Fall, daß es um eine innerweltliche Verwirklichung des Heils geht. [...] Solange es Ungerechtigkeit, Begierde, Verfolgung und Leid auf Erden gibt, können die messianischen Verheißungen nicht in Erfüllung gegangen sein."[155] Umgekehrt gilt: Überall da, wo Hoffnungslosigkeit und ungerechte Behandlung die Menschen veranlasst hatte, sich nach Hilfe und Gottes Eingreifen zu sehnen, war die Vorstellung von einem „Erlöser" nicht weit. Und die Geschichte Europas bot für die jüdischen Gemeinden genügend Krisen, auf einen Messias zu hoffen. Diese Hoffnung wurde jedoch stets enttäuscht. Auf Euphorie folgte Ernüchterung und Verzweiflung; so kommt Zwi Werblowsky zu dem Schluss: „Messianische Bewegungen sind in der historischen Sphäre per definitionem zum Scheitern verurteilt."[156]

Demgemäß schlägt dem Konzept auch gehöriges Misstrauen entgegen: Wer die Erfahrung gemacht hat, dass Hilfe von außen nicht zu erwarten ist, setzt eher auf das eigene Vermögen. Eli Lederhendler stellt daher sogar fest, dass die Messiasidee geradezu ihre eigene Verneinung beinhalte.[157]

Leo Baeck beschreibt in seiner Schrift vom „Wesen des Judentums" zwei sich polar gegenüber stehende Religionstypen. Es gebe einen Gegensatz von „klassischer" und „romantischer" Religion, der seine Entsprechung im Spannungsverhältnis von „Geheimnis" und „Gebot" finde. Wo lässt sich nun die Idee des jüdischen Messianismus einordnen? Die Antwort ist für die Gegenwart ebenso eindeutig, wie sie Baeck zu Beginn des 20. Jahrhunderts gab: beim Geheimnis, bei der Euphorie und Ekstase. Nach Baeck trägt im Judentum der von Gott durch das Gesetz berufene Mensch die wesentliche Verantwortung für das Gelingen der Schöpfung. Diese Vorstellung konnte sich mit der Emanzipation des Judentums im 19. Jahrhundert entfalten und verband sich mit dem Rationalismus im Denken Kants und Hegels. Es wurde somit im modernen Judentum möglich, die nationalen Untertöne der Messiasidee als Ziel der Wiedergewinnung von Eigenstaatlichkeit zu entschärfen und die Vorstellung der Vollendung von Gottes Schöpfung durch das Wirken des Messias auf das ganze Volk Israel zu übertragen. Dazu kann schon auf talmudisches Material zurückgegriffen werden, wenn in

---

155 Hahn, Messias-Erwartung (s. Anm. 36), 142.
156 Werblowsky, Messianism (s. Anm. 21), 45.
157 Vgl. E. Lederhendler, Interpreting Messianic Rhetoric in the Russian Haskalah and Early Zionism, in: Frankel (Hg.), Jews (s. Anm. 131), 14.

bSanhedrin 98a die Rede davon ist, dass allgemeine Gesetzeskonformität die Ankunft des Messias geradezu herbeizwingen werde. In der Neuzeit steht somit die Hoffnung auf eine „messianische Zeit allgemeiner Gotteserkenntnis und Menschenliebe"[158] im Vordergrund. Die eigene Verantwortung des Menschen, die Notwendigkeit für ethisches Handeln, ersetzt die Hoffnung auf wundertätige Erlösung in der Moderne, ohne das Ziel einer gerechteren Welt in Frieden aus den Augen zu verlieren. Rabbiner Max Dienemann (1875–1939) macht dies geradezu zum Kriterium für das Judentum: „Fromm sein heißt im Christentum, die Erlösungsbedürftigkeit spüren und nach der Erlösung sich sehnen. Alle Frömmigkeit beginnt für den Juden damit, dass er sich in dem Gefühl festigt, mit der Kraft zum sittlichen Tun begabt zu sein und dieser Kraft entsprechend leben zu müssen."[159]

Rabbiner Josef Eschelbacher (1848–1916) hat über dieses messianische Zeitalter in Abgrenzung zum Christentum seiner Zeit formuliert: „Dieses [messianische] Reich, das Wellhausen als ‚die Gemeinschaft der nach der Gerechtigkeit Gottes trachtenden Seelen' interpretiert, ist mit Jesus ebenso wenig gekommen, wie dasjenige, auf das die Juden hoffen."[160]

So zentral im Judentum heute die Vorstellung von der Berufung des einzelnen Menschen zur sittlichen Eigenverantwortlichkeit ist, so auffällig ist auch, dass dafür in der aktuellen jüdischen Theologie immer weniger die Zielformulierung verwendet wird, „das messianische Zeitalter herbeizuführen". Vielmehr spricht man seit der amerikanischen Bürgerrechtsbewegung der fünfziger und sechziger Jahre des 20. Jahrhunderts davon, an der „Heilung der Welt" (tikkun olam) mitzuwirken.

Dieser Begriff kommt bereits seit der Mischna vor, bei Maimonides im 12. Jahrhundert und ist seit dem 14. Jahrhundert Teil des Alenu-Gebets am Ende eines jüdischen Gottesdienstes. Auch in der lurianischen Kabbala sind wir ihm bereits begegnet und der Maharal von Prag verwendet ihn. Dabei durchläuft tikkun olam aber auch immer wieder einen Bedeutungswandel. Das Konzept des tikkun olam basiert auf den drei zentralen biblischen Säulen sozialen Lebens – der zedaka im Sinne von Gerechtigkeit, dem mischpat im Sinne einer sozialen Rechtsprechung und der chesed, der Güte. Die Einhaltung und Durchsetzung dieser ethi-

---

158 Kaufmann Kohler, Grundriss einer systematischen Theologie des Judentums auf geschichtlicher Grundlage, Leipzig 1910, 291.
159 M. Dienemann, Frömmigkeit in Judentum und Christentum, Der Jude, Sonderheft 4 (1927), 34.
160 Eschelbacher, Das Judentum im Urteile der modernen protestantischen Theologie, Leipzig 1907, 51.

schen Grundlagen des Zusammenlebens dient der Verbesserung der Welt auf dem Weg zu einer idealen (jüdischen) Gesellschaft. Mittlerweile hat sich der Begriff des *tikkun olam* so durchgesetzt, dass sich damit jegliches zivilgesellschaftliches und soziales Engagement jüdischer Gemeinden und Einzelpersonen beschreiben und theologisch einordnen lässt.[161] Damit ist die utopische Messiasvorstellung in der jüdischen Theologie der Moderne nach ihrer letzten Hochphase während des deutschen Rationalismus mittlerweile als Deutungsmuster sehr an die Peripherie gerückt. Kaum jemand verwendet die Vorstellung vom messianischen Zeitalter, wenn er über die Notwendigkeit spricht, an der Vervollkommnung von Gottes Schöpfung mitzuarbeiten. Besitzt die messianische Utopie einen universalen Unterton, so unterstreicht der Begriff des *tikkun olam* die partikularistische Ausrichtung des heutigen Judentums.

Wo sich die Vorstellung eines personalen Messias und gar eine Naherwartung seines Kommens gehalten hat (z. B. in Teilen von Chabad Lubawitch), führt sie geradezu aus dem Judentum heraus: „Da der Akzent vom Ursprung her auf dem Reich Gottes, nicht auf dem Messias lag, konnte eine neuere Entwicklung im Judentum auf den personhaften Messias verzichten."[162] Der Zionismus ist wiederum die säkulare Antwort auf die Hoffnung nach der Sammlung aller Juden in einem eigenen Land und hat damit den restaurativen Messianismus vollkommen überlagert.

Die Hoffnung auf eine einzelne Erlösergestalt verträgt sich für viele Juden heute als mystische Vorstellung nicht (mehr) mit dem Anspruch des Judentums, zwischen Gott und den Menschen keinen Mittler oder Vertreter treten zu lassen. Auf dem „Weltkongress für freies Christentum und religiösen Fortschritt" sprach Hermann Cohen 1910 unter dem Titel „Die Bedeutung des Judentums für den religiösen Fortschritt" und sagt, „alle Anknüpfung der Religion aber an eine Person setzt sie der Gefahr des Mythos aus. Denn der Grundsinn des Mythos ist die Personifikation alles Unpersönlichen. Darin bewährt sich die Unterscheidung, welche das Judentum überall vom Mythos an sich durchzuführen sucht, dass sie die höchste Tat, die sie von Gott erwarten kann, die Vereinigung seiner Kinder in Eintracht und Treue, durchaus nicht von einer Person erwartet."[163]

---

161 Zum Konzept des *tikkun olam* in der jüdischen Theologie vgl. E.N. Dorff, The Way Into Tikkun Olam, Woodstock 2005, 7–20; ders., The Jewish Approach to Repairing the World (Tikkun Olam). A Brief Introduction for Christians, Woodstock 2008.

162 Ben-Chorin, Jüdischer Glaube (s. Anm. 11), 288.

163 H. Cohen, Jüdische Schriften, hg. von B. Strauss, Bd. 1, Berlin 1924, 18–35.

So bleibt die jüdische Aussage zum Messiaskonzept heute vage. Rabbiner Louis Jacobs (1920–2006) betont, dass der Mensch nur wenig von der kommenden Welt und ihrer Entstehung weiß, was ihn zu dem Schluss kommen lässt:

> „[...] we affirm our belief that God will one day intervene, that no good deed goes to waste, that the human drama will somehow find its fulfillment here on earth, that we do right to long and pray for God's direct intervention. More than this we cannot say. We must leave it in God who alone knows all secrets."[164]

Zusammenfassung

Sind der „Messias" und die Erwartung seiner Ankunft noch zentrale Vorstellungen im gegenwärtigen Judentum? Der Beitrag geht der Frage nach, in welchen Zusammenhängen die Messiasvorstellung in der Neuzeit eine Rolle spielt und was sie heute noch leistet, um das Verhältnis zwischen Gott und Mensch im Judentum zu beschreiben.

Are the "Messiah" and the expectation of his arrival yet central ideas in contemporary Judaism? This article deals with the question of the contexts in which the messianic concept plays a role in modern times and what it still contributes to describe the relationship between God and man in Judaism.

---

164 L. Jacobs, A Jewish Theology, New York 1974, 300.

WERNER KAHL

Lebensrettung durch Jesus-Power

Christus/Messias im sub-saharischen Afrika

1. Einleitung: Traditionelles Weltwissen und charismatisiertes Christentum

Im weltweiten Christentum vollziehen sich seit einer Generation rapide Transformationsprozesse. Das Schwergewicht des Christentums hat sich in numerischer Hinsicht vom Norden in den globalen Süden verschoben. Die meisten Christen leben heute in Lateinamerika, Asien und Afrika, wobei letzterer Kontinent die stärksten Wachstumsraten verzeichnet. Damit einhergehend haben sich quantitative Verschiebungen eingestellt. Das Christentum wird zunehmend pfingstlerisch bzw. charismatisch. Der global durchschnittliche Christenmensch wäre heute arm, weiblich und hätte eine dunklere Hautfarbe. Diese Person würde eine charismatische Version des Christlichen vertreten, die unmittelbar in primärer Religiosität gründet.[1]

Insofern ist es sinnvoll und nicht etwa einem Interesse am Exotischen geschuldet, dass in diesem Themenheft das Christusbild auch aus afrikanischer Perspektive in den Blick genommen wird. Selbstverständlich ist in Afrika die Christusvorstellung bzw. der Christusbegriff variabel. Mir geht es hier nicht um eine differenzierte Ausleuchtung aller möglichen Christuskonzeptionen in der kirchlichen Vielfalt Afrikas, sondern schwerpunktmäßig um die möglichst präzise Erfassung einer im gesamten sub-saharischen Raum deutlich wahrnehmbaren populären Tendenz der Gegenwart, die sich – in durchaus unterschiedlich starker Intensität – über ethnische, regionale und konfessionelle Grenzen hinweg manifestiert.

---

1   Vgl. zu den Entwicklungslinien des weltweiten Christentums: T. M. Johnson/K.R. Ross (Hg.), Atlas of Global Christianity, Edinburgh 2010.

Die Darstellung fußt – neben der Verarbeitung akademischer Beiträge insbesondere afrikanischer Kollegen und Kolleginnen – auf empirischen Daten, die durch eigene Feldforschungen des letzten Jahrzehnts in Westafrika erhoben wurden, und auf bis in die Gegenwart reichende Beobachtungen und Analysen des Verfassers.[2] Afrikanische Theologen und Theologinnen bestehen heute gemeinhin mit Nachdruck darauf, dass populäre und unkontrollierbar entstehende „implizite" Theologien als eigene Ressource – durchaus in bewusster Abgrenzung zu westlichen Vorgaben – ernst zu nehmen seien. Auf diese wissen sie sich reflektierend bezogen. Ihrer Forderung wird im vorliegenden Beitrag insofern Rechnung getragen, als hier ein besonderes Interesse an der Erhebung und Plausibilisierung christologischer Impulse auf dem „grassroots-level" verfolgt wird. Dabei fokussiere ich die Region Afrikas, mit der ich persönlich vertraut bin und über deren Christusverständnis ich geforscht habe: Westafrika mit einer Schwergewichtung Ghanas. Die hier mitgeteilten Beobachtungen und Analysen gelten aber – das zeigen ähnlich gelagerte Untersuchungen aus anderen Regionen des sub-saharischen Afrika – mehr oder weniger für Gesamtafrika südlich der Sahara. Die für das anglophone Westafrika benannten Tendenzen in der Christuskonzeption vollziehen sich mit der sich verbreitenden Charismatisierung zeitlich etwas versetzt auch in Ost- und Zentralafrika sowie im südlichen Afrika. Für Westafrika gilt: In der vergangenen Generation ist beinahe das gesamte Spektrum des Christlichen inklusive der vormaligen Kolonialkirchen charismatisiert worden, und zwar aufgrund eigener bzw. innerafrikanischer Initiativen „von unten" – oft genug gegen den anfänglichen Widerstand von kirchenleitender Seite. Das Epizentrum des Pfingstlich-Charismatischen ist eindeutig im bevölkerungsreichsten Land Afrikas zu verorten, in Nigeria.

Dort sind auch jene in weiten Teilen Afrikas populären Wandkalender und Poster produziert worden, die einen weißen Jesus im Kampf darstellen, etwa als Boxer: Er steht im Ring und besiegt seinen schwarzen Gegner – Satan. Den europäischen Besucher, der vielleicht nach einem sanftmütigen schwarzen Christus

2 Vgl. W. Kahl, Spirituelle Gewalt im Namen Jesu in neo-pentekostalen Gemeinden aus Westafrika in Deutschland: Eine Problematisierung aus neutestamentlicher Perspektive, in: ders./Th. Ahrens (Hg.), Gegengewalt (Beihefte Interkulturelle Theologie 15), Leipzig 2012, 50–66; ders., Jesus als Lebensretter. Afrikanische Bibelinterpretationen und ihre Relevanz für die neutestamentliche Wissenschaft (Neutestamentliche Studien zur kontextuellen Exegese 2), Frankfurt a. M. 2007. Einige Ausführungen des vorliegenden Beitrags stellen Aktualisierungen von Abschnitten aus meinem Jesus als Lebensretter dar.

Ausschau hält, mögen solche Darstellungen irritieren. Für viele Christen Afrikas
bringen sie angemessen die wesentliche und als konkret lebensrelevant erachtete
Bedeutung von Jesus Christus zum Ausdruck: Jesus ist der machtvolle Christus
Victor.[3] Als solcher besiegt er wie in frühchristlicher Zeit so in der Gegenwart lebensschädigende Geistwesen zugunsten von Gläubigen, auf dass ihr Leben gelingen möge. Vorausgesetzt ist hier ein Weltwissen, wonach menschliche Aktivitäten
eingespannt sind in einen realen Machtkampf göttlicher versus widergöttlicher
bzw. lebensfördernder versus lebensschädigender Geistwesen. Die sichtbare Welt
ist nur der kleinere Ausschnitt der Wirklichkeit. Sie wird in weitere spirituelle Zu-
sammenhänge eingebettet gedacht. Mit diesem in der Tradition gründenden
Weltwissen wird in Afrika Wirklichkeit erlebt, gedeutet, kommuniziert und ma-
nipuliert. Es wird von Muslimen, Christen und von Anhängern traditioneller Religionen geteilt. Eine allgemeine Grunderfahrung der Existenz kann folgender
Maßen zum Ausdruck gebracht werden und begegnet etwa als Motto auf Klein-
bussen in Westafrika: „Life is war". Um hier bestehen zu können, ist es nötig, ant-
agonistische Geistmächte abzuwehren. Dies ist nur möglich durch die Bindung
an eine stärkere spirituelle Macht bzw. durch deren Bindung mittels eines spirituellen Experten. Diese in Afrika fast durchgängig vorausgesetzte Konzeption von
Wirklichkeit ist weder irrational noch Ausdruck eines vermeintlich naiven „Kin-
derglaubens" ungebildeter „kleiner Leute". Ursache und Wirkung werden auch
hier sorgfältig voneinander geschieden und Ereignisse werden in ihrer chronolo-
gischen Abfolge erfasst, allerdings mit dem – im Vergleich zum aufgeklärten Westen – bemerkenswerten Unterschied, dass die Wirklichkeit über den sichtbaren
und materiellen Bereich hinaus spirituell erweitert gedacht und erlebt wird. Eine
Krankheit kann – muss aber nicht – auf einen Fluch zurückgeführt werden, so wie
ein Geschäftserfolg als Folge des segensreichen Wirkens Jesu gedeutet werden
kann. Das hier vorausgesetzte Weltwissen wird grundsätzlich geteilt von Fischern
wie von Akademikern, von Bauern wie von Politikern, von Marktfrauen wie von
Konzernbesitzern, auch wenn im Einzelfall unterschiedliche Intensitäten des
Rechnens mit der Wirksamkeit böser Mächte zu veranschlagen sind.

　　Um die populären wie auch die sich daran anschließenden akademischen
Christusvorstellungen im sub-saharischen Raum angemessen – also der Binnen-
perspektive entsprechend – würdigen zu können, ist es nötig, das beschriebene
Weltwissen als Referenzrahmen ständig mitzudenken. Leben wird in Afrika weit-

---

3　Vgl. zur Relevanz dieser Figur über weite Strecken der europäischen Kirchengeschichte das klas-
　　sische Werk von Gustaf Aulén, Christus Victor: An Historical Study of the Three Main Types of
　　the Idea of Atonement, London (1931) 1961.

hin als bedroht und gefährdet empfunden. Es ist fragil nicht nur in materieller Hinsicht, sondern darüber hinaus und in ursächlicher Verbindung damit auch in spiritueller Hinsicht.

2. Populäre Perspektiven

2.1 Lebensrettung durch Jesus-Power

Eine empirische Erhebung zur Bedeutung von Christus unter ghanaischen Christen aus dem Jahr 2000 hat ergeben, dass aus einer Auswahl von je 27 möglichen Zuschreibungen in Englisch und in der ghanaischen Sprache Twi nur die folgenden Attribute für Jesus Christus eine einhundert prozentige Zustimmungsrate erfuhren, und zwar über alle Konfessionsgrenzen hinweg: *Agyenkwa* bzw. *Saviour* und *Son of God*.[4]

Agyenkwa wird in Twi durchweg als Wiedergabe von englisch *Saviour* bzw. griechisch σωτήρ gebraucht. Dem Begriff wächst aber in Twi eine konkretisierende Nuance zu, die in der ghanaischen Bevölkerung als wesentlich erachtet wird: Jesus als *Agyenkwa* ist der Retter *(gye*: retten, erlösen, bewahren, schützen) von *Leben (nkwa*: Leben, Gesundheit), d. h., er ist der *Lebensretter*. Mit dieser Bezeichnung ist für die Twi-sprachige Bevölkerung Ghanas die Bedeutung Jesu in nuce erfasst. Dabei handelt es sich bei Jesus um einen Lebensretter *göttlicher Provenienz*. Das macht die ebenfalls einhundertprozentige Akzeptanz des neutestamentlichen Titels *Son of God* deutlich. Dem entsprechen eine ähnliche Qualität anzeigende Titel, die zum großen Teil aus der englischen oder Twi Bibel bekannt sind und sich ebenfalls einer großen Zustimmung erfreuen:

Healer und Anointed One (je 97 %), Lord (96 %), Miracle Worker (94 %), Liberator (93 %), Word of God (92 %), Sole Mediator (91 %), King (90 %; vgl. ōhene), Lamb (89 %), Victor und Comforter (je 88 %), *odimafo* (Mittler: 97 %), *nyameba* (Gottessohn: 92 %), ōhenekɛseɛ (King of Kings: 91 %), *awurade* (Herr) und ōhene (König) je 87 %.

Analog dazu ergeben sich folgende eindeutige *Negativtendenzen*:

1. Alle Zuschreibungen, die auf eine *menschliche Herkunft* Jesu hinweisen, erfahren eine *geringe Zustimmung*, wenn es sich um aus der englischen Bibel bekannte Titel handelt (Son of Man: 69 %; Prophet: 62 %); in *Twi* hingegen werden solche Titel deutlich *abgelehnt* (onipaba = Menschensohn: -73 %).

---

4 Vgl. im Detail dazu Kahl, Jesus als Lebensretter (s. Anm. 2), 276–279, 447–448.

2. All jene, von afrikanischen Theologen mit Inkulturationsinteresse vorgeschlagenen Jesustitel, die in Anlehnung zu ehrerbietenden Titeln aus der *afrikanisch traditionellen Religion* (ATR) vorgeschlagen wurden, werden von einem Großteil der Bevölkerung ebenso deutlich zurückgewiesen:[5] Supreme ōkōmfō (trad. Priester: -88 % [Highpriest in derselben Umfrage bekam hingegen 59 % Zustimmung]), Greatest Ancestor (-85 %), Chief Linguist (-76 %), Great Chief/Nana (-75 %).

Wie ist dieser Befund zu erklären? Er wird verständlich im Rahmen der traditionellen Enzyklopädie: Als *Mensch* unterläge Jesus denselben dämonischen Einflüssen, die insgesamt menschliches Leben manipulieren und bedrohen. Die *traditionellen Titel* finden in der christlichen Bevölkerung weithin keine Akzeptanz aufgrund der insbesondere im charismatischen Christentum radikalisierten Dämonisierung der ATR.[6] Die Bezeichnung Jesu mittels dieser Titel würde ihn in die Nähe traditioneller Heiler, Chiefs und Ahnen rücken. Dies aber würde dem populären Christusverständnis entgegenlaufen. Denn die Jesus zugeschriebene vornehmste Funktion besteht in der Überwindung dämonischer Mächte, als deren Repräsentanten traditionelle Priester und andere Funktionäre der ATR weithin gelten. Die *neutestamentlichen Titel* in englischer Sprache bzw. in ihren Twi-Äquivalenten scheinen aus populärer Perspektive gerade aufgrund ihrer *Fremdheit* ein der Sache des Christusgeschehens angemessenes Vokabular darzustellen: *Das Christusgeschehen übersteigt bisherige Erfahrungen und Begrifflichkeiten.* Das in Jesus begegnende qualitativ Neue besteht in der Entmachtung dämonischer Kräfte *in der Kraft Gottes.* Aufgrund seiner göttlichen Herkunft ist Jesus auch mit göttlicher Vollmacht ausgestattet. In Jesus ist Gott – vormals der *deus absconditus oder otiosus – nahe* herbeigekommen, und zwar zum Wohl der Menschen. Zu ihrer Rettung aus den Klauen Verderbnis bringender dämonischer Mächte war göttliches, nicht menschliches Vermögen vonnöten. Um diese qualitative Verschiebung kommunizieren zu können, bedurfte es einer Spracherweiterung, wie sie durch die Adaption neutestamentlich vorliegender Begriffe, die eine göttliche Machtfülle konnotieren, möglich werden konnte.

Eine Identifizierung Jesu als Mensch wird von etwa 4/5 als inakzeptabel abgewiesen (man: -78 %; onipa: -81 %), während etwa 2/3 der Befragten Jesus mit Gott in

5   Vgl. zu dieser Diskrepanz, K. R. Ross, Current Christological trends in Northern Malawi, JRA 27,2 (1997), 161–176.

6   Damit bewegt sich das Christentum Afrikas weiter in einer Tendenz, die durch die Missionare des 19. Jahrhunderts gesetzt wurde, vgl. dazu die instruktive Arbeit von B. Meyer, Translating the Devil: Religion and modernity among the Ewe in Ghana, Edinburgh/London 1999.

eins setzen (God: 69 %; Onyankōpon: 68 %), und zwar mit Gott „dem Vater": Immerhin 59 % der Befragten favorisieren die Anrede Jesu als *paapa*. Neben dieser Tendenz zur – teilweisen – Identifizierung Jesu mit Gott begegnet ein weitverbreitetes Verständnis von Jesus als dem Mittler bzw. *odimafo* (91 % bzw. 97 %) zwischen Mensch und Gott. Als solcher übernimmt er Funktionen, die in der ATR den traditionellen Priestern zugeschrieben werden, übersteigt ihre Kompetenz aber zugleich. Deren Funktionen zielen insgesamt auf den Erhalt, die Vermehrung bzw. auch die Wiederherstellung von Leben in verschiedenster Hinsicht. Emmanuel Larbi stellt für die Akan fest:

> „[T]he overriding concern is the enjoyment of *nkwa* (life). This is not life in abstraction but rather life in its concrete and fullest manifestations. It means the enjoyment of long life, vitality, vigour, and health; it means life of happiness and felicity. *Nkwa* also includes the enjoyment of *ahonyade*, (possessions; prosperity), that is wealth, riches, and substance, including children."[7]

In der ATR sind bestimmte Gebete und Riten darauf ausgerichtet, ein solches Leben in Fülle manifest werden zu lassen. Angesichts der Gefährdung des Lebens durch böse Geister kommt dem traditionellen Priester („witch doctor") vornehmlich die Aufgabe der Dämonenabwehr zu.[8] Nachdem der traditionelle Priester oder die Priesterin einen Kontrakt mit dem Bittsteller eingegangen ist, wird er oder sie als numinoser Mittler in Erscheinung treten und unter Geistbesessenheit durch einen lokalen Gott versuchen, auf den krisenverursachenden bösen Geist Einfluss zu nehmen.

Besteht die Kunst des traditionellen Priesters darin, einen für eine bestimmte Problemlage zuständigen Geist anrufen und seine Kräfte zur Überwindung lebenseinschränkender Mächte und Konstellationen aktivieren zu können – „Medizin tötet Medizin"[9] –, so gilt die Vollmacht Christi als Manifestation der göttli-

---

7   E. K. Larbi, Pentecostalism. The Eddies of Ghanaian Christianity (SAPC 1), Accra 2001, 8 f.

8   Auf diesen zentralen Aspekt der ATR macht nachdrücklich der ghanaische Soziologe Max Assimeng aufmerksam, vgl. M. Assimeng, Religion and Social Change in West Africa, Accra 1989, 60 ff.

9   „Aduro kum aduro" – Werbespruch eines traditionellen Priesters in Ghana, vgl. J. Seebode, „Aduro kum aduro." Ritual, Macht und Besessenheit in Asante (Südghana) (Spektrum 56), Münster 1998, 152: „Das Motto formuliert in kondensierter Form die Vorstellung von einer mächtigen Kraft, deren Wirksamkeit stets durch eine andere übertroffen werden kann, oder die umgekehrt andere wirksame Kräfte neutralisiert und verweist auf eine dynamische Konzeptualisierung der Welt."

chen Allmacht zur Problemlösung in *jeglicher* Hinsicht: Jedwedes Hindernis, das einem im umfassendsten Sinn verstandenen Leben entgegensteht, kann überwunden werden. Damit ersetzt Jesus nicht nur die Funktion des traditionellen Priesters als Mittler, sondern auch die Funktion all solcher numinoser Zwischenwesen wie Ahnengeister und Lokalgötter, die in der ATR als lebensfördernd erachtet werden konnten.[10] Insgesamt gilt, wie es in einer in Westafrika populären Umdichtung eines bekannten Raeggae-Schlagers heißt: „No Jesus, no life, no no no, no Jesus, no life." Insofern übernimmt Jesus im populären Verständnis vornehmlich die Funktion einer *zum Leben gereichenden Medizin*.[11] Durch das Gebet der Gläubigen kann dieser Lebensretter für eine konkrete Problemlösung aktiviert werden. Insofern ist das Jesus aktivierende Gebet selbst schon Teil der lebensrettenden Medikation, wie es in dem folgenden Lied heißt:

Prayer is God's medicine (aduro).
Streetchild like me,
Jesus has brought me home,
Prayer is God's medicine.
A barren woman like me,
Jesus has made me deliver.
Prayer is God's medicine.

Jesus erscheint hier als gottgesandter Beistand, der in Bezug auf jegliche Notlage für Abhilfe sorgt. Durch Jesu Vermittlung wird im Gebet der Zugang zu Gott selbst und Partizipation an seiner Wunderkraft möglich. Diese durch Jesus zugängliche *power* wird in dem in Westafrika populären Lied *There is power* besungen:

There is power, power wonder working power
In the blood of the lamb.
There is power, power wonder working power
In the blood of Jesus.

---

10 Vgl. dazu in Analogie den Hebräerbrief, nach dem Jesus einerseits die Funktionen des Hohepriesters ersetzt und übersteigt (4,14–5,10) und andererseits in der numinosen Hierarchie als Sohn Gottes über den Engeln zu stehen kommt (1,1–14). Allerdings werden Letztere als Mittlerwesen zwischen Gott und Menschen nicht überflüssig bzw. sogar als schädlich erachtet wie im charismatischen Christentum Westafrikas die Mittlerwesen der afrikanisch traditionellen Religion aufgrund ihrer Dämonisierung.
11 Vgl. IgnEph 20,2; nach der Ausgabe von H. Paulsen, Die Briefe des Ignatius von Antiochia und der Brief des Polykarp von Smyrna (HNT 18: Die Apostolischen Väter II), Tübingen ²1985.

Nur mittels dieser *power* können gegenwärtig wirkende lebensschädigende Geistwesen wie Dämonen, Lokalgottheiten oder Ahnen abgewehrt werden, was als unabdingbare Voraussetzung eines gelingenden Lebens erachtet wird:

> Jesus power, super power (2x)
> Satan power, powerless power.
> Mami Wata power, powerless power
> Mmoatia power, powerless power
> Sasabonsam power, powerless power.

In diesem Lied werden traditionelle Buschgeister und der feminine Wassergeist Mami Wata mit Satan in eins gesetzt. Jesus ist stärker als diese von Christen dämonisierten und gefürchteten Geistwesen der traditionellen Kultur bzw. Religion. In der Konfrontation mit seiner Wunderkraft erscheinen sie machtlos.[12]

In geradezu martialischen Gebeten neo-pfingstlicher Gemeindeleiter wird die Wunderkraft Jesus, die ihm als Sohn Gottes zugedacht wird und der Überwindung dämonischer Aktivitäten dient, beschworen:

> *Warfare Prayer*[13]
> Father, in the name of Jesus, I superimpose your prophetic purposes
> concerning my life over and against all demonic and satanic activities.
> I bring down every manifestation, operation, manipulation, resistance,
> limitation, exploitation, set-back, disappointment, fear, unscriptural
> prayer and desire, every demonic and satanic demand and claim upon my life.
> Furthermore, I uproot and destroy any assignment of the enemy
> whatsoever to hinder your prophetic purposes for me
> in the name of Jesus.
> [...]

---

12 Vgl. B. Meyer, Mami Wata as a Christian Demon: The Eroticism of Forbidden Pleasures in Southern Ghana, in: H.J. Drewal (Hg.), Sacred Waters: Arts from Mami Wata and other Divinities in Africa and the Diaspora, Bloomington/Indianapolis 2008, 383–398, 387: „Jesus is presented as stronger than the powers of Mami Wata. Indeed [...] stories about Mami Wata usually thrive on the opposition between the ‚powers of darkness‘ and the Christian God, thereby recasting Mami Wata as a Christian demon in league with the devil." Zur Ambivalenz der Mami Wata Figur in Afrika, vgl. auch G. Lademann-Priemer, Mami Wata – Muttergottheit und Verführerin, Helferin und Dämon, in: W. Kahl/dies. (Hg.), Lebensstörungen und Heilungen. Traditionelle Verfahren des In-Ordnung-Bringens von Christus bis Mami Wata (Studien zur interkulturellen Theologie an der Missionsakademie 1), Hamburg 2013, 9–33.

13 N. Duncan-Williams, Taking the Promises of God in Battle, Edqware Middlesex ²1997, 80; vgl. ders., Binding the Strong Man, ohne Ortsangabe 1998, 62; Ch. Agyin Asare, It is Miracle Time. Experiencing God's Miracle Working Power (Bd. 1), Accra 1997, 147 f.

> I plead in the blood of Jesus against persons without bodies
> assigned to frustrate, hinder, and to disorganize me in any shape or
> form in the name of Jesus. I plead the blood of Jesus against them,
> and by the blood I nullify, I overrule, I cancel, I revoke and reverse
> any death wish, and all of their decisions against me.
> By the blood of Jesus, I halt any accusing finger, I silence the voice
> of the accuser in the name of Jesus, the Son of the living God.

Die so Betenden können dazu aufgefordert werden, sich der Zuwendung dieses Dämonen abwehrenden, wundermächtigen Jesus zu vergewissern, indem sie sich die folgende Erklärung zu eigen zu machen:

> I am redeemed from the hand of the devil by the blood of Jesus. I maintain my redemption rights and I proclaim that through the blood of Jesus, thrones, dominions, altars, principalities, powers, rulers of darkness, spiritual host of wickedness, and every satanic work has no authority over me. I declare that the enemy is deprived of any access into my life and destiny. I maintain my God given position in heavenly places and the enemy is under my feet. Absolute victory is mine in Jesus name.[14]

So wie Jesus als Sieger aus dem Dämonenkampf hervorgegangen ist, so können die Gläubigen die Besiegung satanischer Mächte in ihrem eigenen Leben zelebrieren, wie auch in dem folgenden populären Lied kommuniziert wird:

> Victory is mine (2x)
> Victory today is mine.
> I tell Satan to get behind me,
> Victory today is mine.

Im Kontext einer Konzeption von Welt als des Ortes eines universalen Machtkampfes widergöttlicher gegen pro-göttliche Mächte erweist sich eine *Victory-Theologie* als so plausibel wie (über)lebensrelevant. Danach wird Christus begrifflich gefasst, kommuniziert und erfahren als der mit göttlicher Wunderkraft ausgestattete Lebensretter. Die Gläubigen partizipieren potenziell am Sieg Jesu über die dämonischen Mächte.

Im pfingstlich-charismatisch gewendeten Christentum Afrikas wird an Christus unter dem Interesse an konkretem Lebensgewinn geglaubt. Von diesem wird erwartet, dass er sich *gegenwärtig* einstellt und alle Bereiche des menschlichen Le-

---

14 Duncan-Williams, Promises (s. Anm. 13), 61; dazu wird zitiert 1Petr 5,8 und Eph 4,27.

bens umfasst, inklusive und prononciert der *physisch-materiellen* Dimension menschlicher Existenz.[15] Mit einer solchen Erwartungshaltung wird die Bibel gelesen. So erklärt sich auch die Wahl von Joh 3,16 als beliebtestem Bibelvers in Westafrika:[16] „For God so loved the world that he gave his only begotten Son that whoever believeth in him should not perish, but have everlasting life (*daa nkwa*)."[17] Der Vers bringt in Kürze und komprimiert zum Ausdruck, woran ghanaischen Christen bei der Lektüre des Neuen Testaments vor allem gelegen ist: die Zusage von „everlasting life". Nun wäre es ein Missverständnis in mehrfacher Hinsicht, dieses Lektüreinteresse etwa als Sehnsucht zum Jenseits zu deuten. Eine solche Interpretation setzt eine moderne Kosmologie unter der semantischen Opposition von /diesseits/ versus /jenseits/, /zeitlich/ versus /ewig/ voraus. Afrikanischen Enzyklopädien liegen aber hinsichtlich Zeitlichkeit andere Plausibilitätsannahmen zugrunde, die durchaus Überschneidungen mit denen der antik-griechischen Begriffswelt wie mit dem biblischen Sprachgebrauch aufweisen.[18] Eine durch einen Informanten gegebene Interpretation zu Joh 3,16 führt auf die richtige Spur: „Man without God cannot make it in life." Die Twi-Version, die Muttersprachler „hören", selbst wenn sie die King James Version zu Joh 3,16 lesen, interpretiert „everlasting life" bzw. ζωὴν αἰώνιον als „*daa nkwa*", und d. h. als „Leben von Tag zu Tag". In diesem Sinne gibt Joh 3,16 denjenigen, die an den Sohn Gottes glauben, die präsentische Zusage eines Lebens, das sich fortsetzt, von Tag zu Tag, in die Zukunft hinein, und zwar unter dem Schutz, den die Gemeinschaft mit Christus vermittelt.

---

15 Letzteres wird individualistisch im sog. Prosperity Gospel enggeführt, vgl. dazu W. Kahl, Prosperity preaching in exegetical perspective: A critical assessment of a contemporary ideology among charismatic Christians in, and from, West-Africa, Ghana Bulletin of Religion 2 (2007), 135–162; A. Heuser, „Refuse to Die in Poverty!" Armutsüberwindung und Varianten des Wohlstandsevangeliums in Afrika, ThZ 1,2/69 (2013), 146–171; H. Wrogemann, Missionstheologien der Gegenwart. Globale Entwicklungen, kontextuelle Profile und ökumenische Herausforderungen (Lehrbuch Interkulturelle Theologie/Missionswissenschaft 2), Gütersloh 2013, 295–299.

16 Nach empirischen Erhebungen von E. Anum, The Reconstruction of Forms of African Theology: Towards Effective Biblical Interpretation (University of Glasgow: PhD Thesis, 1999) und Kahl, Jesus als Lebensretter (s. Anm. 2).

17 Zitiert nach der im anglophonen Afrika beliebten *King James Version*. In Klammern sind hier beigegeben die begrifflichen Entsprechungen zu „ewiglichem Leben" in der Twi-Version.

18 Vgl. dazu aus ostafrikanischer Perspektive die Dissertation von J. S. Mbiti, New Testament Eschatology in an African Background. A Study of the Encounter between New Testament Theology and African Traditional Concepts, Oxford 1971.

2.2 Die Bedeutung der Gesalbtheit Jesu

Dag Heward-Mills, promovierter Mediziner und Gründer sowie leitender Bischof der ghanaischen Mega-Church *Lighthouse Chapel International*, bedenkt in seinem Buch „Evangelism and Missions" die Bedeutung der Gesalbtheit Jesu.[19] Referenztext seiner Argumentation ist Apg 10,38: „Wie Gott Jesus von Nazareth gesalbt hat mit Heiligem Geist und Kraft; der ist umhergezogen und hat Gutes getan und alle gesund gemacht, die vom Teufel unterdrückt wurden, denn Gott war mit ihm."[20] Aufgrund der Ausstattung mit dem Heiligen Geist vermochte es Jesus, Gutes zu tun, was darin bestand, Kranke zu heilen und Besessene vom „Feind" (enemy) zu befreien. Der derart Gesalbte-Christus-Messias Jesus von Nazareth, der – Referenz auf Phil 2,5–8 und Hebr 4,15 – den Menschen gleich geworden war, wird zum „great example so that we may also desire the anointing".[21] So wie Elisa Anteil am Geist, der auf Elia ruhte – nach Heward-Mills eine Geistsalbung in Analogie zur Salbung Jesu – bekam (2 Kön 2), und wie Gott Paulus salbte (2 Kor 1,21), so steht zu erwarten, „God [...] will also anoint us. I see God anointing you in the name of Jesus". Gläubige bekommen also Anteil an der Geistsalbung Jesu. Damit verbunden ist die Partizipation an der Wunderkraft – the power of God: „The anointing changes you and makes you into a *miracle worker*. It changes you into a *supernatural person*. You become a *blessed person*. The anointing heals you and brings the *power of God* into your life."[22] Von Christen wird erwartet, dass sich die Geistsalbung in ihrem Leben einstellt. Dies manifestiert sich auf doppelte Weise: Zum einen an eigener Lebensverbesserung und zum anderen an der Fähigkeit, in der Nachfolge Jesu Wunder zugunsten anderer zu vollbringen. Insofern werden die äußerst wohlhabenden Leiter von neo-pfingstlichen Mega-Churches in Afrika aufgrund ihres Vermögens und der ihnen zuerkannten Wunderkraft als besonders auserwählte „powerful men of God" verehrt.

Salbungen mit dem Heiligen Geist können in Pfingstkirchen unter Beschmieren der Gläubigen mit Salböl inszeniert werden (unter Verweis auf Jak 5,13–16 und Mk 6,13). Dieser rituelle Akt dient insbesondere der Dämonenabwehr, welche die Voraussetzung eines gelingenden Lebens darstellt. Auf diese Funktion der Salbung wird in den beiden folgenden Gebeten des in Westafrika bekannten Pfingst-

19 D. Heward-Mills, Evangelism and Missions, Accra 2007, 159–161, 248–293.
20 Deutsche Bibelzitate sind der Lutherübersetzung in der revidierten Fassung von 1984 entnommen, die wenn es nötig schien, vom Verfasser stellenweise modifiziert wurden.
21 Heward-Mills, Evangelism (s. Anm. 19), 268.
22 Heward-Mills, Evangelism (s. Anm. 19), 272 (Hervorhebungen W.K.).

bischofs Charles Agyin-Asare von der *Word Miracle Church International* abgehoben. Sie wurden im Jahr 2000 während eines Salbungsgottesdienstes in der ghanaischen Hauptstadt Accra aufgezeichnet:[23]

> „Father, in the name of Jesus, I bring this oil before you. I pray that you sanctify this oil for it to be a channel of the Holy Spirit. I call it done in Jesus' name, Amen."

> „Father, in the name of Jesus, I pray that the power of the Holy Spirit will come mightily upon your people to break every power of the devil on their lives. I cause them to be released from every shackle of the evil one, to release them from their predicament. Cause the one who needs a visa to obtain favour before the consulate, restore broken marriages, let the business man or woman flourish and everybody going in for an examination, let him excel. With the power of the anointing of the Holy Ghost, I remove every barrier. I call it done in Jesus' name, Amen."

Die Gesalbtheit des Messias Jesu interessiert in dieser Perspektive primär hinsichtlich des Zugangs zu göttlicher „power" oder Wunderkraft. Dies kommt etwa in dem folgenden populären Kirchenlied zum Ausdruck:

> Anointing fall on me,
> Let the power of the Holy Ghost
> Fall on me.[24]

Jesu besondere Bedeutung für die gegenwärtige Lebensbewältigung besteht nicht nur in typologischer Hinsicht, sondern wesentlich darin, dass durch seinen Opfertod ein allgemeiner Zugang zur göttlichen Salbung eröffnet wurde: „We are brought near to the anointing by the blood. It is the blood and the sacrifice that enables us to come near to the anointing!" (Verweis auf Eph 2,13).[25]

2.3 Jesus im tiefen Urwald

Der kanadische Anthropologe und Theologe Jon Kirby edierte 1981 eine Sammlung von Gebeten und Lobpreisungen unter dem Titel *Jesus of the deep forest*.

---

23 L. Asante, The Phenomenon of Anointing in the Mainline and Charismatic Churches. A Case Study of the Roman Catholic Church and Some Charismatic Churches in Ghana (University of Ghana/Legon: MPhil Thesis, 2001), 87.

24 Asante, Anointing (s. Anm. 23), 79.

25 Heward-Mills, Evangelism (s. Anm. 19), 160.

Prayers and Praises of Afua Kuma.[26] Afua Kuma alias Christina Afua Gyan (1900–1987) war zeitlebens Kleinfarmerin im Regenwald im Süden Ghanas. In ihrem kirchlichen Werdegang spiegelt sich die allgemeine kirchliche Entwicklung Westafrikas in der zweiten Hälfte des letzten Jahrhunderts wider: In die presbyterianische Kirche hineingeboren, wechselte sie später über zur *Church of Pentecost,* und zwar unter dem Eindruck einer radikalen Lebensveränderung zweier ihrer Söhne, nachdem diese sich jener Kirche angeschlossen hatten. Als Afua Kuma in einem Gottesdienst ermutigt wurde, frei zu beten, offenbarte sich ihre besondere Gabe, Jesus-Lobgebete in einem zuvor innerhalb der Kirche unbekannten Modus in der Lokalsprache spontan zu artikulieren. Ihre besondere Fähigkeit bestand darin, mittels der Form und in der Begrifflichkeit traditioneller Königslobpreisungen sowie Toten-Eulogien und unter Rekurs auf neutestamentliche Themen und Motive Jesus in immer neuer Variation stundenlang und ohne Unterlass zu preisen.[27] Auf die Zuhörer hatten diese Jesuspreisungen in ihrer Muttersprache eine überwältigende Wirkung. Gegenwärtig sind Afua Kumas Lieder und Gebete Gegenstand linguistischer und theologischer Untersuchungen. Es liegt hier ein einzigartiges Zeugnis einer Grassroots-Theologie, d. h. einer unkontrollierten und unerwarteten Inkulturation „von unten" vor – produziert von einer illiteraten älteren Farmerin.[28]

---

26 A. Kuma, Ayeyi ne Mpaebo: Kwaebirentuw Ase Yesu, hg. von J. Kirby, Accra 1981. Englische Übersetzung: J. Kirby, Jesus of the deep forest. Prayers and Praises of Afua Kuma, Accra 1981. Eine deutschsprachige Übersetzung, allerdings der englischen Version liegt vor mit H.-J. Becken, Afua Kuma – Du fängst das Wasser in deinem Netz. Lobgesänge und Gebete aus Ghana, Erlangen 1987. Zu Afua Kuma, vgl. A. Anyidoho, Cross-cultural influences on Akan folklore, Legon Journal of the Humanities 11 (1998), 49–66; K. Bediako, Cry Jesus! Christian theology and presence in modern Africa, in: ders., Jesus in Africa. The Christian Gospel in African History and Experience, Accra 2000, 8–19; P. T. Laryea, St. Ignatius of Antioch and Afua Kuma of Kwahu: a study in some images of Jesus in second century Christianity and modern African Christianity (University of Natal/Pietermarizburg: M.Theol. Thesis 2000); ders., Mother Tongue Theology: Reflections on Images of Jesus in the poetry of Afua Kuma, Journal of African Christian Thought 3,1 (2000), 50–60.

27 Zu Form und Inhalt vgl. Laryea, Ignatius (s. Anm. 26), 52 ff. Laryea macht darauf aufmerksam, dass die generelle Funktion der traditionellen Lobespoesie der Akan darin besteht, der gepriesenen Person ein *superiores* Maß an Kraft und Autorität zuzuerkennen. In der Übertragung auf Jesus Christus besteht eine Herausforderung sowohl für Traditionalisten wie für jene Christen, die die traditionelle Nomenklatur als dämonisch erachten, wie Laryea zu recht beobachtet.

28 In der ständig variierenden und modulierenden Verwendung traditioneller Formeln und Wendungen erweist sich im Übrigen eine erstaunliche Analogie zur homerischen Poesie.

Zur Veranschaulichung dieser Jesuspoesie sei ein längerer Auszug in Übersetzung aus dem Twi-Original wiedergegeben:[29]

Lasst uns den Namen Jesu Christi anbeten.
Wahrhaftig, das ist gerade recht für ihn.
Wir werden seine Titel verkünden.

Majestätischer Jesus,
der Wundertaten vollbracht hat,
er wird *Held* genannt.
Er ist *mächtig* in der ganzen Welt,
der Python, der mit Stöcken nicht zu besiegen ist,
das große Boot, das man im Wasser nicht versenken kann.

Jesus, der die Armen gerettet hat,
was uns Ehre gebracht hat.
Du *der große Weise,*
wir sind auf dich angewiesen,
so wie die Zunge auf den Kiefer angewiesen ist.

Der Fels, unter dem wir uns verstecken;
der Baldachin des Urwaldes, der kühlen Schatten gibt;
der Riesenbaum, durch den Seile die Höhe gesehen haben,
der majestätische Baum, dessen niederfallende Blätter
die Pflanzen zum reichen Wachstum anregen.

Wunderbarer, du bist derjenige, der im grob geflochtenen Korb Wasser getragen
und ihn am Wegesrand abgesetzt hat,
damit Reisende drei Tage lang zu trinken haben.
Du hast einen großen Rundkorb genommen, um Wasser zu schöpfen und hast ihn in
die Wüste gesetzt,
dann hast du ein Netz hineingeworfen und große Fische (Tylapia) herausgezogen!
Du hast das Netz benutzt, um Wasser zu schöpfen und in Krüge zu schütten.
Wir sind in einem Kanu auf dieser Wasseroberfläche gerudert,
um Fische (Mudfish) zu fangen.

Du, der du ein Blitz in unserem Dorf bist,
wir haben Patronen benutzt, um dich beim Gehen zu unterstützen.
Weiser, du hast eine Falle aufgestellt, um den Wind zu fangen,
du hast ihn mit Blitzen gebunden,

---

29 Es handelt sich hierbei um eine von mir unter freundlicher Mithilfe von Regina Eshun von der University of Science and Technology in Kumasi angefertigte Übersetzung der 35 Textseiten umfassenden Aufzeichnung: Kuma, Ayeyi (s. Anm. 26), 5–7. Wiedergaben traditioneller Titel und Königsattribute sind kursiv gesetzt.

und ihn mit dem Regenbogen gefesselt.
Jesus hat gekämpft, um das Volk zu retten,
und er hat die Krone des Königs getragen.
Die Siegesfahne geht ihm voran.

Majestätischer Jesus, du bist der *große Zauberer*,
die Sonne und der Mond sind dein Umhang.
Er glänzt wie der Morgenstern.
Gott des großen Berges
Du bist der große Berg.
Die ganze Welt sieht deinen Glanz.

Du flechtest die Flüsse
und mit Quellen bindest du den festen Knoten.
Ein *Magier*, der auf dem Wasser geht,
als er die Mitte erreichte,
tauchte er seine Hand ins Wasser,
griff zu und hielt einen Wal.

Wenn er in der Dunkelheit geht, trägt er keine Laterne.
Wenn er einen Schritt tut, geht ihm die Sonne voran
und Blitze schützen ihn von hinten.

Er benutzt ein Spinnennetz als Angel.
Er wirft es ins Wasser und zieht einen Alligator ans Land.
Er wirft sein Fischernetz aus und fängt Vögel.
Er stellt eine Falle mitten im tiefen Busch auf und fängt Fische (Mudfish).
Heiliger!

Er ist der Daumen, den wir nicht umgehen können, um einen Knoten zu machen.
Der *den Weg zeigt*, lehrt uns, wie man prophezeit.
Hier kommt die perfekte *Freundesstütze*.

Der *Starke*,
der Pharao und seine Armee in Grund und Boden gestürzt hat.
Eier der grünen Mamba, die nur der Weise sammeln kann.

Jesus, *der fest steht wie ein Fels*,
er ist es, wenn die grüne Mamba ihn trifft, dass sie stirbt.
Eine Eisenstange, die man nicht wie ein Tuch in eine Ringform bringen kann.
Die Kobra legt sich vor dir auf den Rücken.
Jesus, du bist der Elefantenjäger.
Mächtiger, du hast den bösen Geist getötet und ihm den Kopf abgeschlagen,
und die Trommeln des Königs haben es am Morgen kundgetan.
All deine Jagdbegleiter tanzen fröhlich vor dir her.

Afua Kuma knüpft lose an neutestamentliche Motive an und aktualisiert Bedeutungen Jesu mittels traditioneller Kategorien. Die Jesus zugeschriebenen Titel zielen durchweg auf seine Stärke und Herrlichkeit. Diese Charakterisierungen und Beschreibungen bringen die als wesentlich erachtete Funktion Jesu zum Ausdruck: Er ist derjenige, der *das Leben* der Seinen *rettet*. Diese Funktion wird innerhalb der traditionellen Enzyklopädie und unter Einbettung in sozio-ökonomische Gegebenheiten, unter welchem die Landbevölkerung existiert, entfaltet. Wenn Afua Kuma Jesus mit traditionellen Herrschertiteln und Gottesbezeichnungen preist, dann wird zum einen positiv an afrikanische Traditionen – anders als im pfingstlich-charismatischen Christentum sonst üblich – angeknüpft. Zum anderen erweist sich Jesus im Vergleich mit den traditionellen Herrschern als mächtiger als sie: „Er ist König. Der erste unter den mächtigen Führern."[30] Als solcher kann er sich nicht selbst genug sein. Er sorgt und kümmert sich um die Seinen – wie eine „gute Mutter".

Er ist es,
der das Essen in großen Palmöl-Töpfen kocht.
Tausende haben gegessen,
aber doch bleiben 12 Körbe voll über.
Würden wir all das verlassen,
wohin sollten wir gehen?
Wir würden herumirren, bis uns der Hunger umbringt,
und unsere Kleider alt und zerrissen sind,
und wir mit Schweinen essen,
und zur Schande würden!
Jesus, du bist die gute Mutter,
zu der wir zurückkehren,
und sagen: Nimm uns bitte auf![31]

Neben der hier vorliegenden Integration verschiedener neutestamentlicher Jesusüberlieferungen[32] und ihrer westafrikanischen Kontextualisierung ist insbesondere die Identifizierung Jesu als *gute Mutter* (*obeatan pa*) bemerkenswert, insbesondere da sie von neutestamentlichen Vorgaben abweicht. An dieser Stelle wird deutlich, dass das Wohltun Jesu an den Gläubigen, d. h. seine *Funktion* von entscheidender Bedeutung in der hier interessierenden Aktualisierung ist und nicht

---

30 Kuma, Ayeyi (s. Anm. 26), 20f.
31 Kuma, Ayeyi (s. Anm. 26), 38.
32 Mk 6,30–44; Lk 15,11–32.

etwa begriffliche oder motivhafte Übereinstimmungen mit der biblischen Tradition. Offenbar bot sich Afua Kuma spontan „Mutter" als angemessenstes Attribut
an, um die in Lukas 15 beschriebene Annahme des zurückgekehrten Sohnes im
Kontext eines matrilinear organisierten Familienlebens – die Kinder „gehören"
unter den Akan im Süden Ghanas zur Mutter und ihrer Abstammungslinie –
plausibel zu machen.

Einmal mehr machen diese Loblieder und Jesusgebete deutlich, dass es überle-
bensrelevante Nöte sind, die in Ghana auf die *Rettertätigkeit* Jesu aufmerken lassen. Von dieser ghanaischen, ursprünglich mündlichen Jesusüberlieferung fällt –
unter ähnlichen Lebensbedingungen – im Übrigen ein erhellendes Licht auf die
synoptische Tradition: Die Redundanz von Wunderheilungs-, Speisungs-, Seenot-
rettungs- und Exorzismuserzählungen in den synoptischen Evangelien reflektiert auch die überwältigende *Allgegenwart* diesbezüglicher Notsituationen im antiken Mittelmeerraum.[33] Die große Anzahl thematisch und motivhaft variierter
Rettungserzählungen in den *Evangelien* und in der *Apostelgeschichte* lässt in Afrika
heute – und dasselbe wird unter ähnlichen Lebensbedingungen für das Frühchristentum vorauszusetzen sein – keinen Zweifel daran, dass das Evangelium im
Wesentlichen in der konkret *lebensrettenden* Hinwendung Gottes zu den Menschen
in und durch Christus besteht:

> Lasst uns auf das Wort Gottes hören,
> denn darin ist Leben (*nkwa*).
> Jesus ist es, der spricht,
> er ist die Quelle des Lebens (*nkwa*).
> Er bewirkt Lebensrettung (*nkwagye*)
> für mich und für dich.[34]

---

33 Die Realität von Hunger, insbesondere unter den Armen, ist z. B. reflektiert in Lk 1,53; 4,25;
   6,21.25; 16,19–31 und Apg 7,11.
34 Kuma, Ayeyi (s. Anm. 26), 43.

3. Akademische Perspektiven

3.1 „Wer sagt ihr, dass ich sei?"

Ein ostafrikanischer Pastor kehrt nach seiner an einer europäischen Universität bestandenen theologischen Promotion in die Heimat zurück. Seine Ankunft wird nach dem langjährigen Auslandsaufenthalt in seiner Großfamilie und Dorfgemeinschaft gefeiert. Nach einigen Tagen stellt sich Ernüchterung ein: Der Rückkehrer soll seine von bösen Geistern besessene Schwester befreien. Diese Erwartung überfordert ihn, der sich in Europa Bultmanns Entmythologisierungsprogramm zu eigen gemacht hat.

Diese auf den Neutestamentler und späteren Ökumeniker John S. Mbiti zurückgehende Erzählung[35] illustriert ein typisches Dilemma von in Europa ausgebildeten afrikanischen Theologen der ersten Generation (1960er bis 1980er Jahre). Es liegt darin begründet, dass die im Westen durchlaufene Ausbildung afrikanischer Theologen im heimatlichen Kontext als irrelevant erscheint. Darüber hinaus scheinen die erlernten europäischen Denkkategorien und Begrifflichkeiten die Entwicklung einer genuin afrikanischen Theologie eher zu hindern als zu fördern.

Bis zum Ende des letzten Jahrhunderts waren christologische Entwürfe von afrikanischen Theologen durch den Versuch geprägt, ehrwürdige Titel ihrer Traditionen auf Jesus zu übertragen. Er wurde erfasst als Proto-Ahne[36], traditioneller Heiler[37], König-Häuptling-Chief[38], Initiationsmeister[39] oder politischer

---

35 B. Y. Quarshie, Doing Biblical Studies in the African Context – The Challenge of Mother-Tongue Scriptures, in: J.K. Kwabene Asamoah-Gyadu (Hg.), Christianity, Mission and Ecumenism in Ghana (FS Robert K. Aboagye-Mensah), Accra 2009, 106–135: 119.

36 Ch. Nyamiti, Christ as Our Ancestor. Christology from an African Perspective, Gweru/Zimbabwe 1984; F. Kabasélé, Christus als Ahne und Ältester, in: Missionswissenschaftliches Institut Missio (Hg.), Der Schwarze Christus. Wege afrikanischer Christologie (Theologie der Dritten Welt 12), Herder 1989 [= gekürzte Ausgabe von R. Luneau (Hg.), Chemins de la Christologie africaine, Paris 1986], 73–86.

37 M. Schoffeleers, Folk Christology in Africa: the dialectics of the Nganga paradigm, JRA 19,2 (1989), 157–183; ders., Christ in African Folk Theology: The Nganga Paradigm, in: T. D. Blakely/W. E. A. van Beeck/D. L. Thomson (Hg.), Religion in Africa. Experience & Expression, London 1994, 72–88.

38 U. C. Manus, King-Christology: The example of some Aladura Churches in Nigeria, Africana Marburgensia 24,1 (1991), 28–46; ders., Christ, the African King. New Testament Christology (Studien zur interkulturellen Geschichte des Christentums 82), Frankfurt a. M. 1993.

39 A. T. Sanon, Jesus, Meister der Initiation, in: Missionswissenschaftliches Institut Missio, Schwarze Christus (s. Anm. 36), 87–107.

Befreier[40]. Dies war Ausdruck ihres Bemühens, als Afrikaner die Jesusfrage „Wer sagt ihr, dass ich sei?" (Mk 8,29) zu beantworten. Diese Verfahrensweise konnte letztlich nicht befriedigen. Es wurde bald deutlich, dass die traditionellen Titel in der Übertragung auf Jesus zu kurz griffen. Sie vermochten jeweils nur einen Aspekt der Christusfigur zu akzentuieren. Die aus der afrikanischen Tradition herangezogenen Titel mussten überdies superlativ gesteigert werden. Bei diesen Inkulturationsversuchen handelte es sich weithin um theoretische Entwürfe von Akademikern, die sich in den Bevölkerungen nicht verwurzeln ließen. Unter dem Paradigma der Charismatisierung des Christlichen in Afrika konnten traditionelle Titel geradezu als dämonisch aufgeladene Begriffe abgewiesen werden. Hier wurde, wie oben ausgeführt, biblisch begründeten Titeln der Vorzug gegeben. Der Versuch, als Theologen afrikanische Christologien für die Gläubigen zu entwerfen, scheiterte. Dieses Unternehmen war gleichzeitig Ausdruck einer anhaltenden Entfremdung von in Europa ausgebildeten Theologen von ihrer Heimat.[41]

3.2 Der dynamische Christus

Ab den 1990er Jahren lässt sich in der afrikanischen Theologie die Hinwendung zu einer empirischen Erfassung von Christusinterpretationen auf populärer Ebene beobachten. Dieser Trend liegt auch darin begründet, dass sich Theologen zunehmend mit der charismatischen Bewegung identifizieren. Innerhalb der vergangenen zwei Jahrzehnte sind im sub-saharischen Afrika zahlreiche Magister- und Doktorarbeiten entstanden sowie universitäre Projekte vorangetrieben worden, die mittels Feldforschung und Umfragen die in der christlichen Bevölkerung präferierten Bibel- und Christusinterpretationen zu erfassen suchen.[42] Theologen versu-

---

40 S. S. Maimela, Jesus Christ: The liberator and hope of oppressed Africa, Voices from the Third World 11,2 (1988), 143–154; E. Martey, Jesus of history, the church and the poor in Africa, Trinity Journal of Church and Theology 4,2 (1994–95), 26–38.

41 Kritisch dazu C. Kolié, Jesus – Heiler?, in: Missionswissenschaftliches Institut Missio, Schwarze Christus (s. Anm. 36), 108–137: 128: „Wieder einmal zwingen wir eine Sichtweise auf, die wir von unseren westlichen Lehrmeistern übernommen haben."

42 Vgl. J. Ukpong, Popular Readings of the Bible in Africa and Implications for Academic Readings: Report on the Field Research Carried out on Oral Interpretation of the Bible in Port Harcourt Metropolis, Nigeria under the Auspices of the Bible in Africa Project, 1991–94, in: G.O. West/M. W. Dube (Hg.), The Bible in Africa, Transactions, Trajectories, and Trends, Leiden 2000, 582–594; Anum, Reconstruction (s. Anm. 16); Ross, Christological Trends (s. Anm. 5); W. Richebächer, Religionswechsel und Christologie. Christliche Theologie in Ostafrika vor dem Hintergrund religiöser Syntheseprozesse, Neuendettelsau 2003.

chen, diese Interpretationen auf dem Hintergrund verbreiteter traditioneller Plausibilitätsannahmen und spiritueller Bedürfnisse im jeweiligen sozio-ökonomi-
schen Lebenskontext zu verstehen und grundsätzlich positiv zu würdigen. Aufgrund dieses Vorgehens haben sich insbesondere hinsichtlich der *Christologie*
wesentliche Verschiebungen gegenüber früheren akademischen Entwürfen vollzogen.[43]

Es zeichnet sich ab, dass gegenwärtig Christusbezeichnungen wie Victor oder
(Lebens-)Retter favorisiert werden, die als so textgemäß wie plausibel und relevant
erscheinen.[44] Hier äußert sich ein starkes Interesse an „the soteriological dimension of the Christ event and the divine in-breaking into the African world"[45], d. h.
in Afrika wird heute zunehmend eine nach einem „Leben in Fülle" (nach Joh 10,10)
ausgerichtete *soteriologische Christologie* als angemessener Ausdruck afrikanischen
Glaubens und Theologisierens vertreten. Afrikanische Theologen beobachten aus
dieser Perspektive zum einen weitgehende Übereinstimmungen zwischen populären Christologien im kontemporären Afrika und neutestamentlichen Zeugnis-
sen, und zum anderen weitreichende Diskrepanzen beider zu westlichen Konzeptionen der Bedeutung Jesu: „Thus African Christologies are in close agreement
with the original orientation of the Synoptic Gospels which portray Jesus' activi-
ties in functional terms rather than in ontological perspectives [...]. African Christians go further to extrapolate from the NT narratives as simple folk Bible rea-
ders, the significance of Jesus' signs and wonders in the African environments
which are almost identical with those of Jesus' contemporaries."[46]

Damit werden Beobachtungen und Einsichten aufgenommen und weiter-
geführt, die der Kenianer John S. Mbiti bereits 1973 in seinem Essay *ὁ σωτὴρ
ἡμῶν as an African experience* mitgeteilt hatte, die aber fast drei Jahrzehnte lang

---

43 Vgl. zur europäischen Rezeption der früheren akademischen Entwürfe zur afrikanischen Christologie: D. J. Goergen, The Quest for the Christ of Africa, African Christian Studies 17,1 (2001), 5–
41; G. Hasenhüttel, Schwarz bin ich und schön. Der theologische Aufbruch Schwarzafrikas,
Darmstadt 1991, 98 ff.; V. Küster, Die vielen Gesichter Jesu Christi. Christologie interkulturell,
Neukirchen 1999, 62 ff. und 148 ff.; ders., Einführung in die Interkulturelle Theologie, Göttingen
2011, 210–212.

44 Vgl. J. S. Mbiti, *ὁ σωτὴρ ἡμῶν as an African experience*, in: B. Lindars/S. S. Smalley (Hg.), Christ and
Spirit in the New Testament (Festschrift C.F.D. Moule), Cambridge 1973, 397–414; U. C. Manus,
African Christologies: the centre-piece of African Christian Theology, ZMR 82,1 (1998), 3–23, 13f.

45 Manus, African Christologies (s. Anm. 44), 6.

46 Manus, African Christologies (s. Anm. 44), 6; Vgl. J.S. Mbiti, The Biblical Basis for Present Trends
in African Theology, in: K. Appiah-Kubi/S. Torres (Hg.), African Theology en Route. Papers from
the Pan-African Conference of Third World Theologians, December 17-23, 1977, Accra/Ghana,
Maryknoll 1979, 83–94: 86.

164   WERNER KAHL

kaum rezipiert wurden.[47] Diesem Beitrag kommt in mehrfacher Hinsicht eine richtungsweisende Bedeutung zu: 1., Mbiti weist – wie schon in seiner Dissertation[48] – Affinitäten zwischen dem Neuen Testament und der ATR auf; 2., er analysiert – noch vor dem Aufkommen des neo-pfingstlichen bzw. charismatischen Christentums – die Aufnahme des Retter-Titels für Jesus in den *Afrikanisch Initiierten Kirchen* und zwar insbesondere unter Berücksichtigung oraler Traditionen wie Gebete und Hymnen; 3., er verweist auf die enorme Evidenzquelle der Erfahrungs- und Erlebnisdimension einer Gemeinschaft im Rezeptionsprozess; 4., er kontextualisiert den σωτήρ-Begriff innerhalb der Enzyklopädie der afrikanischen Rezeptionsgemeinschaft und kommt auf diese Weise zur Entdeckung bisher übersehener neutestamentlicher Bedeutungsdimensionen; 5., er stellt die Ausrichtung an einer de-kontextualisierenden, eurozentrischen Theologie in Frage; 6., er kritisiert die rationalistische Eindimensionalität westlicher Exegese, insbesondere die Unangemessenheit des Entmythologisierungsverfahrens in Bezug auf eine sachgemäße Erfassung antiker Phänomene und Überzeugungen sowie in Bezug auf biblische Interpretationen in Afrika; 7., mit seinem Fokus auf dem Retter-Titel identifiziert Mbiti die Ausarbeitung einer soteriologischen Christologie aus afrikanischer Perspektive als die entscheidende zukünftige Aufgabe einer genuin afrikanischen Theologie, wie sie dann ab den 1990er Jahren wieder aufgegriffen worden ist.

Zwar ist der σωτήρ-Titel für Jesus im Neuen Testament keineswegs zentral, wie Mbiti weiß, aber die auf Gott im Alten Testament und auf Christus im Neuen Testament bezogene Rettungsaktivität wird als herausragendes Prädikat dieser in Not helfenden Subjekte in der Bibel vielfach benannt. Genau diese *Funktion* wird Mbiti zufolge in der afrikanisch traditionellen Religion Gott bzw. Gottheiten und numinosen Zwischenwesen zuerkannt. Mbiti stellt einer statischen Konzeption des Retterseins Jesu, wie sie in der westlichen Tradition vorherrsche, den in Afrika plausibleren und relevanteren Vorzug der Fokussierung eines *dynamischen* Rettungserlebens der wirkenden Präsenz Jesu gegenüber. Diese Präferenz gründe in der Erfahrung einer bedrängenden Lebenswirklichkeit einerseits und damit einhergehenden traditionellen Wirklichkeitsannahmen andererseits: In der afrikanisch traditionellen Religion, „God does not save because he is Saviour; rather, he becomes Saviour when he does save. The concept of saving is a dynamic one which is rooted in a particular moment of desparation."[49]

47 Mbiti, ὁ σωτὴρ ἡμῶν (s. Anm. 44).
48 Mbiti, New Testament Eschatology (s. Anm. 18).
49 Mbiti, ὁ σωτὴρ ἡμῶν (s. Anm. 44), 400.

Nach Mbiti inkorporiert und vermittelt Jesus die rettende Wunderkraft Gottes zur Hilfe aus konkreten Lebensnöten und zwar insbesondere zum Schutz vor bösen Geistern, mit dem Ziel der Verbesserung des Lebens: „[W]hat the Congolese seeks in the new religion is not a merciful God, but rather a powerful God, who has the power to secure for him happiness on earth."[50] Im Erleben dieser göttlichen Rettungskraft stehen – so Mbiti – die Gläubigen heute in Kontinuität zum Erleben von Jesu Wohltaten, wie es für das frühe Christentum im Neuen Testament bezeugt ist.

In ähnlicher Weise knüpft die Ghanaerin Mercy Amba Oduyoye an das populäre Christusverständnis an, wenn sie Jesu Bedeutung im afrikanischen Kontext vor allem mittels des Agyenkwa-Begriffs (σωτήρ-saviour-Retter, d. h. in Twi „Lebensretter") auf den Punkt zu bringen versucht: „The Agyenkwa, the one who rescues, who holds your life in safety, takes you out of a life-denying situation and places you in a life-affirming one. The Rescuer plucks you from a dehumanizing ambiance and places you in a position where you can grow toward authentic humanity. The Agyenkwa gives you back your life in all its wholeness and fullness."[51]

Neben Joh 10,10b rekurriert Oduyoye insbesondere auf Lk 4,18–22 („the ‚Manifesto' of Nazareth") und auf 1,46–55 („Mary's Song of Revolution, the Magnificat"), um die von Jesus erfahrene und erwartete Rettung neutestamentlich zu exemplifizieren. Imitatio Christi heißt für sie vor allem Überwindung ungerechter, da Leid hervorrufender gesellschaftlicher Strukturen. Christus ermächtigt (empowers) „for life in Africa today, with its material and spiritual demands".[52] In „compassion"[53] mit den Schwachen, d. h. besonders den Frauen, die er zur Überwindung scheinbar ohnmächtiger Situationen stärkt, erweist sich Jesus als „a special

---

50 Mbiti, ὁ σωτὴρ ἡμῶν (s. Anm. 44), 411, der hier zustimmend ein Zitat von A. Anderson anführt, der eine afrikanisch initiierte Kirche im Zentralafrika der sechziger Jahre beschreibt.
51 M. A. Oduyoye, Hearing and Knowing. Theological Reflections on Christianity in Africa, 1986 (= Wir selber haben ihn gehört. Theologische Reflexionen zum Christentum in Afrika, Freiburg/ Schweiz 1988), 98. Vgl. zum Titel Agyenkwa ähnlich auch J.S. Pobee, African Symbolism and the Interpretation of Christianity, in: ders./C.F. Hallencreutz (Hg.), Variations in Christian Theology in Africa, Nairobi 1986, 48–61: „[...] God is also agyenkwa, that is one who causes you to receive life in the sense of vitality, vigour, health, happiness, felicity. This is the Akan's statement of God as the ground of being, the life of the world."
52 M. Oduyoye / E. Amoah, The Christ for African Women, in: Oduyoye/V. Fabella (Hg.), With Mercy and Compassion. Third World Women Doing Theology, Maryknoll 1988, 35–46: 37.
53 Oduyoye/Amoah, Christ (s. Anm. 52), 44.

friend of African Christian women".[54] In diesem Mitleiden Gottes, das „in Christ"
ergehe[55] und im Kreuzestod in siegreicher Überwindung von Leid kulminiere, ist
den gegenwärtigen Christen und Christinnen in Afrika ein angemessenes Verhalten in der Nachfolge vorgezeichnet, und zwar als „willingness to suffer that others
might have more life".[56] Mit dieser Beobachtung trägt Oduyoye einen im kontemporären, charismatischen Christentum in Afrika weithin vernachlässigten Impuls
ein – die Übernahme von Leiden zugunsten anderer: „[Christ] demands that we
turn the other cheek, and pray for our persecutors as he did himself, he gives the
example of refusing to stand by while others are being hurt, exploited, cheated, or
left to die."[57]

4. Schlussbetrachtung: Konvergenz populärer und akademischer Christologien

Gut fünfzig Jahre nach dem Einsetzen der De-Kolonisierung unter sub-saharischen Staaten haben sich Kirche und Theologie in Afrika von westlichen Vorgaben emanzipiert. Unter dem Paradigma der Charismatisierung des Christentums
ergeben sich implizite Christologien, die Ausdruck einer „von oben" nicht zu
kontrollierenden Indigenisierung des Christlichen „von unten" darstellen. Afrikanische Theologen und Theologinnen haben begonnen, diese so spontan entstehenden wie tief im Weltwissen afrikanischer Ethnien gründenden Glaubensvor-
stellungen grundsätzlich positiv, wenn auch kritisch zu würdigen. In der
Erfassung, wer Christus ist, besinnen sich Theologen auf ihre je eigenen indigenen Traditionen als Ressourcen, die nicht nur zur Binnen-Kommunikation der
Bedeutung Christi relevant seien, sondern auch einiges zum Verständnis neutestamentlicher Traditionen leisten könnten. In diesem Sinne legen zur Zeit west-
afrikanische Theologen – und insbesondere Exegeten – die Grundlage zur Entwicklung einer „mother-tongue theology": In den indigenen Muttersprachen
gelte es etwa Christologien zu entwerfen „so as to present Christ to the African
context that he becomes a real response to the problems of Africans [...]. The disci-

---

54 M. Oduyoye, Gospel and Cultures in Africa: Through women's eyes, in: WCC (Hg.), Women's Per-
    spectives. Articulating the Liberating Power of the Gospel. Seven essays (Gospel and Cultures
    Pamphlet 14), Genf 1996, 36–47: 46.
55 Oduyoye, Gospel and Cultures (s. Anm. 52), 44.
56 Oduyoye, Gospel and Cultures (s. Anm. 52), 50.
57 Oduyoye, Hearing and Knowing (s. Anm. 51), 106.

pline of Biblical Studies will have fulfilled its mandate if it is able to reinforce the common elements between the Bible and the African world, such that these affirm the identity of African people and help them to contribute in a unique way to theology world-wide."[58] Theologen stimmen hinsichtlich christologischer Entwürfe *grundsätzlich* mit den spontan entstehenden impliziten Christologien auf populärer Ebene überein.[59] Im Kontext eines Weltwissens, welches die Realität der Wirksamkeit von lebensschädigenden Geistwesen im Alltäglichen als Selbstverständlichkeit voraussetzt, wäre „Christ's victory over evil on the cross" zu akzentuieren.[60] Von dieser Figur des *Christus Victor*[61] erwartet etwa der ghanaische Religionswissenschaftler Abraham Akrong eine „spiritual protection", damit ein erfülltes Leben gelingen kann: „If we believe in Christ and appropriate his power, the fear of the devil that makes us surrender our freedom as children of God will be replaced with the confidence in Christ which allows us to live a fuller life."[62] Dies versteht Akrong ausdrücklich als Versuch, eine „witchcraft mentality" wenn nicht zu neutralisieren, so doch einzudämmen.

Weithin anschlussfähig auch unter Theologen in Afrika ist heute ein ausgesprochen *soteriologisches* Verständnis von Christus im weitesten Sinn, d. h. in Übereinstimmung mit afrikanisch traditionellen Konzeptionen von *göttlicher Rettung*.[63] Diese zeichnen sich dadurch aus, dass sie auf Allmacht, Wunderkraft oder „power" abheben: „It is *religion* that the Christian Gospel is able to meet the African in depth. The primal world-view conceives of religion as power; *the Gospel is the*

---

58 Quarshie, Doing Biblical Studies (s. Anm. 35), 134. Zum Phänomen und zur Problematik von Affinitäten zwischen Antike und Westafrika, vgl. Kahl, Jesus als Lebensretter (s. Anm. 2), 153–200.

59 Problematische Tendenzen wie z. B. das „Töten im Namen Jesu" im sog. Neo-Prophetism werden als solche identifiziert und kritisiert, vgl. dazu C.N. Omenyo/A.O. Atiemo, Claiming Religious Space: The Case of Neo-Prophetism in Ghana, Ghana Bulletin of Theology 1,1 (2006), 55–68; W. Kahl, Spiritual Violence „In the Name of Jesus". The Case of Neo-Pentecostal Ministries from West-Africa to Germany: A New Testament Perspective, in: A. Bieler/Ch. Bingel/H.-M. Gutmann (Hg.), After Violence. Religion, Trauma and Reconciliation, Leipzig 2011, 149–164.

60 A. Akrong, Towards a Theology of evil spirits and witches, in: K. Asamoah-Gyadu, Christianity (s. Anm. 35), 199–209: 206.

61 Vgl. auch J. D. K. Ekem, New Testament Concepts of Atonement in an African Pluralistic Setting, Accra 2005, 123: „He is the *Christus Victor* who has emerged victoriously over evil forces in the cosmos, and the great Ancestor whose life of total commitment to His people is worthy to be emulated."

62 Akrong, Towards a Theology (s. Anm. 60), 209.

63 Vgl. dazu die Beiträge von Theologen aus West-, Ost- und Süd-Afrika und der afrikanischen Diaspora in J. S. Pobee (Hg.), Exploring Afro-Christology (Studien zur interkulturellen Geschichte des Christentums 79), Frankfurt a. M. 1992.

power of God."[64] Mit der „power", die Christus verkörpert – so die Erwartung – kann *Lebensgewinn* produziert werden kann, und zwar in *allen* Bereichen und Dimensionen des menschlichen Lebens: individuell wie gemeinschaftlich, materiell wie spirituell, diesseitig wie jenseitig. Aus dieser Perspektive kommt etwa der ghanaische Neutestamentler John Ekem in seiner Untersuchung neutestamentlicher Sühnekonzeptionen zu dem Ergebnis: „[...] atonement is essentially an all-inclusive soteriological concept involving the entire scope of the redemptive work of Jesus the Christ, that stretches from the Incarnation to His present heavenly ministry and beyond. A death-centred theology of atonement is, thus woefully inadequate for the African situation where life leads into death, and death into life."[65]

In afrikanischen Traditionen vorfindliche Lobpreistitel für Würdenträger oder spirituell besonders begabte Personen werden durch die allumfassenden Rettungserwartungen an Christus, die durch eine entsprechende Bibellektüre genährt werden, gesprengt.[66] Der Begriff *Agyenkwa* – „der Leben rettet", Lebensretter – als Wiedergabe des biblischen σωτήρ bringt für christliche Angehörige der Akan-Völker im Süden Ghanas deutlicher als das englische „saviour" auf den Punkt, wer Christus ist. Damit dürfte im Wesentlichen auch erfasst sein, was im Frühchristentum von Christus erinnert und erwartet wurde: Lebensrettung im umfassenden Sinn.[67]

---

64 K. Bediako, Christianity in Africa. The Renewal of a Non-Western Religion, Edinburgh 1995, 246 (letztere Hervorhebung: W.K.).
65 Ekem, Concepts of Atonement (s. Anm. 61), 123. Vgl. auch J.K. Asamoah-Gyadu, Jesus our Immanuel. An Exercise in Homiletic Christology, Accra 2012, 19, für den „salvation is defined in terms of God's rescue function in Christ by the power of the Holy Spirit. The expression ,rescue' encapsulates several others, including ,redemption', ,restoration', and ,deliverance'."
66 So auch J. D. K. Ekem, Priesthood in Context. A Study of Priesthood in Some Christian and Primal Communities of Ghana and its relevance for Mother-Tongue Biblical Interpretation, Accra 2008, 202.
67 Vgl. W. Schrage, Heil und Heilung im Neuen Testament, EvTh 46,3 (1986), 197–214.

Zusammenfassung

Das Christentum ist in vielen Regionen des sub-saharischen Afrika von den Bevölkerungen unter dem Paradigma der Charismatisierung indigenisiert worden. Viele verstehen Christus in ihren Mutter-Sprachen als Retterfigur, d. h. als Subjekt, das gewillt und fähig ist, lebensbedrohliche Geister zu überwältigen, damit sich ein Leben in Fülle für die Gläubigen einstellen kann. Afrikanische Theologen und Theologinnen stimmen mit dieser Bestimmung der grundlegenden Funktion Christi als Lebensretter grundsätzlich überein.

In many regions of sub-Saharan Africa, Christianity has been indigenized by the people under the paradigm of Charismatization. To many, Christ is conceptualized in their mother-tongues as a saving figure, i. e. as subject willing and able to overcome life-threatening evil spirits so that life in fulness might become a reality for believers. Academic theologians basically agree with this interpretation of the main function of Christ, the saviour of life.

STEFAN TRINKS

Von König David bis Kanye West

Der Messias im Musikvideo

Einführung

Wohl kein Medium erreicht in der jüngeren Generation mehr zuhörende Zuschauer als das Musikvideo. Die Bildsprache zahlloser dieser Videos ist religiös
grundiert, oft ohne dass dies Betrachtern und selbst Produzenten klar ist – sie funk-
tionieren subliminal als starke Bilder. Der Messias wiederum ist das große Kraftzei-
chen der christlichen Religion: Sehnsuchts- und Verheißungsfigur, Inbegriff des
Menschlichen und Göttlichen zugleich. Für Musiker mit Sendungsbewusstsein, die
in ihrer Selbstwahrnehmung häufig zwischen diesen beiden Extrempolen pendeln,
hatte das Bildmuster „Messias" stets größtes Attraktionspotenzial. Aber kann hier
der Begriff des Messias, der theologisch auf Christus als Gesalbten fokussiert, überhaupt produktiv für Künstler verwendet werden?

Das „Handwörterbuch Religion in Geschichte und Gegenwart" schlägt vor,
die Denkfigur des wiederkehrenden Messias aufzugeben.[1] Zu viele Schwierigkeiten sind damit verbunden, die etwa mit der sich ständig weiter erstreckenden Zeit
zu tun haben. Vor allem hat die christliche Religion keine apokalyptische Tendenz, nimmt man Jesu Wort an die Jünger ernst, das Himmelreich sei „mitten unter euch" (Ch. 17, 20 f.).

Die Züge der individuellen Eschatologie, die es auch im NT gibt (Lk 23), treten
daher stärker in den Vordergrund. Karl Rahner hat vorsichtig die Vorstellung vertreten, dass jeder Mensch Christus in der Stunde seines Todes begegnet. Das Kommen des Messias wird also individualisiert.

Das im Jahr 2004 veröffentlichte Musikvideo „Jesus walks" des US-Hip-Hoppers
Kanye West (Regie: Kanye West, Coodie Simmons und Chike Ozah) bietet ein an-
schauliches Beispiel für eine zeitgenössische Messiasrezeption und stützt die

---

[1] Vgl. Art. Messias, in: RGG⁴ (2002), 1143 (Kritik am Messianismus) und 1156 (Messianische Erwartungen richten sich auf ein innergeschichtliches Handeln, also auf eine irdische, nicht wie in der
Apokalyptik auf eine himmlische Gestalt). Für kritische Hinweise sei Rainer Burkard, Elmar Hü-
sam, Claudia Jahnel, Reinhold Morath und Matthias Schulz sehr herzlich gedankt.

These von der persönlichen Eschatologie.[2] In dem Video wandelt ein weiß gewandeter Messias an der Seite eines schwarzen Drogendealers durch ein heruntergekommenes Prekariatsviertel, während der „Evangelist" Kanye West aus dem Off in scharfen Worten dazu predigt.

Begleitet von Gospelmusik und mit dem Kamerablick auf das vergitterte Fenster einer karg möblierten und weiß getünchten Wohnung, auf ein süßliches Christus-Kitschbild des 19. Jahrhunderts sowie eine kleine Jesus-Statue greift der Protagonist hastig nach einem unverhältnismäßig dicken Bündel Dollarnoten und verlässt fluchtartig das Zimmer. Im Vorraum versucht er sich unbemerkt an dem dort schlafenden Christus vorbeizustehlen – ohne Erfolg: Der Messias erwacht und eilt ihm, rasch noch seine Dornenkrone als Attribut aufsetzend, hinterher ins Freie (Abb. 1a). Zu dem von einem Frauenchor eingeworfenen „Jesus walks with me" begeben sich beide auf den Passionsweg, der zuvor die drei Versuchungen wie Glücksspiel in der wüstenhaften Umgebung dieser US-Stadt bereithält. Bei einem Besuch der Familie des Protagonisten vollführt der Messias sein erstes Wunder: In der armseligen Wohnung eilt der „Verlorene Sohn" zielstrebig dem Kühlschrank zu und findet ihn ohne Essbares vor. Nach dem Schließen der Kühlschranktür weist der Messias mit bestimmter Geste auf diese, bedeutet dem Hungrigen sie zu öffnen (Abb. 1b); der Kühlschrank ist nun derart prall gefüllt, dass auch der Rest der Familie satt wird. Erkennbar ist hier auf die Speisung der Fünftausend angespielt und damit auf ein für die messianische Theologie insbesondere der afroamerika-

Abb. 1a (oben): Kanye West, Jesus walks (2004), Messias eilt Dealer nach (Film-Still).

Abb. 1b (Mitte): ebd., Messias speist Arme (Film-Still).

Abb. 1c (unten): ebd., Messias heilt Lahmen (Film-Still.)

nischen USA eminent wichtiges „materielles" Wunder, die zahllosen Armen satt zu machen.

---

2   www.youtube.com/watch?v=VLvkSlagkI4 (30.09.2013).

Das zweite Wunder folgt auf dem Fuß: In derselben Familie geht ein junger Mann auf Krücken, die er nach Handauflegung des Heilands wegwirft, um mit anfangs ungläubigem Staunen rhythmisch von einem Humpeln in einen Freudentanz überzugehen (Abb. 1c). Hier wird Christi Heilung des Lahmen aufgegriffen, die bei der Vielzahl der Heilungsberichte in den evangelikalen Kirchen eine starke Resonanz hat. Bekehrt von diesen Wundern verteilt der junge Mann die zuvor gerafften Dollarnoten an arme Kinder.

Weiterhin wird an christlicher Ikonographie ein Einzug in Jerusalem aufgerufen, eine schwarze Maria Magdalena mit langem Haar sowie schließlich eine Bekehrung des vom rechten Weg abgekommenen und anfänglich verstockten Protagonisten durch den Messias im Licht der Kirchenfenster, während die Kirchgänger im Orantengestus rhythmisch akklamieren.

Das Video wird damit zum großen Re-Enactment des neutestamentlichen Messias, den es in ein amerikanisches Elendsviertel verschlagen hat. Es suggeriert gegenläufig zur theologischen Auffassung, dass der Gesalbte und Erlöser jederzeit in den Armenvierteln der Welt wiederkehren kann, um notleidenden Menschen wie in den Cargo-Kulturen handfest zu helfen und beizustehen – gerade so, wie es subversiv auf den Fastentüchern seit den 1970er Jahren bildlich vorformuliert wurde, auf denen sich jeweils ein indigener Heiland in südamerikanischen Favelas, in asiatischen Slums oder in afrikanischen Krals inkarnierte.

Paul Tillich warnte – durchaus metaphorisch – davor, den Messias in unserem Leben gerade dadurch zu „verpassen", dass ein zu fest umrissenes Bild eine Findung verhindert;[3] insofern könnte Künstlern das Vermögen zukommen, derartigen systemischen Verengungen des Blicks durch ihr erheblich erweitertes Messias-Bild entgegenzuwirken.

Ohnehin waren Künstler seit jeher prädestiniert für Identifizierungen von Göttlichem wie auch für Selbst-Identifizierungen als messiasgleich Begnadete. Weil sie gottgleich Außergewöhnliches, immer wieder Menschenunmögliches zu schaf-

---

3   „Historisch und systematisch ist alles andere im Christentum Bestätigung der schlichten Behauptung, daß Jesus der Christus ist. Sie ist nicht dialektisch und nicht irrational, nicht absurd und nicht sinnlos – sie ist paradox, d. h. gegen die Selbstbeurteilungen und gegen die Erwartungen des Menschen gerichtet." „Aber der Mittler repräsentiert das wesenhafte Menschsein; und damit repräsentiert er Gott. Anders ausgedrückt: Er repräsentiert das Bild Gottes, das ursprünglich im Menschen verkörpert ist, aber er tut es unter den Bedingungen der Entfremdung zwischen Gott und Mensch", sowie noch weitergehend: „Der Mensch kann nicht den Anspruch erheben, daß zur Überwindung der existenziellen Entfremdung das Unendliche sich dem Endlichen nur einmal schenkt und daß die Menschheit allein der Ort der Inkarnation ist." Vgl. P. Tillich, Systematische Theologie I/II, Berlin/New York ⁸1987, 102, 103, 106.

fen imstande sind – Natur nachschöpfen, Abbilder des Menschen formen oder kaum fassbare stimmliche Wunder vollführen – war die Metapher vom Künstler als *alter deus*, als zweiter Gott,[4] durch die Jahrtausende hindurch und gerade auch in christlich bestimmten Epochen stets zur Hand.[5]

Aber auch die über Jahrhunderte selbstverständlich gewordene Verähnlichung realer Auftraggeber mit anderen *dramatis personae* der Bibel sorgte dafür,[6] dass es Künstlern leicht fiel, in das in der Darstellungskonvention ohnehin nicht festgelegte Gewand des Messias zu schlüpfen.

Das Gefühl, ein *alter deus* zu sein, kann sich gerade in der Videokunst schnell einstellen, bringt sie doch nicht nur als alter Menschheitstraum magisch die Bilder zum Laufen, sondern hat in der Erschaffung künstlicher Bildwelten durch die moderne Computertechnik absolut keine Einschränkungen mehr; die Gesetze der Physik sind für die vielfach wie Götter schwebenden, fliegenden und metamorphotisierenden Protagonisten der Videos aufgehoben.[7] Dies würde auch für den großen Film gelten, käme nicht im Musikvideo noch die orpheische Verzahnung der Bilder und der Musik hinzu, wodurch eine liturgiegleiche synästhetische Welt geschaffen wird, die „normale" Filmmusik nicht erreicht.

1. Harfen zu E-Gitarren – König David als erster Singer-Songwriter

„Preist den Herrn mit der Zither, spielt für ihn auf der Harfe!", ruft David. „Greift voll in die Saiten!" Mit diesen Worten peitscht der biblische Herrscher in Psalm 33 sein Publikum auf. Seine Anfeuerungen wecken eher zeitgenössische Assoziationen an die sechsseitige Stromgitarre eines Jimmy Page von *Led Zeppelin* als an die zehnseitige diatonische Harfe Davids.

---

4   Vgl. H. Bredekamp, Der Mensch als „zweiter Gott". Motive der Wiederkehr eines kunsttheoretischen Topos im Zeitalter der Bildsimulation, in: K.P. Dencker (Hg.), Interface 1. Elektronische Medien und künstlerische Kreativität, Hamburg 1992, 134–147.

5   Für zahlreiche Beispiele vgl. beispielsweise die vier Bände von A. Dietl, Die Sprache der Signatur. Die mittelalterlichen Künstlerinschriften Italiens (Italienische Forschungen 4; 6), Berlin/München 2009; oder S. Trinks, Der Künstler im Zeichen des Kreuzes – Artistische Selbstnennungen an der Grenze zur Selbstverherrlichung, in: N. Hegener (Hg.), Die Künstlersignaturen von der Antike bis zur Gegenwart, Petersberg 2013, 100–105.

6   Vgl. F. O. Büttner, Imitatio pietatis. Motive der christlichen Ikonographie als Modelle zur Verähnlichung, Berlin 1983.

7   Dies zeigt nachdrücklich ein Video wie Michael und Janet Jacksons „Scream", in dem beide göttergleich in einem Raumschiff abgerückt von irdischer Bindung schweben (vgl. H. Keazor/T. Wübbena, Video thrills the Radio Star, 123), v. a. aber Janet Jackson und Busta Rhymes, die in „What's it gonna be" in einem Raumschiff wiederholt ihre Gestalt wandeln.

König David ist der bedeutendste Singer-Songwriter des Alten Testaments. Kaum ein heutiger textintelligenter Musiker, der nicht schon – bewusst oder, durch die zahlreichen in die Alltagssprache eingegangenen Formulierungen, unbewusst – textliche Anleihen bei den ihm zugeschriebenen Psalmen genommen hätte. Aber selbst Musikprodukte wie *Boney M.*, die nicht durch inhaltlichen Tiefgang auffällig wurden, gerierten sich in den 1970er Jahren mit *„By the Rivers of Babylon"*, dem Re-Enactment einer babylonischen Gefangenschaft in München nach Psalm 137, als Neuinterpreten des unausschöpfbaren Stoffes. Obwohl der Produzent drei für die politische Stoßrichtung des Liedes entscheidende Stellen des jamaikanischen Urtextes abgeändert hatte, lud er so sein einfaches Lied mit der ganzen Dignität der alttestamentlichen Unbedingtheit auf und gelangte damit sogar zu späten Ausstellungs-Würden.[8]

Auch Davids Biografie bietet für Sänger aller Art ein reiches Identifikationsangebot. In sehr jungen Jahren wird er in einem *Contest* unter seinen sieben älteren und weit favorisierten Brüdern von dem Juroren Samuel, der durch göttlichen Beistand prophetisch die Begabung des Jungen vorhersieht, auserwählt, und zwar nicht zuletzt aufgrund seines charismatischen Aussehens: „David war blond, hatte schöne Augen und eine schöne Gestalt. Da sagte der Herr: Auf, salbe ihn! Denn er ist es" (1 Sam 16,12) – der öffentlichkeitswirksame Auftritt ist gesichert. David, ein Schafshirt aus einfachen Verhältnissen, begreift schnell, welches machtvolle Instrument ihm mit seiner Musik an die Hand gegeben ist. Den unter schweren Depressionen leidenden König Saul versetzt er mit seinem Spiel für Stunden in eine heile Welt; er verjagt damit furchtlos wie gegen Goliath böse Geister (1 Sam 16,23). Mehrfach unter schlimmster Bedrängnis, verfasst er der Bibel zufolge die Psalmen, die eine Mischung aus Klageliedern und Hymnen, aus an Gott gerichteten Liebesliedern und volksnah beschreibenden Wallfahrtsliedern bilden. Alle Bedürfnisse des menschlichen Daseins sind bildmächtig erfasst, die Nöte eines breiten Publikums bedient, Urängste beruhigt. Insbesondere aber die sogenannten „messianischen Psalmen" weisen auf Jesus voraus, so dass König David nicht nur aufgrund seines bethlehemitischen Stammbaums eine Präfiguration für den Messias „aus dem Hause Davids" war, in dessen Palastruinen er bild-

---

8   In der bis dato ausführlichsten Babylon-Ausstellung im Berliner Pergamonmuseum wurde das Cover von *Boney M.* im Saal des Babylonischen Exils neben den einschlägigen Gemälden z. B von Eduard Bendemann gezeigt und im Katalog von Dieter Scholz luzide gedeutet, vgl. D. Scholz, Das Babylon-System. Gefangenschaft, Klage und Rebellion von den Nazarenern bis zu den Rastafari. Zur Rezeption von Psalm 137, in: M. Wullen (Hg.), Babylon. Mythos & Wahrheit (Ausst.-Kat. Berlin 2008), München 2008, Bd. 1: Mythos, 181–190: 186 f.

symbolisch hineingeboren wurde, weshalb ein Synonym für Messias in der Bibel „Davidssohn" ist. Als „realer" König der Israeliten bildet er bis heute eine zentrale messianische Gestalt. Die Psalmen als geradezu archetypische Liedtexte, als „Lied der Lieder", und ihr mutmaßlicher Dichter und Interpret David waren entsprechend bis heute für alle folgenden Sänger mit messianischer Botschaft und Sendungsbewusstsein – und dies sind nicht wenige – das perfekte Vorbild.

Gerade weil aber die Vertonung offen bleibt und in der Bibel die Aufführungspraxis nicht beschrieben wird, liegt umso größere Betonung auf den kraftvollen Sprachbildern, die eine bildliche Umsetzung in Gedanken wie auch realiter fast erzwingen.

Wenn David als Musiker in der Kunst erscheint, dann sehr häufig nicht als getragen vortragender Solist, sondern begleitet von einer Combo wilder Musiker. Meist sind dies Davids in den Psalmen namentlich aufgeführte vier Hofmusiker Asaph, Jedithun, Ethan und Heman, die ihren Frontmann mit unterschiedlichen Instrumenten begleiten. Am Südportal der Kathedrale San Pedro de Jaca, der ersten Station des spanischen Jakobswegs, eröffnet dem Pilger ein noch vor dem Jahr 1100 entstandenes Kapitell am Südportikus ein bemerkenswertes Panorama auf allen drei Seiten: Wie auf dem Schnappschuss eines Konzertbesuchs eingefroren, spielt der bekrönte König David (Abb. 2a) auf der Stirnseite die Rebec, eine Standgeige, während einer seiner engeren Hofmusiker rechts den Einsatz von nicht weniger als elf Musikern auf den Kapitellnebenseiten dirigiert. Die Vehemenz des wiedergegebenen Konzerts erweist sich an den wild in die Saiten greifenden und in ihre Schofar-artigen Hörner blasenden Bandmitgliedern, die durch die kreuz und quer übereinandergestapelte Bildkomposition und die schwer zu stimmenden Musikinstrumente alles andere als geeignet scheint, harmonische Musik zu erzeugen.[9] Angesichts der in das Mittelalter transformierten Instrumente sowie des Königsornats und der Krone des ausgehenden 11. Jahrhunderts haben Musikwissenschaftler und Kunsthistoriker hier wohl zurecht ein verstecktes Porträt des aragonesischen Königs Sancho Ramirez vermutet,[10] der die Kathedrale mit ihrer Fülle an ähnlich antik-dionysisch wirkender Kapitellskulptur in Auftrag gab. Als messianischer Retter konnte sich der König, der erst kurz zuvor seine Hauptstadt an die arabischen Invasoren verloren und die Kathedrale in seiner neuen Kapitale

---

9   R. Hammerstein, Diabolus in musica. Studien zur Ikonographie der Musik im Mittelalter (Neue Heidelberger Studien zur Musikwissenschaft 6), Bern/München 1974, 60 f.

10 R. Á. Martínez, Music Iconography of Romanesque Sculpture in the Light of Sculptors' Work Procedures. The Jaca Cathedral, Las Platerias in Santiago de Compostela, and San Isidoro de Leon, Music in Art 27 (2002), 13–36.

Jaca begonnen hatte, in der Rolle Davids, der seinen Glauben gegen Häretiker und zahlreiche Feinde verteidigte, für sein bedrängtes Volk als *defensor fidei* inszenieren. Er präsentiert sich dabei jedoch nicht etwa als Reconquistador, sondern gibt sich mit der auf dem Kapitell vorgespielten Sorglosigkeit eine Aura von Unberührbarkeit und Erwähltheit. Zu diesem Zeitpunkt war der musizierende König David zu dem entscheidenden Vor-Bild aller Herrscher Europas geworden, die sich musisch und souverän geben wollten.[11]

In keiner Epoche der europäischen Geschichte sind mehr Psalter, die oft bebilderte Fassung der Psalmen in Handschriftenform, entstanden als in der Ära Karls des Großen.[12] Dies verwundert nicht, war doch der Ehrenname des sich auserwählt fühlenden Karls, der dem biblischen Vorbild folgend „seine" monotheistische Religion in ganz Europa durchzusetzen und zu verteidigen suchte, „David".[13] In den geschnitzten David-Darstellungen der Elfenbeintafeln auf diesen Psaltern wie auch im Inneren der Handschriften steht David für Karl und Karl für David. Mit Karl dem Großen beginnt in der Kunst die nie abgerissene Reihe der Identifikationsbilder mit David.[14]

Der Stuttgarter Psalter, entstanden um 820 in einem Zentrum karolingischer Musik, der Abtei Saint-Germain-des-Prés,[15] zeigt auf Folio 23r einen Musiker mit zeitgenössischer Kithara (Abb. 2b), die auch aus realienkundlicher Sicht aufschlussreich ist. Er hält das übergroße Instrument horizontal von seinem Körper weg und spielt es mit Plektron und ausgestelltem, die Bildgrenze unten überschneidendem Bein besonders inbrünstig und gefühlvoll, weil er die ihm gegen-

---

11 Für die heutige Auffassung einer auf statische und „seriöse" Repräsentation beschränkten Herrschaft sind derartige Bilder musizierender, tanzender und sich als *Musagetes*-Musenführer inszenierenden Fürsten ungewöhnlich. Dagegen war das Bild des vor der Bundeslade tanzenden David, wie es beispielsweise ein Relief der Königskapelle Friedrichs I. in Schloss Charlottenburg zeigt, eines der zentralen Bildformulare der absolutistischen Herrscher: *Le roy danse*. Vgl. auch die Kapitel „Der schematische Bildakt: Die Lebendigkeit der Bilder" und „Lebende Bilder" in: H. Bredekamp, Theorie des Bildakts. Frankfurter Adorno-Vorlesungen 2007, Berlin 2011, 101 ff.

12 Für die eindrücklichsten Beispiele vgl. den unverändert maßgeblichen Sammelband: F.O. Büttner (Hg.), The Illuminated Psalter. Studies in the Content, Purpose and Placement of its Images, Turnhout 2004.

13 Vgl. J. Fried, Karl der Große: Gewalt und Glaube. Eine Biographie, München 2013, 376 f.

14 Vgl. H. Steger, David Rex et propheta. König David als vorbildliche Verkörperung des Herrschers und Dichters im Mittelalter, nach Bilddarstellungen des achten bis zwölften Jahrhunderts (Erlanger Beiträge zur Sprach- und Kunstwissenschaft 6), Nürnberg 1961.

15 V. Trost u. a. (Hg.), Kupfergrün, Zinnober & Co. Der Stuttgarter Psalter (Ausst.-Kat. Württembergische Landesbibliothek), Stuttgart 2011.

über auf einem Hügel sitzende Frau unbedingt aufmuntern will – mit melancho-
lisch auf dem Arm gestütztem Kopf brütet dort die Verkörperung der traurigen
Seele, die *anima trista*.[16] Derartige Bilder vehement Musizierender in bis in heutige
Musikvideos gebrauchten Posen tauchen im Stuttgarter Psalter noch mehrfach
auf; allen gemein ist, dass dem Zuschauer in den panoramatisch breit gelagerten
Bildpanelen die Wirkung von Musik auf die Zuhörer in grellen Farben so an-
schaulich wird, dass die vertonten Psalmen gleichsam zu hören sind. Weil die Ko-
dizes aus den Pergamentrollen der Antike mit ihrer kontinuierenden Bild-Erzäh-
lung hervorgingen, die beispielsweise der Stuttgarter Psalter in seinen vielen
kinematographisch wirkenden Bildern aufnimmt,[17] und weil wie in den heutigen
Musikvideos versucht wurde, den Gehalt eines Liedes in allegorischen Bildern an-
schaulich werden zu lassen, liegen mit den Visualisierungen der Psalmen in den
aufwendig illuminierten Psaltern des Mittelalters im Grunde erste Musik-
„Filme" vor.

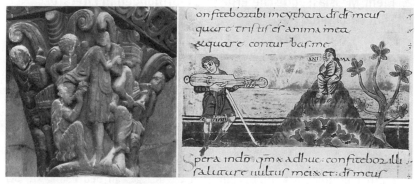

Abb. 2a (l): Jaca, San Pedro, Südportalportikus-Kapitell (um 1090), David und 11 Musikanten, aus: Archiv des Verf.
Abb. 2b (r.): Anon., Stuttgarter Psalter, Bibl. fol. 23, Württ. Landesbibliothek Stuttgart, fol. 55r (um 820), Musikant und
betrübte Seele, aus: V. Trost u. a. (Hg.), Kupfergrün, Zinnober & Co. Der Stuttgarter Psalter (Ausst.-Kat. Württembergische Landesbibliothek), Stuttgart 2011, 32.

---

16 Es handelt sich bei dem das Bild rahmenden Text um Psalm 42,6: „Quare tristis es, anima mea, et
    quare conturbaris in me? Spera in Deo, quoniam adhuc confitebor illi, salutare vultus mei et
    Deus meus."

17 Dass die Triumphsäulen und bebilderten Pergamentrollen der Antike Vorläufer des filmischen
    Abrollens von Bildern in Idee und Form darstellen, hat insbesondere die Wiener Schule der
    Kunstgeschichte um Franz Wickhoff und Alois Riegl in den Kindertagen des neuen Mediums
    Film um 1900 wiederholt und zurecht beschrieben, vgl. K. Clausberg, Die Wiener Genesis. Eine
    kunstwissenschaftliche Bilderbuchgeschichte (Fischer-Taschenbücher 3917: Kunststück), Frank-
    furt a. M. 1984.

Dass Elvis Presley mit bebenden Psalmen wie „In the ghetto" zum King ausgeru-
fen wurde,[18] und nicht mit einem naheliegenderen, Rock'n'Roll-affineren Epithe-
ton geehrt wurde; dass Michael Jackson ihn als King of Pop beerbte, und wie Presley
an der Last der Auctoritas zugrunde ging, sind keine ganz beliebigen Referenzen an
den King im biblischen Musikhimmel.

Dazu kommt: David als Musikant wird nahezu immer wie Christus im Alter
von 33 Jahren dargestellt und damit trotz Bart alterslos. Zum Attribut dieses Angry
Young Man, der sich in 150 Psalmen über die Schlechtigkeit der Welt beschwert
und bei Gott Beistand einklagt, gehört die Leier oder Kithara; sie wird das Martyri-
umszeichen aller ihm folgenden Empörer wie James Dean, Jimmy Morrison oder
Johnny Cash, die ikonisch die Gitarre auf den bejeansten Rücken gepackt haben,
um die Welt zu verändern.

2. Mehr Messias! Jüdische Erlösungshoffnungen in Literatur, Film und Comic

Eine Extremform des Wartens auf den Messias bildet der im März 2013 erschie-
nene Roman Der jüdische Messias von Arnon Grünberg.[19] Der niederländische
Autor mit jüdischen Wurzeln begeht darin ähnlich wie Quentin Tarantino in
Inglourious Basterds einen politisch unkorrekten Perspektivwechsel und damit
einen viel diskutierten Tabubruch: Im Film wartet eine aus Juden bestehende
titelgebende Sondereinheit der amerikanischen Armee nicht auf einen Messias,
der das Abschlachten des eigenen Volkes durch die Nazis beendet, sondern rächt
sich alttestamentlich gewalttätig inmitten des Krieges an den Peinigern. Bei
Grünberg wird der Zionist Xavier zum Politiker und gibt sich als Messias aus,
nachdem er zuvor als Maler keinen Erfolg hatte. Er baut Autobahnen, bringt
Arbeitslose in Lohn und Brot, bietet Massenvernichtungswaffen feil und schreibt
ebenfalls Geschichte um.

Parallel zu Film und Buch legte eine Berliner Ausstellung im Jüdischen Museum die messianischen Wurzeln der vielfach in den 1930er und 40er Jahren „ge-

18 Im Kern ist der Blues, dem der Rock'n'Roll musikalisch wie textlich so viel verdankt, nichts anderes als die repetitiv vorgetragene Psalmlitanei der schwarzen Baumwollpflücker der amerikanischen Südstaaten.
19 A. Grünberg, Der jüdische Messias, Zürich 2013.

borenen" Comic-Superhelden offen:[20] Ihre überwiegend jüdischen Erfinder schufen sich als ersehnte Erlöser übermenschliche, vom Himmel fallende Supermänner, die in gleich mehreren Folgen aktiv gegen die Nationalsozialisten kämpfen und die Welt retten; zuletzt hat die religiöse Dimension der Superhelden-Parusie der Theologe Henning Hupe untersucht, der dabei allerdings eher Parallelen zu Christus sieht.[21]

An den lediglich drei jüdischen Beispielen,[22] von denen der Film *Inglourious Basterds* gar schnell geschnittene Videosequenzen aufweist, wird schlaglichtartig klar, dass die verbreitete Haltung der christlichen Konfessionen, der Messias sei bereits gekommen, allenfalls für das Christentum gilt und selbst hier nicht selten die feste Erwartung eines Messias in der zweiten Parusie zu finden ist. Für die vielen jüdischen Musiker, die wie Bob Dylan, Simon & Garfunkel, Lou Reed, Barbra Streisand oder Amy Winehouse Musikgeschichte schrieben, stellt sich die Frage nach einem noch ausstehenden Messias und der Legitimität des Messias-Seins daher völlig anders. Ein Gleiches gilt für die politisch grundierte jamaikanische Rastafari-Bewegung insbesondere der 1970er Jahre, bei der Haile Selassi als Messias gefeiert wurde und auf zahlreichen LP-Covern und in den Musikvideos von *Bob Marley and the Wailers* das Emblem dieses Messias erschien, der bekrönte Löwe von Zion mit dem Kreuz in der Pranke.[23]

---

20 M. Kampmeyer-Käding u. a. (Hg.), Helden, Freaks und Superrabbis. Die jüdische Farbe des Comics (Ausst.-Kat. Jüdisches Museum Berlin), Berlin 2010. Der namensgebende *Superman* z. B. stürzt als Baby in einer Rettungskapsel kaum zufällig im Jahr 1938 von seinem zerstörten Heimatplaneten Krypton auf die Erde und wird von einem Farmerehepaar wie Moses im Binsenkörbchen aufgefunden.

21 H. Hupe, „Erst mal kurz die Welt retten", vgl. www.epd.de/landesdienst/landesdienst-südwest/schwerpunktartikel/theologe-superman-figur-trägt-religiöse-züge (30.09.2013).

22 Eine Fülle weiterer Beispiele aus dem Mittelalter bietet: L. Kötzsche/P. von der Osten-Sacken (Hg.), Wenn der Messias kommt. Das jüdisch-christliche Verhältnis im Spiegel mittelalterlicher Kunst (VIKJ 16), Berlin 1984.

23 Auf dem berühmten LP-Cover der Platte „Babylon by Bus" aus dem Jahr 1978 bildet der „Lion of Zion" die silberne Kühlerfigur des abgebildeten Reisebusses, vgl. H. Strzoda, Kat.-Eintrag „Bob Marley (1945–1981): Babylon by Bus, 1978, LP-Cover, 31 x 31 cm, Privatbesitz", in: Wullen (Hg.), Babylon (s. Anm. 8), 42.

3. Jimmy, Johnny und Kanye – die drei Gottlosen von Hollwood[24]

3.1 Jimmy Morrison

Die Sechziger Jahre des vergangenen Jahrhunderts brachten auf dem Höhepunkt eines Rock'n'Roll-Tsunami die ersten Musikfilme hervor, gleichsam die Großväter aller Musikvideos. Insbesondere die Konzertaufzeichnungen der „Doors" um Jim Morrison sollten sich als wahre Fundgrube an messianischen Posen für zahlreiche nachfolgende Musikgruppen erweisen. Nahezu durchgängig wird diese messianische Theatralik von Morrison als politisch bestimmt suggeriert. In dem Video zu dem Anti-Kriegslied „The Unknown Soldier" (Regie: Ray Manzarek) läuft Morrison mit drei geschulterten Blumensträußen wie ein Wanderprediger mit langem Haar oder wie ein Engel der Apokalypse durch eine nur scheinbar idyllische Landschaft, während wiederholt in Gegenschnitten im Gras liegende Tote gezeigt werden.[25] In den folgenden Bildern laufen die drei Bandmitglieder als hippieske Jünger mit ihrem Messias einen Strand entlang, einen länglichen, in ein Tuch gehüllten Gegenstand tragend. Danach sieht man den mit seinen langen dunklen Locken dem gängigen Christusbild der Kunst sehr ähnelnden Sänger an einen Kreuzesstamm gebunden, an dem er hingerichtet wird, worauf sein Haupt wie dasjenige Christi tot zur Seite neigt und dickes schwarzes Blut aus der Wunde aller Sänger, dem Mund dringt (Abb. 2c). Wie in der Bildlogik des Mittelalters der geöffneten Seite des neuen Adam Christus an genau der Stelle das heilsbringende Blut und Wasser entströmt, wo dem Stammvater der Menschheit die Rippe entnommen wurde, aus der die Ursünde erwuchs, so ist der Wechsel zur Wunde Mund bei Morrison kein Zufall: Ein blutender Mund schließt jeden weiteren Gesang aus. Der Utopie, im Singen Erlösung aus dem Irrsinn des Vietnamkriegs zu finden, wird eine Absage erteilt. Die Stimme selbst, die eben noch Quelle des Heils war, ist zerstört und mundtot gemacht.[26]

---

24 Weil allen folgenden Künstlern wiederholt Blasphemie vorgeworfen wurde, sei hier der historische Begriff und Vorwurf des „Gottlosen" an drei Nürnberger Maler der Reformationszeit übernommen, die ebenfalls durch ihre freien Transformationen religiöser Motive zur Zielscheibe massiver Kritik wurden; vgl. H. Zschelletzschky, Die „drei gottlosen Maler" von Nürnberg. Sebald Beham, Barthel Beham und Georg Pencz. Historische Grundlagen und ikonologische Probleme ihrer Graphik zu Reformations- und Bauernkriegszeit, Leipzig 1975.

25 www.youtube.com/watch?v=mycV3IcQNPQ (30.09.2013).

26 *Omnis cantans militat*, Jeder Sänger leistet blutigen Minnedienst, so könnte Ovids zeitlos gültiger Auftakt der *Ars amatoria* auf Sänger übertragen werden, die mit Herz und Seele für ihre Stimme

Das Herzblut fließt aus dem Mund auf die Blumen am Fuße des Marterstammes und färbt diese ein. Mit dieser Blut-Natur-Symbolik wird wiederum auf mittelalterliche Kreuzigungsbilder zurückgegriffen, bei denen das Blut Christi die Natur verändert, indem beispielsweise Nelken, die ihren Namen vom Mittelhochdeutschen „Negelein", den Kreuzesnägeln, tragen, rot eingefärbt werden. Zu seinem symbolischen Tod ertönt Glockenläuten. In den ausleitenden Bildern des Vidcos feiern Menschen in den Straßen New Yorks zu den gesungenen Worten „War is now over" ausgelassen das Kriegsende, während das Glockengeläut der Auferstehung immer lauter wird und die drei verbliebenen Bandmitglieder wie die Emmausjünger vorübergehend bis zur Auferstehung allein den Strandweg entlanglaufen. Morrison posiert als Schmerzensmann und Heiland stellvertretend für die Getöteten des Vietnamkriegs, über die das Lied handelt.

Die für die abendländische Bildgeschichte so entscheidende Ikonographie des Schmerzensmannes wurde bekanntlich in den Psalmen grundgelegt (insbesondere in dem „Kreuzigungs-Psalm" 22 – „Mein Gott, mein Gott, warum hast Du mich verlassen?" –, in dem der Zerschundene verspottet und von bösen Menschen, Hunden, Stieren und anderen Widrigkeiten heimgesucht wird), um später in Jesaja seine ikonische Bezeichnung zu erhalten: „Ein Mann der Schmerzen" und „er hat [...] unsere Schmerzen auf sich geladen" (Jes 53,3 und 4).

Indem aber unklar bleibt, ob Morrison den nachvollzogenen christusgleichen Opfertod mit dem im Refrain angesprochenen umgekommenen GI parallelisiert („For the unknown soldier, war is now over") oder – was in jenen Jahren politisch opportun und zu erwarten gewesen wäre – mit den zigtausendfach ermordeten vietnamesischen Zivilisten, war hier der Präzedenzfall für die visuelle Uneindeutigkeit aller kommenden messianischen Gesten und Formen geschaffen. Weil zahlreiche nachfolgende Gruppen sich gerade in den politisierten Sechziger und Siebziger Jahren in dieser bewusst gepflegten Ambivalenz einrichteten, zugleich aber auch personell an den unbestreitbaren Erfolg des populär-charismatischen Frontmanns Morrison anknüpfen wollten, ergibt sich hier eine horizontale wie auch vertikale Traditionslinie: Die Regisseure aktueller Musikvideos mit messianischen Gesten greifen auch Jahrzehnte später noch auf das ergiebige Bildreser-

---

brennen und sich dabei allzu oft verbrennen. In keinem Bereich der Kultur wird derart früh gestorben; nach Amy Winehouse' unverträglich frühem Ableben im Juli 2011 mit 27 kursierten in den Medien wochenlang die beängstigend langen Listen mit den im Alter von 20 bis 40 Jahren – und damit um das frühe Sterbealter von Christus mit 33 Jahren herum – verstorbenen Musikern, zu denen auch Jim Morrison zählt, was er wiederholt in Songtexten und Musikfilmen prophezeite.

voir der „Doors" zurück, das in zahlreichen Rezeptionen gleichsam „horizontal" in der Zeit tradiert wurde. Darüber hinaus ertappt der heutige aufmerksame Konzertbesucher wie auch der Musikvideobetrachter noch stets Sänger bei der minutiösen Nachahmung von Posen des prophetischen Frontmanns der „Doors", in einem direkten vertikalen Zugriff auf die Persona Morrisons: Bis in die Fingerspitzen sind etwa die gedankenverloren-weltabgewandten Gesten von Jim Morrison mit denen Jared Letos von der aktuellen Musikgruppe „30 Seconds to Mars" vergleichbar (Abb. 2d).[27] Bei Sängerinnen übernahmen diesen Part als eine Art Maria Magdalena des Blues Janis Joplin, im Pop Madonna sowie im Soul Amy Winehouse.

Abb. 2c (l.): The Doors, The Unknown Soldier (1968), Morrison stirbt am Kreuz (Film-Still).
Abb. 2d (r.): 30 Seconds to Mars, Do or Die (2013), Jared Leto in Heilandspose (Film-Still).

Wohl kaum ein Wort wurde dabei so häufig im Zusammenhang mit dem begnadeten Selbstdarsteller Jim Morrison genannt wie Charisma in all seinen Varianten.[28] Angesichts der intensiven Beschäftigung des Filmstudenten Morrison mit den wohlfeilen messianischen Posen der Kunstgeschichte scheint anstelle von Max Webers Charisma Walter Benjamins Idee des Auratisierten angebracht,[29] denn Benja-

---

27 Eingeschnitten in das Video „Do or Die" ist die bezeichnende Subliminalbotschaft „YES THIS IS A CULT" über dem Sänger in antikisierendem Gewand und Heilandspose.

28 Geprägt von der Charisma-Definition Max Webers und mitnichten kuriert von den charismatischen Führerkulten vergangener wie bestehender Totalitarismen, wurde und wird hier auf Morrison ein Begriff unkritisch angewandt, der bei genauerer Befragung die problematische Verschmelzung des politisch charismatischen Führers à la Che Guevara mit der nur autosuggestiv projizierten politischen Bestimmung von Musikgruppen reproduziert und damit zementiert. Zum politisch-messianischen Führerkult vgl. L. Herbst, Hitlers Charisma. Die Erfindung eines deutschen Messias, Frankfurt a. M. 2010.

29 Wenig überraschend existieren von Morrison eine Fülle an Heiligenbildern; der Künstler T. E. Breitenbach beispielsweise hat ihn kurz vor seinem Tod sowohl in der sakralen Form eines Triptychons in einem Surrealismus á la Dalí als auch in 24 gleichsam seriellen Bildern verewigt, die an Andy Warhols auratisierte Ikonen-Vervielfältigungen erinnern. Zur Ikonisierung von Popstars vgl. P. Hoare (Hg.), Icons of Pop (in Zusammenarbeit mit der National Portrait Gallery London), London 1999. Morrissons letzte, vor seinem Tod niedergeschriebene Worte, erinnern an sei-

min definiert *Aura* als Erinnerung an Großes und Ritualisiertes.[30] Wenn Morrison in dem Video zugleich auf die alttestamentliche Szene des Isaakopfers anspielt, der sein eigenes Richtholz in Gestalt der ihn belastenden Fan-Blumensträuße auf den Schultern schleppt, und wenn er darin wesentliche Bild-Topoi tradierter Kreuzigungsdarstellung erinnert, stellt er sich damit als selbsterklärter Messias des Psycho-Blues bewusst in die Typologie zwischen Altem Testament und Neuem Testament. In diesem reziproken Spannungsverhältnis hatte bereits der Jude Christus äußerst traditionsbewusst zwischen Vergangenheit und Zukunft vermittelt.

3.2 Johnny Cash

Johnny Cash erscheint auf dem Höhepunkt seiner Karriere in Musikfilmen und Konzertaufzeichnungen als Messias – in blütenweißem Hemd stark hinterstrahlt von Scheinwerferlicht bereist er das gesamte Land, steht allabendlich unbeirrt auf der Bühne und intoniert seine religiös grundierten Country-Songs wie Jim Morrison vor der Hintergrundfolie der ersatzreligiösen Messias-Suche der 1960er Jahre.

Inhaltlich sind die Außenseiter und Ausgestoßenen der Gesellschaft Thema seines Evangeliums, als eine der Taten christlicher Barmherzigkeit besuchte er Gefangene, indem er als Erster ein epochemachendes Konzert in einem Gefängnis (*Folsom Prison*) gab.

Die Wiederauferstehung in den 1990er Jahren nach dem nahezu totalen sozialen (und drogeninduziert fast realem) Tod kommt insbesondere durch zwei religiös gefärbte Song-Remakes: „*One*", im Original von der irischen Band U2, sowie „*My Personal Jesus*" der britischen Band Depeche Mode.

Das epochale Musikvideo zu „*Hurt*" (Regie: Mark Romanek; 2002), im Original von der kanadischen Band Nine Inch Nails,[31] zeigt den vom Tod gezeichneten Sänger denn auch in seinem eigenen Tempel, dem in beißender Ironie *House of Cash* benannten Museum seiner kultischen Verehrung. Dort hält er inmitten von kirchenschatzartigen Memorabilien ein letztes Mal Messe. Der erste Satz des Liedes lautet: „*I hurt myself today to see if I still feel*". Er segnet die üppigen, aber bereits ver-

nen individualisierten Messianismus: „Leave the informed sense in our wake / you be christ on this package tour [...]", vgl. J. Riordas/J. Prochnicky, Break on through, New York 1992, 458.

30 W. Benjamin, Das Kunstwerk im Zeitalter seiner technischen Reproduzierbarkeit und weitere Dokumente. Kommentar von Detlev Schöttker (Suhrkamp-Studienbibliothek 1), Frankfurt a. M. 2007, v. a. Kap. IV.

31 Bereits der Bandname besitzt eine messianische Reprise, resultiert er doch aus der legendarischen Länge der Kreuzesnägel Christi.

184

wesenden Speisen auf einem Tisch, verschüttet Rotwein in einer angedeuteten Eucharistiefeier (Abb. 3a), während seine nur drei Monate nach dem Video verstorbene Frau June wie ein Geist die Treppe herabsteigt. Im Gegenschnitt werden Szenen des jungen Messias Cash eingeblendet, der als Wanderprediger mit dem Zug seine Botschaft unter das Volk bringt, und zum Hämmern auf nur einer Taste des Klaviers blutige Bilder der Annagelung und Kreuzigung Christi mit seinem Bild verschmelzen (Abb. 3b). Er bewegt sich in diesem mit mehreren Totenschädeln gefüllten Haus wie durch seine eigene Schädelstätte und in seinem Grab kurz vor der Auferstehung, was noch dadurch unterstrichen wird, dass er am Ende des Musikvideos den lackschwarzen Deckel des Pianos wie einen Sargdeckel verschließt und das letzte Bild von gleißendem Licht überblendet wird. Obwohl das Musikvideo aus einer einzigen Aneinanderreihung von Todes- und Vanitasbildern besteht,[32] wird durch den Film offenbar, dass dieser Messias des *Country* soeben eine Option auf Weiterleben nach dem Tod aufgezeigt hat.

„I wear this crown of thorns", singt Cash, und präsentiert sich als Messias der Schmerzen. Zugleich erscheint er aber als zutiefst menschlich-makelhafter Messias, indem er fortfährt „on my liar's throne". Damit zeigt er, dass er für die Menschheit gelitten hat – mit völlig ungewissem Ausgang.

3.3 Kanye West

Den vorläufigen Höhepunkt einer scheinbar blasphemischen Gleichsetzung mit Gott und Christus bietet das im Juli des Jahres 2013 veröffentlichte Video Kanye Wests „I am a God" (Regie: O. Torres).[33] Auf die Bilder rasch vorüberziehender Wolken eines dräuenden Gewitterhimmels folgt ein harter Schnitt: Kanye West zieht sich mit dem Rücken zum Volk vor einem Kirchenfenster stehend wie ein Priester einen Talar den schwarzen Anzug über die Schultern. Schnitt: Das Heer der Ägypter jagt den Israeliten auf Streitwagen nach auf Bildern eines wiederverwendeten Sandalenfilms. Moses vor dem im Film unheimlich blauen Roten Meer hebt seinen Stab, zum ersten Mal ertönt im Hintergrund die Stimme des Sängers mit dem Liedtitel und der Botschaft „I am a God". Der (Kamera-)Blick geht zurück in den Kirchensaal, in dem ein schwarzer Chor Gospels singt und sich von dem Sänger aufgepeitscht mit erhobenen Händen im Orantengestus immer ekstatischer dazu

---

32 Auch in die Jetztzeit transformierte Vanitassymbole wie zersplitterte Rahmen Goldener Schallplatten finden sich eindrücklich beschrieben in M.P. Aust/D. Kothenschulte (Hg.), The art of pop video (Ausstellungskatalog Museum für Angewandte Kunst Köln), Wuppertal 2011, 70.

33 www.youtube.com/watch?v=6ANNneToVQw (30.09.2013).

bewegt, was im nächsten Bild mit den zum Himmel gerichteten Armen Moses' gegengeschnitten wird, der im Begriff ist, das Rote Meer zu teilen (Abb. 3c). Nach einem markerschütternden Schrei folgen die entscheidenden Worte „I just talked to Jesus, he said ‚What up Yeezus?", während als Filmbilder der besonders blutige Gekreuzigte aus Mel Gibsons „Passion of Christ" eingespielt wird. Vor dieser todernsten Folie rattert der Rapper die bewußt in Slang gehaltenen, aber markigen Sätze herunter: „I know he the most high, but I am as close high. Mi casa es su casa. That's that Cosa Nostra". Es folgen erneut entmenschtes Schreien und das schwere Atmen einer Panikattacke zu wiederum aus „Passion of Christ" entlehnten Bildern des berühmten Tropfens vom Himmels (Abb. 3d), der im Film Satan ob des himmlischen Eingreifens entsetzt aufschreien und das Erdbeben wüten lässt, bevor das Video mit nervös durch das Meer pflügenden Fischschwärmen und apokalyptischen Lavaerruptionen endet.

Abb. 3a (l.o.): Johnny Cash, Hurt (2002), Wein, der vergossen wird (Film-Still).
Abb. 3b (r.o.): ebd., Gegenschnitt: Kreuzigungsszene (Film-Still).
Abb. 3c (l.u.): Kanye West, I Am A God (2013), Kanye-Moses teilt das Rote Meer (Film-Still).
Abb. 3d (r.u.): ebd., Kreuzigung mit berstender Träne Gottvaters (Film-Still).

Täuscht die Passage „I just talked to Jesus, he said, What up Yeezus?" noch mit seinem comic relief über den lautmalerisch krakeelenden Möchtegern-Messias Yeezus sekundenlang Entspannung vor, und deutet der Satz „I know he the most high" für einen Moment eine reelle Einschätzung der Positionierung Mensch zu Messias an, gibt der letzte Satz die Meinung des Musikers brutalstmöglich wieder: „But I *am as close high".* Die Verähnlichung geht so weit, dass er Christi Passion scharf prononciert seine ureigenste Angelegenheit nennt (*„Mi casa es su casa. That's that Cosa Nostra")* und mafiös gemeinsame Sache mit dem Messias machen will. Zwar könnte das auf diese Aussagen folgende Schreien und panisch-schwere Atmen eine Paranoia des Sängers andeuten, so dass sich der Gotteswahn tonal als pathologisch offenbaren würde. Die Sprache der Bilder jedoch, die in ihnen suggerierte Gleichsetzung mit dem israelitischen Messias Moses, der sein Volk ebenso aus der Knechtschaft führt wie es Kanye West vollmundig für die Schwarzen Nordamerikas verspricht sowie insbesondere die Analogie mit dem Gekreuzigten, der sich für die Menschen opfert, was West mit *„Mi casa es su casa"* parallelisiert, lassen die Ernsthaftigkeit des markanten *„I am a God"* nicht zweifeln.

Nicht zuletzt mit dem Umgang seines Ablebens wurde Johnny Cash zum popkulturellen Inbegriff des WASP in Amerika, des weißen konservativen und patriotischen Mannes. Es spricht für die Stärke des Messiasmotivs im 20. Jahrhundert, dass sich parallel dazu in der nordamerikanischen Musik auch noch andere, fast diametrale Ikonographien des Messias entwickelt haben. Erst in den letzten Jahren etwa wurde gewürdigt, wie eng Rap und Religion schon seit ihrer Entstehung vor etwa 100 Jahren zusammenhängen und wie prominent dieser Zusammenhang heute noch ist.[34] Das Rap-Album „Yeezus" des Star-Hip-Hoppers Kanye West ist hierfür ein schlagendes Beispiel. Der Titel ist ein Spiel mit dem Namen der christlichen Symbolfigur und „Ye-Is-us", was sich vielleicht als „Du bist wir alle" übersetzen ließe. Die einzelnen Titel auf dem Album könnten, wie Ko-Autor Cyhi the Prynce, in einem MTV-Interview erklärte, als erweitertes Evangelium verstanden werden: „We wrote a booklet of different things that could be put in here. The bible just wasn't wrote by Jesus. Inspirations came from everywhere".[35]

Grundsätzlich schließt Blasphemie Religiosität nicht aus, sondern kann im Gegenteil erst ihre eigentliche Verstärkung sein. Wenn West in einem Lied auf dem Album mit dem Titel „I am a God" auf seinen gottgleichen Status als ikonischer Rapper verweist, dann ist seine Referenz vor „dem" Gott mindestens so groß wie sein topischer Übermut.

---

34 In Rap und Hip Hop können zeitgemäße Fortsetzungen des Gospels und der Schwarzen Musik unter pseudo-religiösen Vorzeichen gesehen werden. Vgl. zur Geschichte des predigthaften Musikstils beispielsweise M. Friedrich/G. Klein (Hg.), Is this real? Die Kultur des HipHop (edition suhrkamp 2315), Frankfurt a. M. 2003.

35 www.mtv.com/news/articles/1709449/kanye-west-cyhi-the-prynce-yeezus-meaning.jhtml (30.09.2013).

Am Erfolg dieses Albums lässt sich ablesen, wie erfolgreich das Spiel mit biblischen Referenzen auch heute noch ist. 327.000 Alben wurden allein in der ersten
Woche ihres Erscheinens gekauft, wenige Wochen später, Ende August 2013 erreichte das Album Gold-Status mit über 500.000 verkauften Kopien. In Zeiten blü-
hender Musikpiraterie ist dies beachtlich.[36]

Trotzdem erreichen diese christlichen Verweise selten das Bewusstsein der Öf-
fentlichkeit, jedenfalls haben sie nie das Klischee des Goldketten tragenden und
fluchenden Rappers korrigiert. Martin Lüthe lässt in seinem Buch mit dem spre-
chenden Titel „We Missed al Lot of Church, So the Music is our Confessional" über die
Verbindung von Religion und Rap am Ende Kanye West selbst das Phänomen erklären: In seinem Lied „Jesus Walks" analysiere der Musiker die Rolle der Medien in
der Vermarktung schwarzer Musik und kommt zu dem Schluss: „If I talk about
God my record won't get played, Huh?" Lüthe erklärt dazu: „Foucault argued that
a discourse establishes its own rules, in which certain things can and others cannot be said within the discourse [...]. Although it is not very likely that rap artists
get the recognition they deserve for their engagement in a religious discourse,
which at its best is highly complex, complicated, analytical, and thoughtful, it
does not imply that the discourse is less important or meaningful."[37]

Ein alter, desillusionierter Glaubenssatz der politischen Linken lautet „The Revolution will not be televised", d. h., die politische Zensur fängt bei der fehlenden me-
dialen Verbreitbarkeit revolutionärer Ideen an. Obwohl diese Einschränkungen
gerade in Amerika gelten, finden sich trotzdem Spuren des Religiösen vermengt
mit Politischem in Musikvideos afroamerikanischer Gruppen. Denn Rap und Religion gehören für die meisten Musik- und Kulturwissenschaftler inzwischen zusammen.[38] „[I]t hold certainly true that the capital G in rap signifies God as much
as it does signify Gangsta and sometimes both at the time. [...] One could apply

---

36 Weitere einflussreiche und sich rund um die Welt gut verkaufende Verknüpfungen von Religion
    und Rap sind 2 Pac und Outlawz: „Black Jesuz" auf dem Album „Still I rise" von 2000, Ghost Face
    Killah (featuring Raekwon and U-God): „Black Jesus" auf „Ironman", Sony Music 1996; Geto Boys: „I
    just wanna die" auf „The Resurrection", Rap-a-Lot/Noo Trybe von 1996; Boogiemonsters. „... and
    then what", auf „God Sound", EMI Records von 1997; Arrested Development: „Fishin' 4 Religion",
    auf „3 Years, 5 Months and 2 Days in the Life of ...", CHR von 1992.

37 M. Lüthe, „We Missed a Lot of Church, So the Music Is Our Confessional". Rap and Religion, Ber-
    lin u. a. 2008, 78.

38 Neben Lüthe siehe auch: T. Reed, The Holy Profane. Religion in Black Popular Music, Kentucky
    2003; E. Utley, Rap and Religion. Understanding the Gangsta's God, Santa Barbara 2012; sowie Ch.
    Cheney, Representin' God: Rap, Religion and the Politics of a Culture, The North Star: A Journal
    of African American Religious History 3 (1999), 8.

Homi Bhaba's idea of the interstices of the ‚in-betweenness' of any culture, which would then shift focus on the hybrid nature of this inbetween and allow us to perceive God in Gangsta Rap and Gangsta Rap in God."[39]

Mit der Metapher des Rap-Gottes ist schwarzen Künstlern zudem die Möglichkeit gegeben, die Weißen auf ihrem ureigensten Gebiet, der Religion, die den afroamerikanischen Vorfahren aufoktroyiert wurde, zu übertrumpfen: Die Hypertrophie der Vergottung scheint hierbei in einem reziproken Verhältnis zu der jahrhundertelangen Abwertung durch die Weißen zu stehen.

4. The Thin White Duke – David Bowie

Auch der Brite David Jones bedient sich permanent bei christlicher Ikonographie; stolz behielt er den an den Psalmisten David erinnernden Vornamen und tauschte lediglich den Nachnamen gegen Bowie ein.[40] In seinen Videos und Auftritten nimmt er häufig Heilandsposen ein. Für sein Mitte 2013 veröffentlichtes, von ihm persönlich konzipiertes Video „The next day" (Regie: Floria Sigismondi) musste er allerdings die bislang heftigste Kritik einstecken. So beschimpfte ihn Bill Donohue von der Catholic League als „[...] a switch-hitting, bisexual, senior citizen from London"[41] – mit letzterer „Beschimpfung" ist aus Sicht des Amerikaners Donahue vermutlich die alte Metapher von London als Sündenbabel gemeint – und warf Bowie vor, dass sein Verhältnis zur Religion „confused" sei.

Unter Glockengeläut betritt ein katholischer Priester (der Schauspieler Gary Oldman) ein Bordell zusammen mit der ihre Augen auf dem Silbertablett tragenden Heiligen Lucia, nicht ohne zuvor noch einen Jungen, der über Hunger klagt und ihn um ein Almosen anbettelte, bewusstlos in die Ecke geschlagen zu haben. Dort wie eine Genre-Figur des niederländischen Malers Bauern-Breughel liegend, quillt allerdings ein dicker Bauch unter dem nach oben gerutschten Hemd des Knaben hervor und flattern Geldscheine um ihn herum. Im Bordell wartet bereits ein illustrer Kreis von Kardinälen und Heiligen, wie dem Heiligen Georg in schimmernder Rüstung.

---

39 Lüthe, We Missed (s. Anm. 37), 73f.

40 V. Broackes/G. Marsh (Hg.), David Bowie (Ausst.-Kat. Martin-Gropius-Bau Berlin), München 2013, 27. Gerade David Bowies betont maniert wirkendes Ausstellen seiner Andersartigkeit u. a. durch auffällig blond gefärbtes Haar erlaubt immer wieder die Rückbindung an die biblische Auserwählung Davids mit dem Blondhaar (1 Sam 16,12) unter seinen dunklen Brüdern, das ihn wie eine gottgegebene Krone ausweist.

41 http://pitchfork.com/news/50672-catholic-league-disses-david-bowies-the-next-day-video (30.9.2013).

Die beiden schreiten immer weiter dantesk vor in die Kreise der Hölle in den Sündenpfuhl, der mit DECAMERON überschrieben und liebevoll als Vorhölle mit sich auspeitschenden Flagellanten und Bibel lesenden Bischöfen ausgestaltet ist, allerdings aktualisiert, indem sämtliche geistliche Würdenträger durch moderne Accessoires wie Armbanduhren als Zeitgenossen ausgewiesen sind und auch Bowie zwar sandfarbenen einfachen Prophetenhabit trägt, diesen aber mit einem modischen Schal um die Schultern ergänzt.

Der Priester[42] macht sich an eine als verführerische Sünderin inszenierte Frau heran (Marion Cotillard: Abb. 4a), versucht sie in Ekstase zu tanzen und durch Worte aufzupeitschen. Während der Priester sie unablässig wie bei der Verspottung Christi beschimpft, verzerrt sich ihr Gesicht immer mehr, bis plötzlich Stigmata in den Handflächen aufbrechen (Abb. 4c) und Ströme von Blut eine weiß verschleierte Umstehende bespritzen. Ein weiblicher Messias ist in die Vorhölle abgestiegen und hat dort sein Martyrium erlitten. Danach wendet sich der Priester mit seinen Verwünschungen und Vorwürfen Bowie zu mit den Worten „*Have you seen what you've done? [...] And you call yourself a prophet!*", woraufhin ihn die Anwesenden mit Bibeln bewerfen und damit symbolisch Gottes Wort gegen ihn wenden.

Am Ende kniet der Priester vor der nunmehr im Gesicht betont unschuldig wirkenden Messias mit großen künstlichen Tränen und einem Dornenkranz aus schwarzen Stoffrosen und hält ihre ausgestreckte stigmatisierte Linke. Umringt von den Heiligen inmitten eines göttlichen Lichtstrahls von oben stehend spricht der Prophet Bowie, nachdem er auf einen Stuhl gestiegen ist und die anderen wie eine Schutzmantelmadonna weit überragt, die Abschiedsworte „Thank you Gary, thank you Marion, thanks to everybody!" und löst sich in einem oszillierenden Hybridbild zwischen Himmelfahrt und Nirvana in Luft auf (Abb. 4d), während die ihn eben noch Flankierenden sich verdutzt nach allen Seiten umsehen.

Bei allen unübersehbar häufigen Wandeln des Chamäleon Bowie bleibt der in seiner Grunddisposition soziopathische, leicht verhärmte *Thin White Duke*, Bowies Paraderolle, in seiner melancholischen Verweigerungshaltung von der Welt isoliert, ein Rufer in der Wüste, der sich dennoch seinen Weg durch die Welt bahnt und ein Anführer, ein *Duke* bleibt. In dem Video predigt er inmitten einer sündigen Welt. Darin entspricht er bei aller postfaschistischen Problematik, die in

---

42 Die Verführerin ist in Gestik und Mimik erkennbar dem Bild „Salome" von Franz von Stuck nachempfunden, vielleicht sogar konkret dem Porträt „Tilla Durieux als Salome" (Berlin, Alte Nationalgalerie, wohl 1903: Abb. 4b). Die Sünderin, die wohl Maria Magdalena verkörpern soll, vermag durch die Inversion umso deutlicher die Verderbtheit der Priester aufzuzeigen.

der Figur mit langem Ledermantel anfangs mitschwang, dem galiläischen Wanderprediger Jesus aus der Wüste.

Abb. 4a (l.o.): David Bowie, The Next Day (2013), Marion Cotillard als Salome-Maria Magdalena (Film-Still).
Abb. 4b (r.o.): Franz von Stuck, Berlin, Alte Nationalgalerie (1903), Tilla Durieux als Salome, aus: SMPK Berlin, Alte Nationalgalerie, Foto: Jörg P. Anders.
Abb. 4c (l.u.): David Bowie, The Next Day (2013), Maria Magdalena aus Stigmata blutend (Film-Still).
Abb. 4d (r.u.): ebd., Himmelfahrt Bowies (Film-Still).

5. Hö(h)llengleichnisse – Nick Cave

In dem Video zu „Jubilee Street" aus dem Jahr 2013 koppelt der in der Independent-Szene äußerst einflussreiche weil stilprägende australische-Sänger Nick Cave seine gewohnt messianischen Gesten mit zahlreichen Bezügen auf christliche Ikonographie an eine kafkaeske Rahmenerzählung. Der Interpret durchschreitet – in deutlicher Anlehnung an des Sängers Richard Ashcrofts Passionsgang in „The Verves" „Bittersweet Symphony",[43] obwohl Cave im Typus des Schmerzensmannes chronologisch und stilbildend vorgängig für diese und alle nachfolgenden Bands wirkte – die Gasse eines Rotlichtviertels als seine persönliche lustschmerzliche Via

---

43   Zu diesem Video und der Ikonographie des Schmerzensmannes vgl. S. Trinks, Video Killed the Painter Star? Neoikonographie und Kanonbildung im Musikvideo 1981–2005, in: H. Keazor (Hg.), Kunstgeschichte, Musikvideo und Bildwissenschaften, Berlin 2014.

Dolorosa mit messianisch ausgebreiteten Armen (Abb. 5a). Er steht sodann im Eingang eines Bordells neben einer sündigen Maria Magdalena, die von einem älteren und untersetzten Freier auserkoren wird. Nach der vollzogenen Vereinigung liegt der Mann alleine nackt auf einem Bordell-Bett und verwandelt sich unter dem mehrfach vom Sänger orgiastisch vorgetragenen Ruf „I'm transforming!" in ein ätherisches Wesen aus Licht, wobei subliminal Bilder des Nachthimmels mit pulsierenden Milchstraßen und Spiralwirbeln auftauchen. Eine ironisierte Anspielung auf die Transfiguration in Licht wie auch auf Christi Himmelfahrt scheint gesucht, nachdem der unansehnliche Freier kurz vor der Verklärung seine Arme im Heilandsgestus ebenso ausbreitete wie dies eine Bildsequenz zuvor der Sänger tat (Abb. 5b).

Diese Bildelemente allein würden nicht für eine Identifizierung messianischer Ikonographie hinreichen, hätte Nick Cave nicht in all seinen Büchern,[44] Liedtexten,[45] und Musikvideos[46] eine durchgängige Vermengung christlicher Motive mit profanen gesucht. Der Sänger, der sich während einer längeren Entzugszeit in Berlin wie schon David Bowie 1977 von Drogen lösen wollte, las in dieser Zeit die komplette Bibel und nutzt sie bis heute als Quelle seiner Texte und Figuren. Dabei werden die alltäglichen Außenseiter und Outlaws vom Rand der Erde – Cave ist Australier – von ihm in je besonderer Weise mit biblischen Gestalten amalgamiert.

Abb. 5a (l.): Nick Cave, Jubilee Street (2013), Cave in Heilandspose (Film-Still).
Abb. 5b (r.): ebd., Freier in Heilandspose (Film-Still).

44 Insbesondere Nick Cave, And the Ass Saw the Angel (London 1990), in dem die Geschichte von Balaam und seiner Eselin transformiert wird.
45 Z. B. „Mercy Seat", in dem der himmlische Thron des Messias mit dem elektrischen Stuhl parallelisiert wird, „Into my arms (Oh Lord)", „Dig – Lazarus – Dig!" etc.
46 Z. B. „Straight to you", „Wheeping song" oder „As I sat sadly by her side".

192   STEFAN TRINKS

Schlussbemerkung

Bei keinem der gesehenen Beispiele handelt es sich um Blasphemie, weil die Künstler mit religiösen Bildern ihre Musik zu verstärken suchen. Sie sind allerdings vollständig von ihrer Berechtigung überzeugt, als messianische Gesandte ihrer Kunst fungieren zu dürfen und zu müssen, weil sie diese absolut setzen. Sie fühlen sich berufen, eine Botschaft mit einem höheren Sinn zu übermitteln. Sie scharen Gefolgschaft um sich, so dass sich bisweilen in der Musik sektenhafte Kunstreligionen mit treuer Jüngerschaft herausbilden. Hingegen geht den Musikern selbst der missionarische Impetus eines echten Messias meist ab, der wie Christus fordern würde, sich vollständig von allem, auch und gerade der eigenen Familie zu lösen („Wenn jemand zu mir kommt und hasst nicht seinen Vater und die Mutter [...], dazu aber auch sein eigenes Leben, so kann er nicht mein Jünger sein"; Lk 14,26).

Statt einer Fokussierung auf den einen Gesalbten war im Bereich der Kunst und des Musikvideos im Gegenteil eine Individualisierung der Messias-Vorstellung zu beobachten. Diese zerfaserten persönlichen Befreiungstheologien sind immer noch politisch wie bei Kanye West, bedeuten damit aber auch eine individuelle Befreiung von Mustern, die Künstler einschränken. So wie das Medium des Musikvideos sich der Moderne stellt und es kein unmittelbares Vorbild gibt, so versuchen sich auch die Musiker selbst freizumachen von zu engen Vorgaben, allerdings nicht ohne auf alte Vorbilder zurückzugreifen.

Allen Messias-Videos gemein ist das Spiel mit Tabus, die heute zunehmend keine mehr sind. Allerdings werden mit „subliminalen" Mythenschätzen und urchristlichen Bildformularen immer noch beträchtliche Wirkungen erzielt: Jim Morrison, der sich stellvertretend am Kreuzesstamm töten lässt, erzeugt bis heute einen Schauder, dem sich der Betrachter kaum zu entziehen vermag.

Aber auch die Unterschiede zwischen den einzelnen Messias-Bildern der Videos sind eklatant: „Erlösung" heißt bei Kanye West etwas anderes als bei Johnny Cash oder dem ewig sich entziehenden Ironiker David Bowie, erst recht bei dem apokalyptischen Zyniker Nick Cave.

Als „erlösend" wird heute von vielen Menschen einlullende Unterhaltung angesehen. Das Musikvideo vermag hingegen viel mehr zu leisten. Es erzählt in Urbildern über die Nöte und Sehnsüchte der Menschen: Über die wachsende Kommerzialisierung (schon durch die Medien der Ausstrahlung der Videos, werbefinanzierten Musiksendern und Internetportalen wie *Youtube*), was im Fall von Kanye West durch häufig in das Bild gebrachte Dollarnoten zumindest thematisiert wird. Durch die permanente Rückbindung an den Messias und seinen

Kreuzestod aber bieten alle vorgestellten Videos eine hochkomplexe Reflexions-
ebene für das je eigene Verhältnis zum Tod.

Zusammenfassung

Musikvideos sind Seismographen der – auch religiösen – Sehnsüchte von inzwischen zwei Generationen. Sie sind Taktgeber der heutigen Jugendkultur und dabei ganz besondere Artefakte. Wie Musikvideos wirken, lässt sich an einem Motiv
zeigen, das in der Forschung bislang keine Beachtung gefunden hat: die Figur des
Messias. Religiöses Bildgut in Musikvideos ist dabei nicht ein Element unter anderen – gerade die Entwicklung des Hip-Hop belegt die enge Verwandtschaft von
Musik und Christentum. In diesem Artikel wird daher die Sympathie gegenüber
musiktheatralen Darstellungen im Alten Testament genauso diskutiert wie die
Auseinandersetzung heutiger Musikgrößen mit biblischen Bildbeständen.

Video clips are seismographic. They register the beat of, in the meantime, two generations and function as visual storehouses of knowledge. As artifacts, they de-
monstrate how our culture is constituted, an argument that is to be developed
here using the example of a motif, which has been neglected in research so far: the
figure of the Messiah. Religious iconography in video clips is not just one of many
themes – especially the history of Hip Hop reveals the intimate relationship between music and Christianity. This article therefore discusses both the sympathe-
tic reception of musical-theatrical sequences from the Old Testament and the wi-
despread reference to biblical imagery by today's music stars.

II. Visitationen

„Gnadenstuhl" als Bezeichnung für das Trinitätsbild*

Zu den zentralen Themen der christlichen Bildtradition gehört neben dem Christus- und dem Marienbild die Darstellung der Trinität.[1] Allerdings kommt dieses Motiv noch nicht in der frühchristlichen Kunst vor mit wenigen Ausnahmen, z. B. dem zweizonigen Friessarkophag aus dem Vatikan.[2] Während auf der rechten Seite der oberen Zeile das Wunder der Brotvermehrung und der Auferweckung des Lazarus dargestellt ist, sehen wir auf der linken Seite (links vom Clipeus) erst die Schlange am Baum vom Sündenfall, dann die Zuweisung der Aufgaben an Adam und Eva und dann die Erschaffung der Eva aus Adam. An diesem Schöpfungsakt sind drei gleich aussehende Personen beteiligt, von denen einer auf dem Kastenthron sitzt. Diese erste Darstellung der Trinität hat aber keine Tradition begründet.

Diese Lücke in der Themenvielfalt der frühchristlichen Kunst hat natürlich ihren Grund in der Scheu, Gott anthropomorph darzustellen. Stattdessen wurde die alttestamentliche Erzählung vom Besuch der drei Männer bei Abraham im Hain Mamre (Gen 18) zum Symbol für die Trinität. Eines der frühesten Beispiele befindet sich als Mosaik an einer der Presbyteriumswände in San Vitale in Ravenna (um 540/547). Aus diesem Motiv entstand die Dreifaltigkeitsikone der orthodoxen Kirchen.[3]

Die abendländische Kirche entwickelte seit dem Frühmittelalter eine andere Form der Dreifaltigkeitsdarstellung: Christus hängt am Kreuz, darüber erscheint Gottvater sitzend, stehend oder schwebend und hat die Querbalken des Kreuzes gefasst. Darüber oder daneben, der Platz wechselt, schwebt die Taube als Heiliger

---

* Eine Vielzahl der Bildgegenstände, auf die in diesem Beitrag Bezug genommen wird, lassen sich im entsprechenden Bildindex einsehen unter: www2.hu-berlin.de/bthz/gnadenstuhl.html

1 Vgl. dazu Art. Christusbild; Art. Marienbild, in: H. Sachs/E. Badstübner/H. Neumann (Hg.), Christliche Ikonographie in Stichworten, Leipzig 1973, 78–81; 246–248.

2 Vgl. A. Effenberger, Frühchristliche Kunst und Kultur. Von den Anfängen bis zum 7. Jahrhundert, Leipzig 1986, 179.

3 Vgl. Effenberger, Frühchristliche Kunst (s. Anm. 2), 249.

Geist. In dieser Art findet das Dreifaltigkeitsbild noch seine Fortsetzung im Reformationszeitalter. Franz Xaver Kraus (s. u.) hat dafür die Bezeichnung „Gnadenstuhl" eingeführt. Das Wort „Gnadenstuhl" ist bekannt aus Luthers Bibelübersetzung.

Doch wie kommt es zu diesem speziellen Bildtyp und was könnte er in der Reformationsepoche bedeuten? Dieser Frage soll im folgenden Beitrag nachgegangen werden.

1. Zur Ikonographie des Bildtyps

Das wohl älteste Trinitätsbild der beschriebenen Art ist eine französische Buchmalerei im Missale aus Cambrai von 1120. Es zeigt in der Mandorla Gottvater auf dem Thron sitzend und die Kreuzesbalken, an denen Christus hängt, mit beiden Händen haltend. Vor seiner Brust fliegt die Taube des Geistes. Die Mandorla ist von den Evangelistensymbolen umgeben. An der unteren Randleiste sind die Anfänge des Oblationsgebetes zu lesen: Te igitur clementissime patre. Diese Darstellung stellt eine Erweiterung der sonst in liturgischen Handschriften beliebten Initiale T dar, in die eine Kreuzigungsdarstellung eingemalt ist. Eines der schönsten Beispiele dafür findet sich in der Bibel Karls des Kahlen aus dem 9. Jahrhundert.

Wie sich das Kreuzigungsbild im Abendland im Zusammenhang der Sakramentstheologie und Sakramentsfrömmigkeit entwickelte, so offenbar entwickelte sich auch das Trinitätsbild mit dem gekreuzigten Christus im Zentrum. Die Messe bedeutete im Hochmittelalter nicht mehr nur die Vergegenwärtigung des Kreuzopfers, sondern den Opferakt selbst, den die Kirche vollzieht. Dabei war Christus in der Messe beides, Opfergabe und Opferpriester nach Hebr 4,15: „Wir haben nicht einen Hohepriester, der nicht könnte Mitleiden mit unseren Schwachheiten haben, sondern der versucht ist gleich wie wir, doch ohne Sünde." Darum heißt es im Oblationsgebet (= Eucharistisches Hochgebet): „Dich, gütigster Vater, bitten wir demütig verneigt und flehentlich durch Jesus Christus, deinen Sohn, unsern Herrn: Nimm wohlgefällig an und segne diese Gaben, diese Geschenke, diese makellosen Opfergaben."[4]

Der innere Zusammenhang mit der Trinität ergibt sich aus der Anrufung am Ende des Eucharistischen Hochgebetes. „Durch Christus, unsern Herrn, durch den du, Herr immerfort, alle diese Gaben schaffst, heiligst, belebst, segnest und

---

4   Zit. nach Th. Klauser, Kleine Abendländische Liturgiegeschichte, Bonn 1965, 94.

uns gewährst; durch ihn und mit ihm wird dir, Gott, allmächtiger Vater, in der Einheit des Heiligen Geistes alle Ehre und Verherrlichung von Ewigkeit zu Ewigkeit. Amen." (Per ipsum et cum ipso et in ipso est tibi omnis honor et gloria Deo Patri omnipotenti in unitate Spiritus Sancti per omnia saecula saeculorum).⁵ Es erscheint also bei der Bedeutung, die in der mittelalterlichen Epoche dem eucharistischen Sakrament zukam, schlüssig, dass sich diese besondere Form des Trinitätsbildes entwickelt hatte, für welches es in der byzantinischen Tradition m. W. kein Beispiel gibt.

Seit dem 13./14. Jahrhundert mit dem Aufkommen des Einzelbildes und des Andachtsbildes löst sich das Motiv aus dem liturgischen Zusammenhang. Ursprünglich in der Wiesenkirche von Soest (heute in der Berliner Gemäldegalerie) befand sich das älteste Beispiel für Tafelmalerei auf deutschen Boden aus dem Jahre 1250. Auf den Seitentafeln flankieren Maria und der Jünger Johannes das Dreifaltigkeitsbild auf der Mitteltafel. Gottvater mit Goldnimbus und weißem, lockigem Haupt- und Barthaar sitzt auf einem üppig geschnitzten Thron und hat die Kreuzesbalken gefasst, an denen Christus hängt. Die Taube des Heiligen Geistes schwebt vor seiner Brust auf der INRI-Tafel. Heute noch in der Wiesenkirche von Soest hängt im Chor ein Alabaster-Relief vom Anfang des 14. Jahrhunderts, das Gottvater mit einer Königskrone und Kreuznimbus zeigt. Er sitzt auf einer Sitztruhe und hat zwischen seinen Knien das Kreuz mit Christus, die Taube fliegt vor seiner Brust.

Ähnlich sind zwei Andachtsbilder aus dem Umkreis der Stephan-Lochner-Werkstatt von 1456 und ebenso Massacios Tafel von 1427 aus Santa Maria Novella in Florenz. Die beiden rheinischen Andachtsbilder (Darmstadt, Hessisches Landesmuseum, bzw. Privatbesitz) sind eigentlich Kreuzigungsbilder mit Maria, Johannes-Evangelist und einem Stiftsgeistlichen. Oberhalb des Kreuzes erscheint in einer Gloriole Gottvater und davor die Taube des Heiligen Geistes. Diese Verbindung kommt schon früher vor, z. B. bei dem Triumphkreuz in der Stiftskirche von Wechselburg um 1230.

Aber die Beispielreihe ließe sich noch fortsetzen. Bei allen Variationen bleibt die oben erwähnte Grundstruktur konstant: Im Zentrum befindet sich Christus am Kreuz, Gottvater fasst meist die Kreuzesbalken, die Taube des Heiligen Geistes schwebt oberhalb des Kreuzes seitlich oder mittig, der Platz wechselt wie gesagt. Variationen gibt es auch bei Gottvater. Er sitzt, steht oder schwebt. Meist trägt er

---

5   Zit. nach J.A. Jungmann, Missarum sollemnia, Bd. 2, Freiburg 1952, 329.

einen kostbaren Mantel, zuweilen ähnlich dem Pluviale, auf dem Kopf meist die Tiara oder eine Königskrone, oft mit Nimbus.

Im Augustinusfenster der Kirche der Augustiner-Eremiten von Erfurt findet sich ebenfalls ein Medaillon mit dem Motiv. Das Medaillon entstand etwa um 1320.[6] Es zeigt innerhalb eines Kreises Gottvater auf einer Sitztruhe, der mit beiden Händen deutlich die Kreuzbalken links und rechts gefasst hat. Rechts fliegt die Taube des Heiligen Geistes herab. Gottvater trägt hier ein rotes Gewand und einen Kreuznimbus. Dass der Gekreuzigte seitlich gegeben ist, hängt mit bestimmten Notwendigkeiten der Glasmalerei zusammen. Ansonsten stellt auch dieses Medaillon den gängigen Typ dar.

Oft wird das Bildthema um die zum Kreuzigungsbild gehörenden Assistenzfiguren Maria und Johannes erweitert. Im 15. Jahrhundert kann das Trinitätsbild sogar zu einer dogmatischen Gesamtschau erweitert werden, wie es auf Dürers Allerheiligenbild von 1511 der Fall ist (Wien, Kunsthistorisches Museum). Auf dieser von Mathias Landauer für ein Nürnberger Hospital gestifteten Tafel ist die Trinität im oberen Bereich von Engeln umgeben, darunter befinden sich auf der einen Seite angeführt von Johannes d. Täufer die Heiligen des Alten Bundes mit Mose und David, auf der anderen Seite angeführt von Maria Heilige und Märtyrer des Neuen Bundes und der Kirche. Im unteren Bereich führt der Papst die Vertreter der Kirche, d. h. Bischöfe, Mönche, Nonnen usw. an, rechts der Kaiser die weltlichen Stände, Adlige und Bürger, darunter bekannte Nürnberger Patrizier.

1519 malte Quentin Massys im Auftrag des Augsburger Patriziers Lukas Rem in Antwerpen eine Tafel, bei der Gottvater auf einem Globus steht (München, Ältere Pinakothek). Die Taube fliegt seitlich. Daneben steht Maria mit dem Kind. Auf den Seitentafeln erscheinen die Pestheiligen Sebastian und Rochus.

Auch auf Pilgerzeichen kann das Trinitätsbild erscheinen, z. B. das aus dem Kloster La Trinità in Vendome oder die in Wolterdingen bzw. Bisperode gefundenen Exemplare, die wohl nach Werl gehören.[7]

Eine wichtige Variante des Themas ist das Notgottes-Motiv, das ebenfalls Gnadenstuhl genannt wird. Bei diesem Bildtyp hält Gottvater nicht das Kreuz Christi in seinen Armen, sondern, oft deutlich trauernd, den toten Sohn und zwar in der Form des Schmerzensmannes. Das Motiv des Schmerzensmannes, d. h. Christus ohne Kreuz aber mit allen Wunden einschließlich der Seitenwunde, ge-

---

6   Vgl. E. Drachenberg, Mittelalterliche Glasmalerei in Erfurt, Dresden 1990, 47–49.

7   Vgl. H. Kühne, Pilgerzeichen westfälischer Transitwallfahrten, in: H. Herbers/H. Kühne (Hg.), Pilgerzeichen – „Pilgerstraßen", Tübingen 2013, 70–105.

hört in die Passionsmystik, die unter franziskanischem Einfluss seit dem 13. Jahrhundert große Verbreitung als Andachtsbild fand. Notgottes-Bilder waren wohl wegen ihres stärker emotionalen Ausdrucks im Spätmittelalter sehr populär. Berühmt wurde Dürers Holzschnitt von 1511. 1515 malte Lucas Cranach d. Ä. ein Notgottes-Bild, wobei die Taube auf Christi rechtem Knie sitzt (Leipzig, Museum der bildenden Künste). Da das Zentrum des Bildes Engel mit Passionswerkzeugen umgeben und unter der Notgottes-Gruppe Maria und Johannes d. T. fürbittend knien, zwischen ihnen liegend ein Menschenpaar, handelt es sich eigentlich um ein Weltgerichtsbild. Auch spezielle Notgottes-Kapellen kamen Ende des 15. Jahrhunderts im Rahmen der Andachtsfrömmigkeit auf.

Für das abendländische Trinitätsbild in all seinen ikonographischen Entwicklungen und mit all seinen Variationen hat Franz Xaver Kraus in seiner 1897 erschienenen „Geschichte der christlichen Kunst"[8] die Bezeichnung „Gnadenstuhl" in die Kunstwissenschaft eingeführt. Dieser Ausdruck geht, wie eingangs schon gesagt, auf Martin Luther zurück.

2. Der „Gnadenstuhl" bei Luther

In Hebr 4,16 übersetzt Luther ho thronos tes charitos mit „Gnadenstuhl" (WA 7,324). Das müsste nicht viel heißen, denn „Thron" und „Stuhl" konnten in seiner Zeit synonym gebraucht werden. Aber Luther übersetzt auch hilasterion pistis in Röm 3,25 mit „Gnadenstuhl". Daran wird erkennbar, dass er diesem Wort eine eigene Bedeutung gibt, die seinem theologischen Konzept entspricht, d. h. er will mit der eigenen, nicht ganz korrekten Wortwahl in der Übersetzung die Rechtfertigungslehre verdeutlichen (WA 7,358).

Das gilt auch für das Alte Testament. Bei der Beschreibung der Bundeslade in Ex 26,34 verwendet er für kapporät (Deckel, Deckplatte) das Wort Gnadenstuhl (WA 8,282). Die Platte trug die Cheruben und über ihr wurde das Blut des geopferten Stieres vergossen. Auch in Lev 16,14, wo die Opferzeremonie beschrieben wird, übersetzt Luther kapporät wieder mit „Gnadenstuhl". Da er, wie es seit der Alten Kirche üblich war, der typologischen Bibelexegese folgt, versteht er die alttestamentliche Opferzeremonie als Abbild des Kreuzopfers Christi und zwar im Sinne seiner Rechtfertigungslehre. Interessant ist dabei aber, dass sowohl in der Septua-

---

8   Vgl. H. Olbrich (Hg.), Lexikon der Kunst, Bd. 2, Leipzig 1989, 775.

ginta als auch der ihr folgenden Vulgata bereits an der gleichen Stelle *kapporät* mit *hilasterion* bzw. *propriatorium* übersetzt worden ist. Luther hatte bekanntlich beim Septembertestament von 1522 ohnehin noch überwiegend die Vulgata bei seiner Übersetzung als Vorlage benutzt und den griechischen Text nur ab und an herangezogen. Hinzu kommt, dass vorreformatorische Bibelübersetzungen wie etwa die Mentel-Bibel in Röm 3,25 das Wort „Versühner" benutzen und Ex 26,34 mit „bettafel auf die arca des gezeugnis" übersetzt.⁹ In Ex 37,6, wo es um die Herstellung der Lade geht und Luther *kapporät* mit „Gnadenstuhl" übersetzt, übersetzt die Mentel-Bibel mit „gnadentafel" und die Vulgata mit „*propiatorium*".

Ob das Wort „Gnadenstuhl" wirklich Luthers Schöpfung ist, wie auch das Deutsche Wörterbuch meint,¹⁰ lässt sich zwar nicht mit absoluter Gewissheit behaupten, doch soll in Tetschen (Decin) in Tschechien laut Beschwerde des damaligen katholischen Pfarrers ein evangelischer Prediger „Gnadenstuhl" bereits 1522 oder wahrscheinlich noch eher gebraucht haben.¹¹ Das hieße, das Wort wäre schon sehr früh noch vor Luthers Bibelübersetzung bekannt gewesen. Luther verwendet aber „Gnadenstuhl" auch in einer der Invokavitpredigten vom 11. März 1522, allerdings ist das angesichts der Textüberlieferungsgeschichte nicht ganz sicher.¹²

„Gnadenstuhl" gebraucht Luther öfter noch in seinen Schriften. Davon hier einige Beispiele: So sagt er in der Predigt vom 30. April 1522: „Bisher haben wir Christum nur gehabt als einen Richter, aber nicht als einen Gnadenstuhl, wie ihn doch Paulus nennt Röm. 3,25 [...]" (WA 10,3,106). Im Großen Katechismus von 1526 heißt es: „Denn wie Christus der gnaden stul, darümb nicht weichet noch uns wehret widder zu yhm zu komen ob wir gleich sundigen [...]" (WA 30,1; 222). Oder in der Auslegung zu Psalm 99: „Uns aber ist eine Weissagung von Christo, der das recht Zion jnn aller welt regieret und seinen Gnadenstuel und fusschemel im himel gesetzt hat" (WA 38; 51). „Christus fellet meiner uebertrettung halber nicht vom gnadenstuel. Er ist immer gnedig [...]" (Predigt am 3. März 1528, WA 46; 199). „Also das Gott selbs den Gnadenstul gesetzt hat und uns von dem Richtstuhl zu diesem weiset [...]" (Predigt am 24.11.1532, WA 36; 367). Die meisten Belege finden sich in Luthers Predigten, aber auch in Psalmen-Auslegungen und auch in seinen späteren Schriften, u. a. in den antijüdischen (WA 53; 488.621).

---

9   Vgl. W. Kurrelmeyer (Hg.), Die erste deutsche Bibel (Straßburg 1466), Bd. 2, Tübingen 1905; Bd. 3, Tübingen 1907. Diese Hinweise verdanke ich Siegfried Bräuer.

10 Vgl. Art. Gnadenstuhl, in: DWb 8 (1958), 591–594.

11 Abgedruckt mit Erläuterungen in: A. Laube (Hg.), Flugschriften gegen die Reformation (1518-1524), 1997, 441.

12 Vgl. dazu die Erläuterungen von E. Hirsch, in: ders. (Hg.), Luthers Werke, Bd. 7, Berlin 1950, 362.

Luther scheint in dem Gebrauch des Wortes „Gnadenstuhl" etwas variabel zu sein. Er kann in den späteren Schriften „Richtstuhl" im Sinne von weltlichem Gericht gegen Gottes Gnadenstuhl setzen, an dem anders als im weltlichen Sinn Recht gesprochen wird. Er kann Christus und Gnadenstuhl gleichsam auf den Thron setzen, er kann mit Gnadenstuhl das Erlösungswerk Christi allgemein bezeichnen, aber natürlich auch den Opfertod Christi am Kreuz.

Trotz dieser gewissen Unschärfe der Begriffsverwendung erscheint mir offensichtlich, dass Luther einmal von *thronos tes charitos* aus Hebr 4,16 herkommt, wo es um Christus als den wahren Hohepriester geht. Diese Aussage verknüpft Luther mit dem für seine Theologie so wichtigen Römerbrief und übersetzt deshalb 3,25 *hilasterion* (in der Vulgata *propiatorium*) mit „Gnadenstuhl". Gemäß der typologischen Bibelauslegung verwendet er im Alten Testament bei der Einrichtung der Stiftshütte und der Ausstattung der Bundeslade (Ex 26,34; Lev 16,13.14) deshalb ebenfalls das Wort „Gnadenstuhl".

Dass Luther damit eigentlich doch in der mittelalterlichen Tradition steht, zeigen die erwähnten Übersetzungen in vorreformatorischen Bibeln. Das gleiche Vorgehen findet sich übrigens bereits bei hochmittelalterlichen Autoren wie Rupert von Deutz oder Honorius Augustodunensis. Und ein Glasfenster im Chor der französischen Kathedrale St. Denis von 1140 zeigt die Bundeslade auf dem vierrädigen Wagen Aminadabs nach 1 Sam 7,1; 2 Sam 6,3. Darauf steht ein Kruzifix, welches Gottvater in Händen hält. Die dazugehörige Umschrift lautet auf Deutsch: „Auf der Bundeslade ist aufgerichtet der Altar mit dem Kreuz Christi; hier will das Leben sterben für einen größeren Bund."[13]

Abschließend zu diesem Abschnitt kann aber gesagt werden, dass bei allen Stellen, in denen er das Wort „Gnadenstuhl" gebraucht, Luther keinen Bezug zur Trinität erwähnt. Als Ergänzung sei noch hinzugefügt, dass das Deutsche Wörterbuch ebenfalls keinen Bezug zur Trinität vermerkt. Es bringt als Beleg Rudolf von Ens' „Weltchronik" „genaden stat" für Ex 25,17 ff., erwähnt Johann Ecks Formulierung von 1537 „batstat" und „gnadenthron" und zitiert Luther, „darum spricht wol der apostel das in got gesetzt hat zu aim propiciatorium, das ist zu einem Gnadenthron vor wölchen ein yetlicher gnad und säligkeit erlang".[14] Dazu passt, dass das Wörterbuch von Johann Christoph Adelung folgende Notiz zum „Gnadenstuhl" bringt: „Der Gnadenstuhl, des –es, plur. Inus. Ein Nahme, welchen in der Deutschen Bibel und bey dem Gottesdienste der ehemaligen Juden der Deckel

13 Vgl. W. Braunfels, Die Heilige Dreifaltigkeit, Düsseldorf 1954, XXXVII.
14 Art. Gnadenstuhl, in: DWb 8 (s. Anm. 10).

über der Bundeslade führet, weil er der Sitz des sichtbaren Zeichens der Herrlichkeit Gottes war, von welchem dem Jüdischen Volke die göttliche Gnade ertheilet
wurde; der Versöhnungsdeckel, Griech. Ilasterion. In den Deutschen Bibeln des 15.
ten Jahrh. wird er Sydel, Bettstatt, Betttafel genannt. Figürlich wird dieser Ausdruck im Neuen Testament mehrmahls von Christo gebraucht."[15] Ende des 18.
Jahrhunderts war also bei „Gnadenstuhl" weder ein Bezug zu Luther noch zur
Trinität bekannt.

3. Die Trinität bei Luther

Trotzdem will ich noch einen Blick auf Luthers Trinitätslehre werfen.

Volker Henning Drecoll konstatiert dazu lapidar, dass Luther an der altkirchlichen Trinitätslehre festhält.[16] Er zieht dazu als Erstes Passagen aus der Auseinandersetzung mit Erasmus von Rotterdam in „De servo arbitrio" heran.[17] Das
Bekenntnis von 1528 „Vom Abendmahl Christi" beginnt Luther mit einem Bekenntnis zur Trinität: „Erstlich gleube ich von hertzen den hohen artickel der go-
ettlichen maiestet, das Vater, son, heiliger geist drey unterschiedliche personen
ein rechter, einiger, natuerlicher warhafftiger Gott ist, schepffer hymels und der
erden, aller dinge widder die Arrianer, Macedonier, Sabelliner und der gleichen
ketzerey Gene 1, wie das alles bis her beyde inn der Roemischen kirchen und ynn
aller welt bey den Christlichen kirchen gehalten" (WA 26; 500).

Luther betont die Kontinuität zur theologischen Tradition, weshalb die evangelische Kirche keine Neuerung ist, sondern legitime Fortsetzung der einen Kirche ohne ihre Missbräuche. Das hatte im Grunde auch die Untersuchung Reiner
Jansens 1976 zu Luthers Trinitätslehre erbracht.[18] Das Wirken der Trinität versteht
Luther in Schöpfung, Erlösung und Heiligung in theozentrischer Perspektive,[19]
d. h. es ist der eine Gott, der in Schöpfung, Erlösung und Heiligung handelt. Luther verknüpft seine Trinitätsaussagen mit der Soteriologie und der Christolo-

---

15 Vgl. J. Chr. Adelung, Grammatisch-kritisches Wörterbuch der Hochdeutschen Mundart, Leipzig
    1793–1801, Bd. 2, 740. Diesen Hinweis verdanke ich Ruth Slenczka.
16 Vgl. V. H. Drecoll, Rezeption und Bestreitung der altkirchlichen Trinitätslehre in der Reformati-
    onszeit, in: ders. (Hg.), Trinität (Themen der Theologie 2), Tübingen 2011, 138–145.
17 Vgl. Drecoll, Rezeption (s. Anm. 16).
18 R. Jansen, Studien zu Luthers Trinitätslehre (BSHST 26), Bern/Frankfurt a. M. 1976.
19 Vgl. Jansen, Studien (s. Anm. 18), 84.

gie,[20] aber die kirchliche Trinitätslehre bleibt dabei unangefochten. Ähnlich wird in den Marbacher (WA 30,3; 160) und den Schwabacher Artikeln (WA 30,3; 86) formuliert.[21] In der Confessio Augustana steht das Bekenntnis zur Trinität mit der Verwerfung aller Häretiker bereits in Artikel 1.[22]

Diese Abgrenzung von Anderslehrenden war Luther umso wichtiger, als ihm immer wieder unterstellt wurde, er stünde nicht auf dem Boden der altkirchlichen Bekenntnisse.[23] Da auch die Genfer Reformatoren, Farel und Calvin, im Verdacht standen, die Trinitätslehre nicht ernst zu nehmen,[24] betonten Luther und seine Mitstreiter ihr Eintreten für die altkirchlichen Bekenntnisse, genauso wie gegen die Antitrinitarier Hans Denk oder Ludwig Hätzer.[25]

Ein besonderes Gewicht gibt Luther in seinen Äußerungen zur Trinität dem Leiden Christi.[26] Das betont er bereits in den Auseinandersetzungen mit Zwingli.[27] Luther ist wichtig, dass Jesus Christus als Sohn von Gottvater unterschieden wird. „Das die mittel person ynn Gott, nemlich der Son, allein ist warhafftiger mensch worden [...] Also das nicht der Vater oder heiliger geyst sey mensch worden wie etliche ketzer geleret" (WA 26; 500f.).[28] Luther wehrt sich dabei gegen modalistische Tendenzen, die er offenbar bei einigen Theologen zu beobachten meinte. „Denn ynn der warheit ist Gottes son fur vns gecreutzigt, das ist die Person, die Gott ist. Denn sie ist, Sie (sage ich) die person ist gecreutzigt nach der menschheit" (WA 26; 322).[29]

Als Letztes soll in diesem Zusammenhang noch erwähnt werden, dass sich Luther zur Gottheit des Heiligen Geistes bekennt (WA 26; 505).[30]

Zusammenfassend ist also zu konstatieren, dass Luther mit seinen Trinitätsaussagen bewusst in Kontinuität zur theologischen Tradition steht, so wie diese letztlich sich auch auf Dreifaltigkeitsbildern wie dem Medaillon im Augustinusfenster des Erfurter Klosters ausgedrückt hat.

---

20 Vgl. Jansen, Studien (s. Anm. 18), 85. Auch Zwingli betonte, dass man das Nicänum nach wie vor mit der römischen Kirche gemeinsam habe; vgl. Drecoll, Rezeption (s. Anm. 16), 139.
21 BSELK, Bd. 1, Göttingen 1955, 52.
22 BSELK 1 (s. Anm. 21), 50.
23 Schon 1521 hatte ihm der Löwener Theologe Latomus vorgeworfen, arianisch zu lehren; vgl. Jansen, Studien (s. Anm. 18), 87–91.
24 Vgl. Drecoll, Rezeption (s. Anm. 16), 142–143.
25 Vgl. Jansen, Studien (s. Anm. 18), 92–95.
26 Vgl. Jansen, Studien (s. Anm. 18), 105–106.
27 Vgl. Jansen, Studien (s. Anm. 18), 104.
28 Vgl. Jansen, Studien (s. Anm. 18), 99.
29 Vgl. Jansen, Studien (s. Anm. 18), 105.
30 Vgl. Jansen, Studien (s. Anm. 18), 121.

Wohl darum konnten Dreifaltigkeitsbilder nach Art des Erfurter und aller ihm verwandter auch Eingang in evangelische Bildprogramme finden. Der evangelische Altar der St. Gotthard-Kirche in Brandenburg an der Havel, 1559 im Auftrag des Rates der Altstadt von Wilhelm Gulden als Bekenntnis zur Confessio Augustana gemalt,[31] wird über der Abendmahlsdarstellung auf dem Hauptbild mit einem Dreifaltigkeitsbild in der vertrauten Ikonographie bekrönt. Das Gleiche begegnet uns in St. Gotthard auch auf dem Epitaph für den Pfarrer Petrus Weitzke von 1585. Hier bekrönt eine Notgottes-Darstellung das Hauptbild mit der Darstellung der lutherischen Rechtfertigungslehre. Beide Beispiele demonstrieren damit auch ihre Treue zur altkirchlichen Bekenntnistradition. Ebenso gilt das für den Altar in der Schlosskapelle der Augustusburg (Sachsen), die als evangelischer Kirchenbau konzipiert ist. Das Altarblatt ist von Lucas Cranach d. J. 1571 gemalt und stellt die kurfürstliche Familie unter dem Kreuz dar. Darüber erscheint umgeben von Wappen und Herrschaftszeichen ein Gnadenstuhl in Form des Notgottes-Motivs.

Noch die 1704 fertiggestellte Kanzel der Stadtpfarrkirche von Schwarzenberg (Erzgebirge) wird durch die traditionelle Trinitätsdarstellung bekrönt.

4. Peter Dell d. Ältere

Im Zusammenhang mit der Trinität gebraucht Luther an keiner Stelle, so viel ich sehe, den Begriff „Gnadenstuhl". Wolfgang Braunfels meinte aber, dass ein Holzrelief von Peter Dell d. Ä. von 1548 „wahrscheinlich macht, dass schon Luther unsere Komposition als den Gnadenstuhl bezeichnet haben könnte."[32] Dieses Relief, ursprünglich in Berlin befindlich, heute aber Kriegsverlust und nur noch als Foto vorhanden, ist eine nahezu quadratische Tafel, die in ihrer Mitte ein Medaillon hat. Dieses zeigt den Gekreuzigten an einen Weinstock genagelt. Er wird von Gottvater gehalten, dessen Arme zugleich die Arme Christi sind und in deren Händen sich Reichsapfel und Zepter befinden. Zu Häupten Gottvaters sind Sonne und Mond mit den Beischriften „Geist" und „Wort" zu sehen. Ein Wolkenband unter den Armen trägt auf der einen Seite das Wort „Mensch" und auf der anderen Seite „Gott". Unter dem Fuß des Kreuzes sitzen zwei Cherubim (mit Inschrift), darunter eine Platte mit der Inschrift „GENADEN STVL". Rechts und links vom

---

31 Domarchiv Brandenburg BG 999/u 695, S. 2, F 12, 11, 10.
32 Braunfels, Dreifaltigkeit (s. Anm. 13), XXXVI f.

Weinstock befinden sich Bilder der Sakramente: Am Taufbecken rechts stehen
Johannes der Täufer und Mose mit den Gesetzestafeln und den Worten „TAVF"
und „GESECZ". Die linke Seite zeigt einen Priester (im priesterlichen Ornat und
mit einem für Dell typischen Lockenkopf) hinter dem Altar stehend und den
Kelch segnend. Über ihm schwebt eine Taube mit dem Wort „H. GEIST", daneben
steht betend Maria. Auf dem Kreisrahmen findet sich oben das Lamm über dem
Buch mit den sieben Siegeln aus der Apokalypse. Dazu steht geschrieben der entsprechende Vers aus Apk 5,12. Auf dem Kreisrahmen sind sieben Sterne, sieben En-
gelsköpfe für die sieben in der Apokalypse angesprochenen Städte und sieben
Leuchter zu sehen. Auf der Bildfläche innerhalb des Kreisrahmens sind dazugehörige Bibeltexte aus Apk 1,12 und 1,20 angebracht.

Außerhalb des Medaillons sind in den vier Zwickeln noch folgende Bilder mit
zugeordneten Bibeltexten auf dem Medaillonrahmen zu sehen: oben links Adam
und Eva nach der Vertreibung aus dem Paradies mit Zitat aus Röm 6,23, oben
rechts ein Totentanz mit Zitat aus 1 Kor 15,55, unten links Christus in der Vorhölle (nach einem Stich Mantegnas) mit Sach 9,11, unten rechts Lucifers Sturz aus
dem Himmel (Hi 18,21). Neben dem Medaillonrahmen finden sich noch weitere
Texte links und rechts aus Apk 1,7 und 8 und unten Jak 1,17. Die Bibelstellen sind
sämtlich Zitate der Vulgata.

Auf dem äußersten Rand läuft neben der Signatur des Meisters ein Schrift-
band mit folgenden Worten:

MAIESTET-GOT-VATER-SON-H-GEIST,-WORT-CHRIS(TUS)-W(ORT)-JES(US)
CHRIS(TUS)-GOT-IST-DAS W(ORT) AO-CHRIS(TUS) DA WVRD BEZEICHT GOT VND
MENSCH JESUS CHRISTUS I VND EIN EWIGES LEBEN AMEN BELCHS ALEIN
IN JESV CHRISTO STED-GOT-VATER-SVN-H-GEIS(T)-WORT-GEIST-W(ORT)
JESUS CHRIST(US)-GLAVB-TAVFF-H-GEIST-MENSCH VND DAS WORT-I-GOT-AO-
CH(RISTUS) JHESUS-NAZARENUS REX-IVDEORUM.[33]

Auch Gertrud Schiller hielt dieses Werk für eine reformatorische Darstellung von
Gesetz und Gnade.[34] Heino Falcke meinte, dieses Relief sei die „erste und wohl
auch eindrücklichste reformatorische Variante dieses Bildtyps."[35] Doch es ist die
Frage, ob das so einfach zu sagen ist.

---

33 Zit. nach Th. Demmler, Die Bildwerke des deutschen Museums, Berlin 1930, 44, Inv.Nr. 518.
34 Vgl. G. Schiller (Hg.), Ikonographie der christlichen Kunst, Bd. 2, Gütersloh 1968, 234.
35 H. Falcke, Die verborgene Herrlichkeit. Entdeckungen an dem Dreieinigkeitsbild in der Augusti-
    nerkirche zu Erfurt, Erfurt 2011, 17.

Peter Dell der Ältere ist ein Bildschnitzer aus Würzburg, der 1552 auch dort verstorben ist. 1501 wird er in der Werkstatt Tilman Riemenschneiders erwähnt. Aber er ist auch von dem Landshuter Schnitzer Hans Leinberger gefördert worden. In den zwanziger Jahren scheint er sich in Thüringen und Sachsen aufgehalten und auch für den ernestinischen Hof gearbeitet zu haben. Für Herzog Heinrich den Frommen von Sachsen hat Dell 1529 eine Auferstehungstafel gefertigt. Spätestens ab 1534 ist er aber wieder in Würzburg, denn in diesem Jahr wird er als Meister in die St. Lukas-Gilde aufgenommen. Aus dieser Würzburger Zeit sind mehrere Grabdenkmäler von seiner Hand erhalten, darunter das Epitaph für Bischof Konrad von Bibra im Würzburger Dom.

Dell hat wohl für verschiedene Auftraggeber Holzreliefs geschaffen, die sich mit theologischen Themen beschäftigen, Gesetz und Evangelium, Alter und Neuer Bund, Kreuzigung und Auferstehung Christi. Typisch für diese Flachreliefs ist die Fülle von Einzelheiten, die bestimmte, besonders reformatorische Assoziationen wecken sollen. Unterstrichen wird diese Absicht noch durch viele beigegebene Textstellen. Die Reliefs stammen aus den zwanziger, dreißiger und vierziger Jahren des 16. Jahrhunderts.

Wozu, bzw. in welchem Auftrag das Berliner Holzrelief 1548, wo Dell längst wieder in Würzburg war, entstanden sein könnte, lässt sich heute leider nicht mehr klären. Zunächst sollte man sich die Situation von 1548 aber vergegenwärtigen.

Nach der Niederlage der protestantischen Fürsten im Schmalkaldischen Krieg 1547 veranstaltete der siegreiche Kaiser Karl V. in Augsburg einen Reichstag. An dessen Ende wurde auch eine Zwischenlösung für die trotz des militärischen Sieges des Kaisers und der katholischen Seite nicht einfach zu klärende religiöse Frage verabschiedet, das sogenannte Augsburger Interim. Es gestattete den Protestanten bis zur endgültigen Klärung durch das Trienter Konzil Priesterehe und Laienkelch. Ansonsten sollten aber die Messe und Heiligenverehrung wie auch die Siebenzahl der Sakramente wieder eingeführt werden.

Die Anerkennung des Interims gestaltete sich schwierig. Während viele süddeutsche Städte und Territorien sich nicht widersetzen konnten, wurde es in den norddeutschen von der Macht des Kaisers entfernteren Gebieten total abgelehnt. Im Dezember 1548 wurde in Leipzig im Bereich des sächsischen Kurfürsten Moritz, der vom Kaiser allmählich abzurücken begann, ein neuer Kompromiss ausgearbeitet, die sogenannten Leipziger Artikel. In diesen war vor allem die Rechtfertigungslehre als gültig formuliert worden. Messordnung und Festkalender sollten aber beibehalten werden, weil sie „Adiaphora" seien. An diesem Kompromiss hatte u. a. Melanchthon mitgearbeitet.

Die Leipziger Artikel wurden aber von der katholischen Seite nicht akzeptiert. Auch unter den evangelischen Theologen war die Ablehnung groß. Einer der härtesten Gegner war Mathias Flacius.[36] Flacius entwickelte sich in diesem Zusammenhang überhaupt zum Führer der Gegner Melanchthons, die dabei auch dessen Gesetzesverständnis angriffen.[37] In dieser Zeit der theologischen und kirchenpolitischen Kontroversen entstand Dells Holzrelief.

Es gibt aus der Zeit zwischen 1535 und 1548 noch zwei weitere Holzreliefs von Peter Dell d. Ä., die Heimo Reinitzer entdeckt und beschrieben hat.[38] Diese lehnen sich an den in der Cranach-Werkstatt entwickelten Bildtyp der reformatorischen Gegenüberstellung von Gesetz und Evangelium an. Doch weisen sie einige interessante Abweichungen auf. So wird der Mensch auf ihnen nicht von Tod und Teufel in die Hölle gejagt, sondern sitzt auf dem einen Relief unter dem Kreuz, der Prophet Jesaja hat die Hand auf seine Schulter gelegt und zugleich weisen er und Johannes der Täufer auf den Gekreuzigten. Ähnlich sieht das zweite Relief aus, nur dass dort der Mensch steht statt sitzt. Es gibt bei beiden Tafeln keinen scharfen Kontrast zwischen Gesetz und Evangelium. Reinitzer zog daraus die Schlussfolgerung, hier fände der Versuch statt, evangelische und katholische „Elemente in einem Bild zusammenzuführen [...] oder aber auch ein Gegenbild zu den evangelischen Bildern von ‚Gesetz und Evangelium' zu entwerfen."[39] Ob man das so direkt sagen kann, ist allerdings nicht sicher. Das soll jetzt aber nicht diskutiert werden. Auf jeden Fall verkörpern sie eine eigene theologische Aussage zum Verhältnis von Gesetz und Evangelium.

Ob es sich bei dem Berliner Bild ähnlich verhält, soll jetzt geprüft werden. Darum sollen die einzelnen Bildelemente noch einmal genauer betrachtet werden. Mit der Fülle von Einzelbildern und Texten entspricht die Tafel dem Typ des Lehrbildes, wie es seit der Mitte des 16. Jahrhunderts sehr beliebt war, besonders im evangelischen Bereich. Die Zwickelbilder haben Themen, die in Bildserien, d. h. Schnitzaltären oder Druckgraphikblättern, verbreitet waren: Sündenfall, Todverfallenheit, Teufelsturz und Erlösung durch Christus. Diesen Aussagen entsprechen auch die dazugehörigen Bibelstellen (s. o.). Dem gleichen Zusammen-

36 Vgl. I. Dingel, Freunde – Gegner – Feinde. Melanchthon in den Konfliktfeldern seiner Zeit, in: dies./A. Kohnle (Hg.), Philipp Melanchthon. Lehrer Deutschlands, Reformator Europas, Leipzig 2011, 22–26.
37 Vgl. Dingel, Melanchthon (s. Anm. 36), 27.
38 Vgl. H. Reinitzer, Gesetz und Evangelium. Über ein reformatorisches Bildthema, seine Tradition, Funktion und Wirkungsgeschichte, Bd. 2, Hamburg 2006, 95–96.
39 Reinitzer, Gesetz und Evangelium (s. Anm. 38), 95.

hang können die Apokalypse-Symbole auf dem Kreisrahmen zugeordnet werden. Die Ausrichtung auf das Gericht am Ende der Zeiten gehört zur mittelalterlichen heilsgeschichtlichen Auffassung wie auch zur reformatorischen. Innerhalb des Medaillons haben wir einmal die Sakramentsdarstellungen. Bei dem Taufstein steht Mose mit den Gesetzestafeln. Er ist der Taufe zugeordnet und steht nicht in deren Gegensatz. Auf den Gesetz Evangelium-Bildern aus der Cranach-Werkstatt befindet sich das Gesetz im Gegensatz zum Kreuz, z. B. auf dem Weimarer Altar aus der gleichen Zeit wie Dells Relief. Auf diesem steht Mose mit den Dekalogtafeln neben dem Taufstein als gehöre dies zur Verkündigung. Man könnte deshalb vermuten, dass das Motiv von Melanchthons Auffassung von der Aufgabe des Gesetzes als Ordnungs- und Weisungsfunktion auf Christus hin angeregt wurde. Melanchthon hatte bereits in den *Loci communes* und noch mehr in den Visitationsartikeln von 1527 in Anknüpfung an antike Traditionen den *tertius usus legis* beschrieben, der für ihn im Naturrecht wirksam ist. Das Gesetz hat eine pädagogische Aufgabe, worin auch der Ordnungsauftrag der Obrigkeit begründet ist. Das Evangelium kündet von der *vita aeterna*, bestätigt aber das Gesetz hinsichtlich der *vita civilis*, weil das leibliche Leben dem Gesetz unterworfen bleibt. Für den Glaubenden ist das Gesetz – und Melanchthon versteht darunter eben den von Gott gegebenen Dekalog – bindend, um die Eigensucht der menschlichen Natur („das Fleisch") zu überwinden.[40]

Auf der linken Seite zelebriert ein Priester mit der Taube über seinem Kopf und Maria an der Seite das Sakrament des Abendmahls, aber mit Kelch, wie es evangelischer Praxis entsprach.

Der Zusammenhang von Kreuzopfer und Sakrament wird dadurch unterstrichen, dass Christus an einem Weinstock hängt. Weinblätter oder Weintrauben kommen in der Ikonographie der mittelalterlichen Kunst oft als Symbole für die Eucharistie vor. Das in dem Wolkenband unter Christi Armen die Worte „Gott" und „Mensch" zu lesen sind, ist ein deutlicher Hinweis auf die Zweinaturenlehre. Gottvater, angetan mit der päpstlichen Tiara, und Christus haben die Hände gemeinsam, was man als Zeichen für die Einheit von beiden verstehen kann. Dazu kommen noch die universalen Herrschaftszeichen, Zepter und Reichsapfel und die Gestirnzeichen von Sonne und Mond, die die umfassende Bedeutung der hier dargestellten Heilslehre unterstreichen sollen. Unten unter den Cherubim trägt

---

40 Vgl. die kurze Zusammenfassung bei R. Mau, Art. Gesetz V. 3. Melanchthon, in: TRE 13 (1984), 84–85. Vgl. R. Stupperich (Hg.), Philip Melanchton, Werke in Auswahl (Studienausgabe), Gütersloh 1951–1975, Bd. 2,1,137.

eine Platte das Wort „Genadenstvl". Hier handelt es sich, anders als bei den Sitz-truhen auf anderen Darstellungen, die gern mit der Bundeslade identifiziert wer-den,[41] wohl tatsächlich um die *kapporät*, den Deckel auf der Lade, den Luther „Gnadenstuhl" nennt. Das Wort „Genadenstvl" war wohl der Anlass, dass man das ganze Relief für ein Trinitätsbild, ein lutherisches zumal, gehalten hat. Doch be-zieht sich das Wort nur auf die Platte, d. h. die Bundeslade, über der es steht.

Es handelt sich bei diesem Bildprogramm m. E. überhaupt nicht um ein Tri-nitätsbild und erst recht nicht um ein konfessionell bestimmtes, dazu ist es zu unspezifisch, sondern um eine „Allegorie der christlichen Heilsordnung"[42], wie es im Katalog der Staatlichen Museen bezeichnet wird. Der deutsche Text (s. o.) auf dem äußersten Rahmen spricht das bei aller Formelhaftigkeit deutlich aus. Der Bezug zu Luther besteht nur im Gebrauch des Wortes „Genadenstvl" für die Bun-deslade.

Dass die Bibelstellen sämtlich lateinisch nach der Vulgata zitiert werden, zeigt überdies, dass wir es hier schwerlich mit einem konfessionell bestimmten evange-lischen Bild zu tun haben, sondern mit dem Versuch, das den sich ausbildenden Konfessionen Gemeinsame auszudrücken.

Man könnte darum mit Reinitzer diese Relieftafel als einen Beleg dafür deu-ten, dass in den Jahren nach dem Schmalkaldischen Krieg und während des Kon-zils von Trient es immer noch Kreise gab, die den Versuch auf eine kirchliche Eini-gung nicht aufgegeben hatten. Für die bei Reinitzer erwähnte Tafel von 1535 könnte das vielleicht gelten. Das hoffte z. B. zu dieser Zeit der brandenburgische Kurfürst Joachim II. Reinitzer freilich bleibt in diesem Zusammenhang zu unprä-zise. Interessant ist allerdings, dass es von Hans Reinhart d. Ä. eine Silbermedaille von 1544 gibt, die er laut Aufschrift im Auftrag des Herzogs Moritz von Sachsen gearbeitet hat (Münzkabinett Staatliche Museen Berlin).[43] Diese, auch Moriz-Pfennig genannte Münze trägt auf der Vorderseite einen Gnadenstuhl in traditio-neller Ikonographie, d. h. Gottvater mit Krone auf dem Haupt und vor ihm die Taube hält mit beiden Händen das Kreuz Christi, umgeben von Engeln und Wol-ken. Auf der Rückseite halten zwei Engel eine Tafel, die lateinisch den dritten Satz aus dem Athanasianum zitiert. Diese Münze drückt das Programm des ehrgeizi-gen albertinischen Fürsten nach konfessionellem Ausgleich unter Berufung auf

41 Vgl. z. B. Schiller, Ikonographie (s. Anm. 34), 135.
42 Vgl. Demmler, Bildwerke (s. Anm. 33).
43 Vgl. Kunst der Reformationszeit, Katalog, Berlin 1983, 340 (Nr. E 47m 12, Verf. Lore Börner).

die gemeinsame altkirchliche Tradition aus.[44] Es wäre also gut möglich, dass Dells Tafel auch 1548 noch im Umkreis des Dresdner Hofes entstanden sein könnte.

Tatsache ist aber auch, dass die Rezeption von Theologie durch die Laien und durch die Gemeinde immer eine eigene Sache war. Der Streit um das reformatorische Gesetzesverständnis, der in den zwanziger Jahren durch Johann Agricola ausgelöst worden war, schwelte immer noch weiter. Nach 1552 kam dann der Streit um die guten Werke hinzu, der auf der einen Seite durch Georg Major geführt wurde und auf der anderen Seite durch Nikolaus von Amsdorf und Mathias Flacius. Im Schussfeld standen mit Georg Major wieder die Positionen von Melanchthon. Diese von den Theologen ausgetragenen Kämpfe fanden in den Gemeinden ein sehr unterschiedliches Echo. Gerade hinsichtlich des Gesetzes und der damit verknüpften Bußpredigt standen sehr viele auf Seiten Melanchthons. In der Kurmark Brandenburg, in der seit 1540 Johann Agricola Hofprediger war, stand die Mehrzahl der Pfarrer theologisch Melanchthon nahe, an ihrer Spitze der erste evangelische Propst an der Berliner Nikolaikirche, Georg Buchholzer.

Als Beispiel für die Anteilnahme, die auch theologische Laien an diesen Auseinandersetzungen nahmen, kann der Seidensticker Hans Plock gelten. Er hatte seit 1532 in Halle in den Diensten Kardinal Albrechts von Mainz gestanden und zählte bald zu einem sehr überzeugten Anhänger Luthers. 1541 kaufte er sich eine Bibel mit Luthers Übersetzung. Sie befindet sich heute im Besitz der Stiftung Stadtmuseum Berlin.[45] Hans Plock hatte seine Bibel sehr gründlich gelesen und viele Textstellen im Sinne seiner reformatorischen Überzeugung und mit leidenschaftlicher Ablehnung dessen, was er „Papismus" nannte kommentiert.[46] Auf einem der eingeklebten Blätter empört er sich aber heftig über Mathias Flacius. Er unterstellt ihm und seinen Anhängern „[...] das sie gern wollten ein neu Babstum anrichtenn wie doch Illyricus und seine Roth haben vorgenommen, auf das hetten ein grossen Nahmen überkommen, wie der Luther, Brenzens und Melanchthon, welche iren Namen von Gotth hon, drum das sie viel guets bei der Kirchen haben gethan, aber diese Roth sucht nur Hader und Gezenckh [...]"[47]. Dieser Kommentar stammt aber erst aus dem Jahre 1561, d. h. nach dem Sturz des Flacius

---

44 Vgl. dazu G. Wartenberg, Die Entstehung der sächsischen Landeskirche von 1539-1559, in: Das Jahrhundert der Reformation in Sachsen, Berlin 1989, 78.

45 Als Dauerleihgabe an das Kupferstichkabinett der Staatlichen Museen zu Berlin, Stiftung Preußischer Kulturbesitz, AM 23-1953.

46 Vgl. G. Strohmaier-Wiederanders, Hans Plock als Laientheologe, in: Vom Kardinalshut zur Lutherbibel, Berlin 2005, 28.

47 Kommentar zu Psalm 39, Plock-Bibel, 356.

in Jena. Aber es zeigt, wie sehr gerade auch die Laien von den theologischen Auseinandersetzungen bewegt waren und welche Geltung Melanchthon bei ihnen
neben Luther hatte.

Dells Holzrelief könnte also genauso gut Ausdruck einer näher an Melanchthon orientierten Position sein. Dies muss so vage stehen bleiben, weil die Um-
stände der Entstehung, d. h. für wen oder wofür und wo es geschaffen worden ist,
nicht mehr aufgeklärt werden können. Doch lässt es das Bildprogramm nicht zu,
dass das Relief einem eindeutigen konfessionellen Zusammenhang zugeordnet
werden kann. Dazu unterscheidet es sich zu deutlich von den in dieser Zeit schon
verbreiteten lutherischen Bekenntnisbildern.[48]

Zusammenfassung

Das Bild der Trinität in der abendländischen Kunst zeigt Gottvater, der das Kreuz
mit Christus oder der den toten Sohn ohne Kreuz hält, und die Taube des Heiligen
Geistes. Dieses Motiv hat in der Kunstwissenschaft den Namen „Gnadenstuhl" erhalten. Dieses Wort stammt aus Luthers Bibelübersetzung (Röm 3,25), womit er
das Opfer Christi bezeichnet. Luther verwendet den Begriff auch sonst öfter, allerdings nie für die Trinität. Auch für das evangelische Trinitätsbild wird kein neues
Motiv entwickelt, sondern man folgt weiter, besonders im 16. Jahrhundert, der
ikonographischen Tradition.

In the iconography of the Latin Church exists an image of the Holy Trinity show-
ing God the Father holding the cross with Jesus on it and the dove of the Holy
Spirit. The historian F. X. Kraus had erroneously named this motif „Gnadenstuhl"
because Luther translated "hilasterion" in Rom 3:25 with this word. But the Greek
term means Christ's sacrifice and not the Trinity. Protestant iconography does not
differ in this respect from that of the mediaeval church.

48 Vgl. W. Brückner, Lutherische Bekenntnisbilder des 16. bis 18. Jahrhunderts, Regensburg 2007.

Autoren dieses Heftes

Prof. Dr. Daniel Boyarin
NES, 250 Barrows Hall, UC Berkeley, USA-Berkeley, CA 94720-1940

Prof. Dr. John J. Collins
Yale Divinity School, 409 Prospect, USA-New Haven, CT 06511

Rabbiner Prof. Dr. Dr. h. c. Walter Homolka, PhD
School of Jewish Theology der Universität Potsdam, Abraham Geiger Kolleg,
Kantstraße 152, 10623 Berlin

Prof. Dr. Werner Kahl
Missionsakademie an der Universität Hamburg, Rupertistr. 67, 22609 Hamburg

Prof. Dr. Dr. h. c. mult. Otto Kaiser
Am Krappen 29, 35037 Marburg

Prof. Dr. Gerlinde Strohmaier-Wiederanders
Wisbyer Str. 8, 10439 Berlin

Dr. Stefan Trinks
Institut für Kunst- und Bildgeschichte der Humboldt-Universität,
Georgenstraße 47, 10099 Berlin

214

Unser nächstes Heft widmet sich dem Thema „Das Zweite Vatikanische Konzil in der evangelischen Theologie":

Theo Dieter (Straßburg), Evangelische Theologen auf dem Zweiten Vatikanischen Konzil – Reinhard Frieling (Marburg), Das (universale) Amt als Zeichen und Werkzeug der Einheit – Friederike Nüssel (Heidelberg), Zur Rezeption des Zweiten Vatikanischen Konzils in der systematischen Theologie mit besonderer Berücksichtigung des Offenbarungsverständnisses von Dei Verbum – Eilert Herms (Tübingen), Ökumenische Hermeneutik (Unitatis redintegratio) – Reinhold Bernhardt (Basel), Dialog und Theologie der Religionen (Nostra aetate/Dignitatis humanae) – Cilliers Breytenbach (Berlin), Das II. Vatikanische Konzil und „evangelische" Exegese des Neuen Testaments – Klaus Fitschen (Leipzig), Das Zweite Vatikanum in der evangelischen Kirchengeschichtsschreibung – Bernd Oberdorfer (Augsburg), Edmund Schlinks Entwurf einer „Ökumenischen Dogmatik", Wolfhart Pannenbergs „Systematische Theologie" und Eberhard Jüngels „Rechtfertigung des Gottlosen" – Josef Wohlmuth (Bonn), Erwartungen an eine künftige evangelische Rezeption des II. Vaticanums – Markus Dröge (Berlin), Das 2. Vaticanum ökumenisch erinnern

Rezensiert wird in der BThZ nur auf Beschluss und Anforderung des Herausgeberkreises. Es wird deshalb gebeten, keine unverlangten Rezensionsexemplare zuzusenden, da diese nicht zurückgesandt werden können.

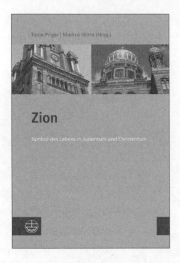

Tanja Pilger |
Markus Witte (Hrsg.)
Zion
Symbol des Lebens in
Judentum und Christentum

Beiträge der 13. Christlich-
Jüdischen Sommeruniversität
in Berlin vom 17.–20.Juli 2011

Studien zu Kirche und Israel
Neue Folge (SKI.NF) | 4

216 Seiten | Paperback
ISBN 978-3-374-03151-1
EUR 24,00 [D]

Mit dem Berg Zion verbinden sich in jüdischer und christlicher Tradition Heilsvorstellungen, die diesen Ort als räumlich
fixierte Quelle des Lebens verstehen. In den mit dem Zion verknüpften Motiven spiegeln sich wesentliche Konzeptionen des
jüdischen Tempels, des Königtums Gottes und der Stellung Israels in Raum und Zeit. Die hier gesammelten Beiträge international renommierter Wissenschaftler aus Europa, Israel und
den USA präsentieren Bilder des Zion bei Jesaja und in den
Psalmen, in frühjüdischen, neutestamentlichen und rabbinischen Texten sowie in der mittelalterlichen jüdischen Dichtung
und bei Martin Luther. Der Sammelband unterstreicht die Bedeutung des Zion als gemeinsames Element religiöser Identität
in Judentum und Christentum.

EVANGELISCHE VERLAGSANSTALT
Leipzig   www.eva-leipzig.de

Tel +49 (0) 341/ 7 11 41 -16   vertrieb@eva-leipzig.de